CoCon
VERLAG

Bürgertum zwischen zwei Revolutionen (1848-1918)

FRITZ CANTHAL:
Lebenserinnerungen eines jüdischen Unternehmers aus HANAU/Main

---

Dokumente, Illustrationen u. Beiträge zur Epoche

Herausgeberin:
Ruth Dröse (rd)
Verfasser der Beiträge:
Eckhard Meise (em)
Richard Schaffer-Hartmann (rsh)
Joachim Schulmerich (js)

COCON VERLAG

In den Türkischen Gärten 13, 6450 Hanau
Tel.: 06181/17700 Fax: 06181/181333
November 1992
Printed in Germany
ISBN 3-928100-09-2

Inhaltsverzeichnis der Lebenserinnerungen von Fritz Canthal

Inhaltsverzeichnis des Dokumentationsteils

Hanau wird Industriestadt
Stadtansicht von Süden 1880
Noch fahren die Bürger auf der von Bäumen umsäumten Auffahrt von der Ehrensäule mit ihren Kutschen zum damaligen Ostbahnhof. Aber die Fabrikschornsteine markieren deutlich den Umschwung zur Industriestadt. Sie signalisieren den wirtschaftlichen Erfolg und sind neben den Türmen der Wallonisch-Niederländischen Kirche, der Johanniskirche und der Marienkirche die neuen Wahrzeichen der Stadt.
Der Blick des Betrachters fällt auf das neuerrichtete Friedrichstraßenviertel, in der das wohlhabende Bürgertum die Villen im Stil der Gründerzeit errichtet hat. Rechts im Bild die Nicolaybrauerei, deren Aufsichtsratsvorsitzender Fritz Canthal war.

Vorwort

Fritz Canthal (1848-1922)
Ein Leben zwischen zwei Revolutionen

1848 wollten freiheitlich und vaterländisch denkende Bürger Deutschland in einen demokratischen Nationalstaat umwandeln - 1918 versuchten aufständische Soldaten und Arbeiter aus der Konkursmasse des im Ersten Weltkrieg militärisch besiegten wilhelminischen Kaiserreichs eine neue sozialistische Gesellschaft zu formen. Zwischen diesen beiden gescheiterten Revolutionen liegt eine Zeit, in der weite Kreise des deutschen Bürgertums sich von ihren freiheitlich demokratischen Idealen verabschiedeten und in der preußisch bestimmten deutschen Monarchie den angemessenen Rahmen sahen, sich wirtschaftlich und kulturell zu verwirklichen. Nationale Einheit und demokratische Freiheit waren kein zusammengehörendes Begriffspaar mehr. Wirtschaftliche und kulturelle Emanzipation im nationalen Rahmen unter Verzicht auf politische Freiheit - dies war die Lebensform des deutschen Bürgers.
Für Fritz Canthal, einen charakteristischen Vertreter dieses wirtschaftlich aktiven gebildeten Bürgertums, bedeutete Emanzipation aber noch etwas anderes. Von Geburt Jude wollte er einen Weg finden, der es ihm ermöglichte, seine familiäre Herkunft aus einer Außenseitergruppe mit einer tätigen Existenz in einer wirtschaftlich zwar dynamischen, im mehrheitlichen Bewußtsein aber weitgehend konservativ bleibenden Gesellschaft zu vereinen. Daß es ihm gelang, zeugt von der doch relativen Offenheit jener Zeit, aber auch von der Tatkraft und dem Selbstbewußtsein Canthals. Wirtschaftlich aktiv und dynamisch vertrat er in seinem Denken die humanitären, unpolitischen Ideale der deutschen Klassik, verbunden mit einem Grundvertrauen in das staatliche Ordnungssystem und zuverlässige Rechtsgefüge des Deutschen Reiches. Auf ihn, einen typischen Repräsentanten des deutschen Bildungsbürgertums jener Zeit, könnten Thomas Manns "Betrachtungen eines Unpolitischen" gemünzt sein.

Für Hanau kann Fritz Canthal eine Symbolfigur sein, vertritt er doch mit seiner jüdischen Abstammung, wirtschaftlichen Aktivität und kulturellen Weltoffenheit wichtige Traditionen unserer Stadt.

Eckhard Meise

Einleitung

Nachdem ich im Dezember 1918 meine geschäftliche Tätigkeit beendet und meine Ehrenämter niedergelegt hatte, verfüge ich über manche müßige Stunde. Sie durch Lektüre ausschließlich auszufüllen, erschien mir untunlich, eine aktivere geistige Tätigkeit geboten. Ich kam auf den Gedanken, Erinnerungen und Erlebnisse aus meinem Leben niederzuschreiben. Notizen, die für meine Kinder später vielleicht von Interesse sein werden. Ich beabsichtige damit nicht, meiner Persönlichkeit eine besondere Bedeutung beizulegen, allein ich habe in einer Periode gelebt, die die wichtigsten Epochen deutscher Geschichte umfaßt, habe manches gesehen und erfahren, wozu nicht jedermann die gleiche Gelegenheit geboten war, manches angestrebt und zum Teil auch erreicht, was auch später für diejenigen bemerkenswert sein mag, die mir nach meinem Ableben einige Anhänglichkeit bewahren werden.

Das Spiegelbild, das die Vergangenheit im Gedächtnis der Menschen zurückläßt, wird nie völlig zutreffend die Gedanken, Empfindungen und Erlebnisse wiedergeben, wie sie in Wirklichkeit sich vollzogen haben, meine Niederschrift soll daher nur ein Versuch sein, die Erinnerung so wahrheitsgemäß, wie dies an sich möglich ist, an dasjenige festzuhalten, was für meinen Lebensgang bestimmend gewesen ist und was ich im engen Bereich der Möglichkeit und der mir zugemessenen Kräfte zur Erfüllung der mir obliegenden Pflichten gewollt und gewirkt habe.
Es geschieht nicht, wie bereits gesagt, in der Absicht eine besondere Wichtigkeit meiner Lebensbetätigung beizulegen, sie in besonders günstige Beleuchtung zu setzen. Ich bin mir zu gut bewußt, daß kein Mensch ohne Fehl ist, daß das Innere eines jeden wie in der Außenwelt, die ihn umgibt, Tag mit Nacht um die

Herrschaft streitet, gute und schlimme Triebe sich bald mehr, bald weniger zur Geltung zu bringen suchen und daß die Erfolge unseres Lebens mehr durch die Gestaltung der uns umgebenden Verhältnisse als durch die eigene Geistes- und Willenskraft bedingt werden.
Wir alle sind ein Produkt der Umstände, unter denen wir aufwachsen. Wir wurzeln in dem Boden, den vergangene Generationen gepflügt haben; ob das Samenkorn des einzelnen Ichs darin verkümmert oder zugrunde geht, oder ob es blüht und segenbringend gedeiht, hängt davon ab, wie Wind und Wetter, Sonnenschein und Regen die Entwicklung und das Wachstum der Energiezelle begünstigen oder hemmen. Selbst der Beste und Erfolgreichste kann sich nicht rühmen, daß er es der eigenen Kraft allein verdanke, wenn er seine Fähigkeiten voll zur Entfaltung bringen konnte. Dem Zwang der Notwendigkeit sind wir alle unterworfen. Nur der Wille zum Guten ist der Maßstab unseres inneren Wertes, das entscheidende Merkmal unseres Wesens, alles andere in der Hauptsache Zufall der Geburt und des Schicksals.

Das menschliche Leben ist dem Quell vergleichbar, der aus dem Schoß der Erde quillt und seinen Weg sich durch Geröll und Sand sucht, bald im Glanz des Lichtes sprudelnd frisch über das Gestein springt, bald auf breiter ebener Bahn im kühlen Schatten gemächlich dahingeht. Sein Lauf folgt dem Gesetz der Schwere. Seine Bahn ist ihm gewiesen, seine befruchtende Wirkung vorgezeichnet und begrenzt. Er wächst zum Strom mit Hilfe von ähnlichen Bedingungen gehorchenden Zuläufen und flutet dem Meer zu, in dem er aufgeht. So folgt auch der Mensch in ewig sich verjüngender Gestaltung einer vorgezeichneten Bahn, bewegt aber begrenzt: er geht auf in der Gattung und verschwindet im Unendlichen. Goethe gibt diesem Gleichnis mehrfach poetischen Ausdruck. Eine Mahnung zur Bescheidenheit liegt darin!

Der Weg der Hanauer Juden zur bürgerlichen Rechtsgleichheit

Der bedeutende Hanauer Graf Philipp Ludwig II. ermöglichte nicht nur reformierten Glaubensflüchtlingen aus den Spanischen Niederlanden die Ansiedlung und wurde dadurch zum Begründer der Neustadt Hanau, er ist auch der Stifter der Hanauer Judengemeinde. Die sogenannte "Judenstättigkeit" vom 28.Dezember 1603 ist die Gründungsurkunde; nach dem Anfall der Münzenberger Teile der Grafschaft Hanau an Hessen-Kassel bestätigte der neue Landesherr Landgraf Wilhelm VIII. in der hanauischen "Judenkapitulation" 1738 die Privilegien seiner jüdischen Hanauer Untertanen.

Wie andernorts auch war Hanaus Judenschaft nicht nur eine religiöse Gemeinde, sondern auch eine juristisch und verwaltungsmäßig von den Christen streng abgesonderte Gruppe mit eigenen Rechten und Pflichten. Die Juden mußten in der einfach "Gasse" oder auch "Kille" genannten Judengasse wohnen. Ihre Bewegungsfreiheit war eingeschränkt, und der Zugang zu den meisten Berufen und Gewerben blieb ihnen versperrt. Aber der Landesherr garantierte der Judengemeinde auch die ungehinderte Ausübung ihrer Religion, und die gräflichen Behörden sorgten dafür, daß die rechtlichen Bestimmungen zu ihrem Schutz eingehalten wurden.

Nach den Erfahrungen unseres Jahrhunderts deuten wir aus heutiger Sicht die besonderen Rechtsbestimmungen für die Judengemeinde als Diskriminierung einer religiösen Minderheit. Allerdings dürfen wir annehmen, daß in Zeiten allgemeiner religiöser Intoleranz das erzwungene, aber auch gesicherte Leben in der Judengasse nicht nur als Repressalie, sondern gewiß auch als Schutz empfunden werden konnte. Weltoffene, aktive Handelsleute etwa werden unter der Einschränkung der Lebensumstände gelitten haben - für konservative und ihrer Religion und Familie eng verbundene Menschen dagegen mag die Judengasse der gegen außen abgesicherte Hort einer behüteten Privatheit gewesen sein.

Bis zum Beginn des 19.Jahrhunderts blieben die alten Bestimmungen unverändert in Kraft. Die entscheidende Änderung erfolgte dann während der napoleonischen Zeit. Das Kurfürstentum Hessen, zu dem Hanau gehörte, war seit dem Herbst 1806 von Napoleons Truppen besetzt, und Hanau stand unter französischer Militärverwaltung. Die französische Administration ließ die Absperrungen der Judengasse niederreißen. In den Jahren 1810 - 1813 gehörte Hanau zum Großherzogtum Frankfurt des den humanitären Idealen der Aufklärung verpflichteten Karl von Dalberg. 1811 wurde hier der Code Napoleon, der allen Untertanen, gleich welcher Konfession, die völlige Rechtsgleichheit und freie Ausübung ihres Gottesdienstes zusicherte, eingeführt. Zwar konnten in Dalbergs kurzlebigem Staat für das Departement Hanau (anders als in Frankfurt und Fulda) die erforderlichen Ausführungsbestimmungen zur Rechtsgleichheit der Juden nicht mehr erlassen werden, doch nahm die behördliche Praxis die erwartete Gleichstellung (außer bei den Steuern) vorweg. Mit der Schlacht bei Hanau endete im Herbst 1813 Napoleons Herrschaft, und der aus dem Exil zurückkehrende erzkonservative Kurfürst Wilhelm gab bekannt, er wolle alle während seiner siebenjährigen Abwesenheit vorgenommenen Änderungen rückgängig machen. In der Praxis aber war dies nicht durch-

führbar. Und so lebten jüdische Familien jetzt außerhalb der Judengasse und betrieben Gewerbe, die sie nach den strengen Bestimmungen der alten Verordnungen eigentlich nicht hätten ausüben dürfen.
Die kurhessische Administration versuchte seit etwa 1820, das völlig uneinheitllich organisierte Kurhessen in einen leistungsfähigen modernen Einheitsstaat umzuformen, und dies bedeutete, daß über kurz oder lang auch den Juden die Rechtsgleichheit zugestanden werden mußte. 1823 erschien die Verordnung, "die gemeinheitlichen Verhältnisse der Israeliten betreffend", und die durch die Krawalle des Jahres 1830 erzwungene kurhessische Verfassung verkündete 1831: "Die den Israeliten bereits zustehenden Rechte sollen unter den Schutz der Verfassung gestellt sein, und die besonderen Verhältnisse derselben gleichförmig für alle Gebietsteile durch ein Gesetz geordnet werden". Dieses Gesetz "zur gleichförmigen Ordnung der besonderen Verhältnisse der Israeliten" wurde dann am 29.Oktober 1833 erlassen. Es bestimmte, daß die jüdischen Gemeinden Kurhessens jetzt allein und ausschließlich als religiöse Gemeinden anzusehen seien, d.h. keine eigenen politischen Korporationen unter besonderem Recht mehr bildeten. Es waren zwar Ausnahmen vorgesehen, und es gab gewisse Einschränkungen, auch blieben nach wie vor diskriminierende Einzelparagraphen aus anderen Verordnungen in Kraft: im großen und ganzen aber hatten die Israeliten in Kurhessen nun die gleichen Rechte und Pflichten wie alle anderen Untertanen.
Rechtsgleichheit aber bedeutet nicht automatisch auch gesellschaftliche Gleichstellung. Man darf nicht annehmen, daß sich mit jeder neuen Gesetzesbestimmung die Verhältnisse sofort, gewissermaßen ruckartig verändert hätten. Die Dinge waren im Fluß. Im täglichen Leben wurden manche Bestimmungen nicht beachtet, sozusagen von der Realität außer Kraft gesetzt - sei es, daß man diskriminierende Paragraphen einfach überging und so im täglichen Umgang eine auf dem Papier eigentlich (noch) nicht vorgesehene Rechtsgleichheit praktizierte, sei es andererseits, daß man später die die Rechtsgleichheit verlangenden Paragraphen ignorierte und an die Stelle der juristischen eine soziale Schranke setzte.
In Hanau aber entwickelte sich während des 19. Jahrhunderts allmählich eine wirkliche Toleranz, und es stand zu erwarten, daß die alten religiösen Schranken ihre Bedeutung verlieren und alle Menschen, gleich welcher Konfession, irgendwann einmal gleichberechtigt miteinander und nebeneinander würden leben können.
Der "moderne" Antisemitismus, der an die Stelle religiöser Vorurteile wahnwitzige Rassetheorien setzte, machte dieser hoffnungsvollen Entwicklung ein Ende.
Von Heinrich Heine stammt der Aphorismus: "Der Taufzettel ist das Entreebillet zur europäischen Kultur." In abgewandelter Form läßt sich sagen, daß Juden durch den Übertritt zum Christentum die Fesseln der Diskriminierung abstreifen und eine ganz neue Existenz aufbauen konnten. Für Hanau sind vom 17.bis ins 19.Jahrhundert 31 derartige Glaubenswechsel überliefert. Ob die Eingliederung in die christliche Gesellschaft aber wirklich gelang, das hing vom Willen und der Energie des einzelnen, wohl auch von den jeweiligen gesellschaftlichen Umständen ab. In Hanau steht neben dem 1676 auf den Namen Christian Casimir Neuser konvertierten Juden Daniel, der sich eine geachtete bürgerliche Existenz aufbaute und dessen Sohn Johann Israel Ratsherr der Altstadt wurde, ein 1762 in Babenhausen auf den Namen Wilhelm Gotthold getaufter Rabbinerssohn, der in Hanau zum Chirurgen ausgebildet werden sollte, aber völlig scheiterte und als verkrachte Existenz Hanau verließ.

Elternhaus

Fritz Canthal, geboren am 9. April 1848 Geburtshaus Schloßstraße 4
-> S. 15

Ich bin am 9. April 1848 im Haus meiner Eltern, Schloßstraße 4 in Hanau, geboren. Die Wogen einer revolutionären Bewegung gingen damals besonders hoch. Die Stadt war gerade festlich von der Bürgerschaft mit Freiheitsbäumen geschmückt, um der Freude über die Erlangung wichtiger politischer Zugeständnisse seitens der kurfürstlichen Regierung in Cassel Ausdruck zu geben. Grüne Tannen standen auch vor der Tür des Elternhauses, was meine Mutter oft als ein glückliches Symbol erwähnte.

1848 Revolution in Hanau
-> S. 17

Mein Eintritt in das Leben vollzog sich also in einer Zeit bewegter Volkskämpfe. Es galt, die Fesseln der kleinstaatlichen Polizeigewalt zu sprengen, die nicht nur eine Beteiligung des Volkes an der staatlichen Ordnung verhinderte, sondern auch seine gewerbliche und wirtschaftliche Entwicklung in äußerst empfindlicher Weise hintanhielt.

Revolution in Hanau 1918
-> S. 179

Nach siebzig Jahren erlebte ich die zweite revolutionäre Volksbewegung, die mit dem unglücklichen Ausgang des Weltkrieges und mit dem Zusammenbruch der kaiserlichen Macht einsetzte. Sie suchte an die Stelle monarchischer Institutionen eine demokratische Volksregierung zu setzen, zugleich aber mit der Beseitigung des politischen und gesellschaftlichen Klassenwesens eine neue soziale Regelung des Verhältnisses von Kapital und Arbeit herbeizuführen.

Kriege um die Deutsche Einheit 1864, 1866, 1870
->S. 54

Der Kampf des 1848er Bürgertums um politische und gewerbliche Freiheit erweitert sich demnach zum Ansturm auf die bestehende Gesellschaftsordnung und zum Streben nach der Neugestaltung des Anteils der Arbeitermassen an der Staatsleitung und am Produktionsgewinn. Zwischen diesen Polen liegen die kriegerischen und politischen Kämpfe um Deutschlands Einheit: die Kriege von 1864, 1866 und 1870 und mit und durch sie der Aufstieg des Reiches zu größter äußerer Macht und zu ungewöhnlichem Gedeihen und Wohlstand im Innern. Ein Bau wurde errichtet mit stolzer Fassade und wohnlichen Räumen!

Hanau, Schloßstraße 4, Geburtshaus von Fritz Canthal

Jacob Grimms Antrag zum Paragraph 1 der Grundrechte des Deutschen Volkes in der Nationalversammlung zu Frankfurt a. M., 6.7.1848:
"Das deutsche Volk ist ein Volk von Freien und deutscher Boden duldet keine Knechtschaft. Fremde Unfreie, die auf ihm verweilen, macht er frei."

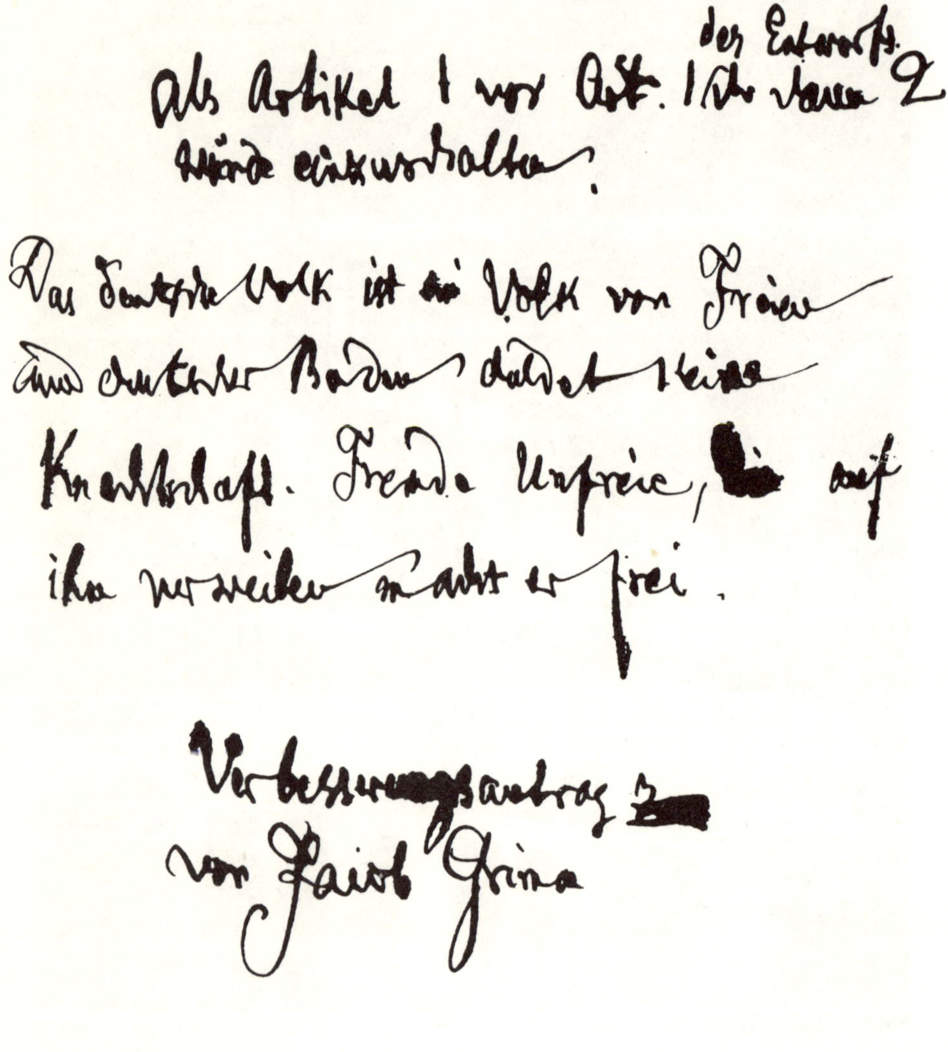
Als Artikel 1 vor Art. 1 des Entwurfs [illegible] 2
würde einzuschalten.

Das deutsche Volk ist ein Volk von Freien
und deutscher Boden duldet keine
Knechtschaft. Fremde Unfreie, die auf
ihm verweilen macht er frei.

Verbesserungsantrag
von Jacob Grimm

Revolutionäre Entwicklung in Hanau 1848

Durch die Februarrevolution 1848 in Frankreich und Italien erstarkten die politischen Aktivitäten in Deutschland.

Noch bevor es im März 1848 in Wien und Berlin zu Aufständen kam, fand am 28. Februar 1848 in Hanau eine Volksversammlung statt. Die verabschiedete Resolution an den Kurfürsten forderte unter anderem die Auflösung der Landstände, Neuwahlen ohne Klassenwahlrecht, Pressefreiheit und Amnestie für alle ***Fälle politischer Natur*** *seit der 1830er Revolution.*

Pedro Jung, August Schärttner und Wilhelm Wagner überbrachten die Petition nach Kassel. Auf einer inzwischen stattgefundenen Versammlung wurde das ***Hanauer Ultimatum*** *mit den zwei weiteren Forderungen zur Bildung einer deutschen Volkskammer und der Wiedereinsetzung der fortschrittlichen kurhessischen Verfassung von 1831 aufgestellt. Der Kurfürst mußte - auf Druck der bewaffneten Bürgerschaft - die Forderungen akzeptieren. Dies war ein erster Sieg auf dem Weg zur Demokratie.*

Die Revolution erschütterte die Macht der jeweiligen Landesherren so, daß die Forderung nach einem gesamtdeutschen Parlament durchgesetzt werden konnte. Am 18. Mai 1848 wurde die Nationalversammlung in der Frankfurter Paulskirche eröffnet.

Zu den herausragenden Leistungen dieses Parlaments gehörte die Erarbeitung der ***Grundrechte des deutschen Volkes****, die in wesentlichen Punkten mit dem heutigen Grundgesetz der Bundesrepublik übereinstimmen.*

Einer der Abgeordneten der republikanischen Linken war der Hanauer Bürgermeister August Rühl, Tabakfabrikant. Auch Jakob Grimm war Mitglied dieses Parlaments.

Doch schon 1849 hatten sich die reaktionären Kräfte soweit erholt, daß Preußen und Österreich mit Waffengewalt gegen die demokratischen Regierungen ihres Landes vorgehen konnten und die Auflösung der Nationalversammlung im März 1849 erreichten.

Es kam zu Volkserhebungen unter anderem in Berlin, der Pfalz und in Baden.

Im Juni 1849 schloß sich die Hanauer Turnerwehr, Mitglieder der Bürgergarde und des Arbeiterfreicorps unter August Schärttner dem Kampf um die Reichsverfassung an und marschierten nach Baden. Die Freiheitskämpfer wurden vernichtend geschlagen.

Die deutsche Revolution endete nach dem Fall der Festung Rastatt am 23. Juli 1849 mit Massenerschießungen und für die Überlebenden mit Kerker oder der Flucht ins Exil.

Literaturhinweis: Hanau im Vormärz und in der Revolution 1848/49, A. Merk, R. Schaffer, Hanau 1980

Erinnerung an die Hanauer Freischaaren

Ein einiges freies Deutschland hoch!

So vollzieht sich während meines Lebens eine der wichtigsten Epochen deutscher Entwicklung: nach glänzender Entfaltung der zu politischem Leben erwachten Nation ein plötzlicher Niedergang der öffentlichen und wirtschaftlichen Kräfte bis zur Grenze völliger Erschöpfung. Trübe und undurchsichtig liegt zur Zeit, Februar 1920, die Zukunft des deutschen Volkes in seiner Gesamtheit und damit auch die des einzelnen vor uns.
Noch läßt sich keine Klärung in der Entwicklung der politischen und wirtschaftlichen Verhältnisse in der Umwertung aller Werte erkennen. Noch ist kein Stillstand in dem Abwärtsgleiten bemerkbar. Aber trotzdem muß das Vertrauen aufrechterhalten werden, daß ein großes Volk, das sich in kurzer Zeit so kraftvoll entwickelt hatte und sich dann in Kampf und Not so glänzend bewährte, Gesundung und Stärke wiederfinden werde, um, wenn auch unter veränderten staatlichen und sozialen Formen und geläutert durch die harten Erfahrungen und Ursachen seines Niederbruchs den Weg zu finden und zu beschreiten, der aufwärts zu immer fortschreitender Kulturentwicklung führt. Von den Schlacken der vergangenen Zeit, des Kastengeistes und der Selbstüberschätzung, von den Sünden der Gegenwart, Genuß und Gewinnsucht, durch das Feuer der Not und Enttäuschung gereinigt, wird es aus der materialistischen Denk- und Handlungsweise, durch Arbeitsamkeit und Würdigung geistiger Güter zur Höhe gesteigerter menschlicher Gesittung aufsteigen. Dies ist meine zuversichtliche Hoffnung und mein herzlicher Wunsch, wie auch mein Trost in dieser harten Zeit.

Marcus Canthal, Vater von Fritz Canthal, geb. 1807

Mein Vater, Marcus Canthal, ist früh, am 8. April 1864, gestorben. Als einziger Sohn seiner Eltern Friedrich Canthal und Henriette, geborene Götz, geboren am 18. 10. 1807, verlebte er mit seinen zwei Schwestern Susanne und Friederike seine Jugendzeit in seiner Vaterstadt Hanau in einfachen Verhältnissen. Ein ernstes Streben nach geistiger Bildung und umfassendem Wissen, eine ungewöhnlich strenge sittliche Lebensauffassung zeichnete ihn von früher Jugend an aus und erwarben ihm Liebe und uneingeschränkte Achtung bei allen, die ihn kannten.

Mit Vorliebe beschäftigte er sich bis zu seinem Lebensende mit der Lektüre philosophischer und volkswirtschaftlicher Werke. Dabei hatte er großes Interesse für öffentliche Dinge. So kam es, daß er neben der Sorge, die er seinem etwa 1823 gegründeten Spirituosengeschäft widmete, das er im Juli 1833 nach dem damals erfolgten Tode seiner Mutter für eigene Rechnung übernommen

Hanauer Departements-Blatt.

43. Stück.

Donnerstag den 24. Oktober 1811.

Im Verlage des evangel. reformirten Waisenhauses in Hanau.

18 In der Althanauer Stadtwaage sind dürre Zwetschen, der Zentner zu 8 fl zu verkaufen.

19. Bei dem Strumpfwebermeister Wilhelm Meth, wohnhaft bei Hrn Niemelr in der Neustadt, ist eine schöne Schlafstelle zu haben.

20. Einige Tabackspinner, welche wegen ihrer Sachkenntniß sowohl als auch bisherigen guten Aufführung glaubhafte Zeugnisse beibringen, können in einer hiesigen Fabrike, gegen angemessenen Lohn, Beschäftigung finden. Ausgeber dieses giebt darüber nähere Nachricht.

21. Statt meines bisher geführten Namens, Samuel Anschel Cahn, werde ich mich, der großherzogl. Landesverordnung gemäß, vom 24ten dieses Monats an, nennen und unterzeichnen: Friedrich Canthal.

22. Das hiesige großherzogliche Bureau der Einregistrirung und des Stempels, soll — blos Sonn- und Feiertage ausgenommen — vom Montage den 14ten dieses Monats Oktober an, Vormittags, wie zeither, von 8 bis 12 Uhr, dahingegen Nachmittags, indem die Tage jetzt kürzer werden, von 1 bis 5 Uhr geöffnet seyn. Hanau, den 7. Oktober 1811.
Receveur Schüler.

23. Nach allgemeiner Landesherrlicher Verordnung, werde ich mich, vom 1. Nov. an, unterzeichnen: Löb David Löwenstern. Löb David, Oberhofagent.

24. Nach allgemeiner landesherrlicher Verordnung, werde ich mich vom 1. Nov. an, unterzeichnen: David Löwenstern. Löb David Sohn, Hoffaktor.

25. Ein runder Ofen, ein runder Zirkulirofen, 3 Mistbeetkasten mit Fenstern und ein Biernbaum für Dreher sind zu verkaufen. Ausgeber dieses sagt wo.

26. In allen Arten geschmackvollen Frauenzimmerputzes empfiehlt sich Unterzeichnete einem geehrten Publikum ergebenst. P. C. Mederich, in der Fahrgasse Nro. 834.

27 Unterschriebener hat ein Kommissionslager von Hamburger und holländischen Schreibfedern, Bleistiften, auch selbst fabrizirtes Siegellack und Obladen. Er empfiehlt sich mit billigen Preisen und guter Bedienung. Eisselle, Siegellackfabrikant.

Wirtschaftliche Entwicklung in der 1. Hälfte des 19. Jahrhunderts

In der ersten Hälfte des 19. Jahrhunderts wurde Hanau das industrielle Zentrum des sonst wenig entwickelten Kurfürstentums Hessen-Kassel. Am äußersten südwestlichen Rand des Staatsgebiets gelegen, war es von drei verschiedenen Grenzen umgeben:
Westlich die Freie Stadt Frankfurt, südlich und nördlich das Großherzogtum Hessen, östlich das Königreich Bayern. Diese Situation behinderte die exportorientierten Wirtschaftszweige der Stadt erheblich.
Nach der französischen Besatzung kehrte der Kurfürst Ende 1813 aus dem Exil zurück. Die Wiederherstellung der politisch-sozialen Zustände des 18. Jahrhunderts

- *Stempeltaxen als Abgaben auf Dienstleistungen des Staates,*
- *Mauth als Zollgebühren auf das Warengewicht,*
- *Fronden, unentgeltliche Dienstleistungen der Bauern, Schlachtakzise, Abgaben auf Schlachtvieh,*
- *Chausseegeld, Straßen- und Brückenbenutzungsgebühren*

sicherten zwar die Einkünfte des Landesherren, verhinderten aber die wirtschaftliche Entwicklung des Landes.
Erst mit dem Beitritt zu den neugegründeten Zollverbänden zwischen 1832 und 1836 wurde ein Markt geschaffen, der eine Voraussetzung für einen wirtschaftlichen Aufschwung bilden konnte.
In Hanau waren die ersten drei Jahrzehnte des 19. Jahrhunderts noch durch Handwerkszünfte und Manufakturen geprägt. In den folgenden Jahrzehnten begann die industrielle Entwicklung durch den Einsatz von Maschinen in den Fabriken.

Für die exportabhängigen Wirtschaftszweige Hanaus waren gute Verkehrsverbindungen eine notwendige Voraussetzung für den Handel mit Rohstoffen und Fertigerzeugnissen.
Die Eisenbahn war ein Wegbereiter der Industrialisierung. Im Revolutionsjahr 1848 war die erste Bahnlinie vom Hanauer Westbahnhof über den noch heute bestehenden Bahnhof Wilhelmsbad nach Frankfurt-Ost eröffnet worden.
Der Einsatz von Raddampfern ab dem 18. Juni 1842 führte zur Einstellung des Treidelns (flußaufwärts von Pferden gezogene Schiffe). Die Dampfschiffe verkehrten regelmäßig auf dem Main. Es fuhr das Schiff **Der Verein** *zwischen Aschaffenburg und Mainz.*
Abb.: Teppich aus der Fabrik Leisler, Museum Hanau

Hanauer Handels- und Gewerbeverein

Seit der Gründung der Hanauer Neustadt, als mit dem Zuzug niederländischer und wallonischer Kaufleute neben die zuvor zünftig organiserte Wirtschaft erste kapitalistische Ansätze sichtbar wurden, gab es Bestrebungen der Kaufleute und Fabrikanten, ihre wirtschaftlichen Angelegenheit weitgehend in Selbstverwaltung ohne obrigkeitsstaatliche Einmischung zu erledigen. Obwohl die Hanauer Fürsten wirtschaftlichen Bestrebungen überwiegend positiv gegenüberstanden und die Ansiedlung von Kaufleuten und Industrie durch Gewährung politischer Freiheiten und finanzieller Privilegien förderten, mußte eine so weitgehende Forderung nach Selbstbestimmung den Nerv des absolutistischen Selbstverständnisses der Fürsten und später der Kurfürsten treffen. Es kam zu Zwischenlösungen, in denen eigenständige Institutionen für Wirtschaftsfragen (sogenannte Commerz-Collegien) geschaffen wurden, die aber unter Führung eines von Beamten besetzten Ausschusses standen, in denen die privaten Unternehmer höchstens Beratungsfunktionen hatten und die wegen ihrer Zwitterstellung stets zum baldigen Scheitern verurteilt waren.

Erschwerend für Hanauer Selbstverwaltungsbestrebungen kam in der nachnapoleonischen Zeit die Absicht des Kurfürsten hinzu, einen modernen, von Kassel aus gelenkten Zentralstaat zu machen. Als eine solche Zentralverwaltung wurde 1821 in Kassel ein Handels- und Gewerbeverein, wieder unter Leitung von Beamten, ins Leben gerufen, für den in den Provinzstaaten lediglich Außenstellen (Deputationen) vorgesehen waren.

Aber Hanau ist weit von Kassel. "Ein Gesetz aus Hessen gilt vom Mittag bis zum Essen", lautete ein Hanauer Sprichwort und erklärt viele Sonderentwicklungen der fast 200 Kilometer von der Hauptstadt gelegenen Provinz. Während die Zentrale in Kassel niemals Bedeutung erlangte, erreichten die Hanauer, daß von den Unternehmern direkt gewählte Vertreter in den Verein berufen wurden. Es gelang dem Hanauer Verein, "zum Mitelpunkt aller wirtschaftspolitischer Bestrebungen der Stadt zu werden.

Der Hanauer Handels- und Gewerbeverein war zugleich Main-Schiffahrts-Commission. Er legte die auf Hanau entfallenenden Aktien bei der Gründung der ersten Main-Dampfschiffahrts-Gesellschaft auf. Er konstituierte sich als Eisenbahnkomittee, während in Kassel und anderen kurhessischen Städten besondere Eisenbahnvereine entstanden. Er gründete schließlich die erste Gesellschaft zum Bau der Frankfurt-Hanauer Bahn." (Brandt S. 91)

Auch als nach der 48er-Revolution der zentrale Handels- und Gewerbeverein aufgelöst wurde, gelang es den Hanauern, ihre eigenständige Tradition fortzusetzen. 1849 gründeten Hanauer Geschäftsleute den "Freien Verein der Handels- und Gewerbetreibenden in der Provinz Hanau". Die Mitgliedschaft war freiwillig. Aufgenommen konnte jeder werden, der ein freies Gewerbe betrieb.

In den zwölfköpfigen Vorstand dieses Handelsvereins wurde 1849 auch Marcus Canthal gewählt und vertrat die Hanauer Interessen auf dem ersten deutschen Handelstag.

Literaturhinweis: H. Brandt: Wirtschaft und Wirtschaftspolitik im Raum Hanau 1597 - 1962. Die Geschichte der IHK Hanau-Gelnhausen-Schlüchtern. Hanau 1963

Hanauer Handels- und Gewerbeverein -> S. 21

hatte, eine befriedigende Pflichterfüllung in der Ausübung kommunaler Betätigung erblickte. Er war lange Jahre eifriges Mitglied des Handels- und Gewerbevereins, der die gewerblichen Interessen Hanaus damals vertrat. Er wurde zu den zwei ersten deutschen Handelstagen nach Heidelberg und München delegiert, was ihm viel Freude machte und Anregung gab. Damals hatten diese Tagungen außer der fachlichen zugleich eine politische Bedeutung. Mit dem Verlangen nach gewerblicher Freiheit und Loslösung aus der Gebundenheit des Polizeistaates, mit der Förderung der Handelsverträge zum Zweck einer Erleichterung des internationalen Güteraustausches trat auch vor allem der nationale Einheitsgedanke in den Vordergrund der Erwägungen und Beschlüsse.

Die Unterstützung der preußischen Zoll- und Handelspolitik und damit der preußischen Vorherrschaft im deutschen Bund oder die Aufrechterhaltung des letzteren unter österreichischer Führung und damit die Angliederung slawischer und italienischer Völker an das sonst in sich geschlossene und auf einheitlicher wirtschaftlicher Grundlage ruhende deutsche Gebiet, das waren die bewegenden Fragen in der ersten Hälfte der sechziger Jahre. Den ersteren Standpunkt vertraten die konservativen und liberalen Elemente, den letzteren die demokratische sogenannte großdeutsche Partei.

Liberale Parteien -> S. 59

Auch in Hanau regten sich diese politischen Strömungen. Mein Vater zählte sich zu den Liberalen. Einige seiner Freunde waren Demokraten und ich entsinne mich noch der langen Debatten, die in seinem Comptoir über diese wichtigen Zeitfragen stattfanden, wenn sich um 6 Uhr abends, was regelmäßig der Fall war, einige seiner Freunde bei ihm einfanden. Ich erledigte währenddessen beim Licht einer Talgkerze an einem Bureaupult meine Schulaufgaben.

Der Weg der Hanauer Juden zur bürgerlichen rechtsgleichheit -> S. 12

Mein Vater gehörte auch lange Zeit dem städtischen Gemeindeausschuß an, in seinen letzten Lebensjahren wurde er Mitglied des Stadtrates. Das bereitete ihm besondere Genugtuung, da er damit die Schranke überschritten hatte, die bisher konfessionelle Befangenheit dem Eintritt eines Juden in eine obrigkeitliche Korporation entgegengesetzt hatte. Es gewährte ihm Freude, als Gleichberechtigter an dem Tische zu sitzen, von dem aus fünfzig Jahre vorher Strafmandate gegen seine Eltern diktiert worden waren, weil sie entgegen den damaligen Bestimmungen außerhalb der Judengasse Grundbesitz, und zwar ihr Wohnhaus, erworben hatten. Man wollte sie aus dem Haus Schloßstraße 4, in das sie nachts heimlich eingezogen waren, wieder entfernen. Ein Wandel der Zeiten im Sinne humaner Gesittung!

Mein Vater war von sehr zarter Konstitution und bedurfte sorglicher Pflege. Er besuchte jährlich ein Stahlbad, meist Schwalbach, mit Frau und einem Teil der Kinder. Das war wohl die einzige größere Ausgabe, die sich die Eltern gestatteten. Ihre Lebensweise war sehr einfach und einförmig, die Lebensauffassung ernst. Einen Tag vor meinem 16. Geburtstag starb mein Vater, noch nicht 57 Jahre alt. Er war an einem gastritischen Fieber erkrankt, das seine Kräfte langsam aufgezehrt hatte, und er entschlief ruhig in dem Sessel, der einen Ehrenplatz in meinem Schreibzimmer gefunden hat.

Noch tönt der Klageruf meiner Mutter mir ins Ohr, wenn ich dieses Tages gedenke. Noch sehe ich sein brechendes Auge! Zu jung damals, um seinen vollen Wert zu erkennen, hat sich sein Bild doch immer tiefer in meine Seele gesenkt, und er ist mir später Vorbild geworden, ein ernster, aber milder

Gedanken
beim Grabgange unsres geschiedenen Freundes
Herrn Marcus Canthal.

Wann sind wir an der Stelle,
Wo Aufklärung uns wird?
Wann sehen wir so helle,
Daß Nichts den Blick beirrt?

Wann sollen frei wir werden
Von jedem Vorurtheil,
Daß uns schon hier auf Erden
Beglückt das wahre Heil?

Daß sich die Menschen lieben,
Kein Glaubenshaß sie trennt,
Und zu den schönsten Trieben
Man die Veredlung nennt?

Wenn freie Männer lehren,
Die Jugend uns erziehn
Im Streben zu dem Höh'ren;
Wird diese Zeit erblühn.

Und diese Zeit, sie nahet,
Der freie Geist sich regt,
Was Ihr allmächtig sahet,
In Ohnmacht sich's bewegt.

Die Finsterniß entschwindet,
Der junge Tag bricht an,
Das Licht, das sich entzündet,
Beleuchtet hell die Bahn.

Der Fortschritt schön sich zeiget
Heut bei dem letzten Gang,
Ein Freund ist uns erbleichet,
Der Aller Lieb errang.

Nicht fragt man nach dem Glauben,
Dem er hier angehört,
Kein Vorurtheil kann rauben
Des Mannes wahren Werth:

Denn All', die ihn geleiten,
Betrauern den Verlust
Und kennen, wie bescheiden
Zu wirken er gewußt.

Und zu dem Einen Gotte
Das gleich Gebet ergebt,
Daß es als treuer Bote
„Die Einigkeit erfleht!“

Hanau, den 11. April 1864.

C. Boehm.

Cäsar und Willy Böhm -> S. 188

Mahner und Richter meiner Gesinnung und meiner Bestrebungen. Sein Ableben wurde von seinen Angehörigen und Freunden tief betrauert. Karl Böhm, der Vater meiner späteren Freunde Cäsar und Willy, widmete ihm ein Gedicht als Nachruf, das in der Hanauer Zeitung veröffentlicht wurde.

Jüdischer Friedhof in Hanau -> S. 26

Von den Großeltern Canthal weiß ich wenig, sie müssen früh gestorben sein. Ihre Grabstätte auf dem hiesigen Friedhof ließ sich später nicht mehr feststellen. Die Pflege der Gräber galt in diesen Zeiten noch nicht wie heute als ein Gebot kindlicher Pietät Im Sinne der Eltern zu leben, erschien als die hauptsächliche, alle Äußerlichkeiten übertreffende Heiligung ihres Andenkens. Die moderne Auffassung findet in einer Vereinigung beider Ideen mit Recht den natürlichen Ausdruck kindlicher Dankbarkeit.

Schlacht bei Hanau 1813 -> S. 25

Noch während der Schlacht bei Hanau am 30. Oktober 1813 bewohnten die Großeltern meines Wissens das Eckhaus Nordstraße / Dechaneigasse, gegenüber dem Steigerhaus, denn ich entsinne mich, als Kind gehört zu haben, daß sich die Familie in den Kellerräumen dieses Hauses vor der Beschießung zu schützen suchte. Der Name Canthal stammt auch aus dieser Zeit, in der die Führung genauer Familienbezeichnungen gesetzlich gefordert wurde. Die Ableitung Can kommt von Cohn, einer Stammesgenossenschaft, die, soviel ich weiß, als Abkömmlinge Arons angesehen werden und eine höhere Priesterkaste der Leviten bilden und gottesdienstlich den Segen über die Gemeinde zu sprechen haben. Es existierten noch in Hamburg Verwandte gleichen Namens, ein Zigarrenfabrikant und ein bekannter Musiker und Komponist, zu denen ab und zu Beziehungen aufrechterhalten wurden.

Die ältere Schwester meines Vaters, Susanne, war mit dem kurfürstlichen Repositar Neustetel in Cassel verheiratet, von ihren drei Kindern kannte ich Sophie Dann in Nottingham kaum, dagegen sah ich wiederholt und gern die Söhne Wilhelm, einen klugen und gebildeten Kaufmann in London, und Fritz, wohnhaft in Melbourne. Die zweite Schwester, Friederike, hatte sich mit dem Hauptkassie-

Abb. Schlacht bei Hanau am 30. Oktober 1813, Museum Hanau

Nach der Machtergreifung Napoleons endete die Revolution in Frankreich. Durch die Übergabe der geistlich verwalteten Herrschaftsgebiete an weltliche Fürsten (Säkularisation), verloren die Kirchen Besitz und Macht. Durch den Reichsdeputationshauptschluß 1803 mußten zahlreiche kleine Staaten ihre Selbständigkeit aufgeben.

1806 marschierten französische Truppen in Hanau ein. Wesentliche Errungenschaften der französischen Revolution wurden eingeführt:

- *Aufhebung der Leibeigenschaft und Fronden der Bauern,*
- *Religionsfreiheit für Katholiken und Juden,*
- *Auflösung des Judenghettos,*
- *Auflösung der konfessiongebundenen Schulen,*
- *Einführung der Gewerbefreiheit.*

Nach der Niederlage der ***Grande Armee*** *Napoleons in Rußland 1812 entstand ein neues Bündnis gegen den französischen Kaiser. Rußland, Preußen und Österreich schlossen sich 1813 zusammen. Um seinen gebietsmäßigen Zugewinn aus französischer Zeit nicht zu gefährden, wechselte Bayern vom französisch orientierten Rheinbund zum neuen Bündnis.*

Die Völkerschlacht von Leipzig am 16. - 19. Oktober1813 endete mit der Niederlage der französichen Armee. Der Rückzug der Soldaten führte durch das Kinzigtal.

Um gegenüber den Alliierten seine Bündnistreue zu beweisen, stellten sich etwa 30000 bayerische und verbündete österreichische Soldaten unter dem Kommando General Wredes den ungefähr 80000 rückkehrenden französischen Soldaten entgegen. Zwischen dem 28. und 31.Oktober kam es bei Hanau zu mehreren Kämpfen. Die eigentliche Schlacht fand am 30. Oktober statt.

Die zahlenmäßige Überlegenheit des französischen Heeres und taktische Fehler der bayerischen Generalität führten zum Sieg der napoleonischen Armee.

Ca. 6000 französische und 9000 bayerische und verbündete Soldaten starben. Über 10000 erschöpfte, verwundete und kranke Franzosen wurden gefangengenommen.

Am Abend des 30. Oktober hatten sich die französischen Truppen den Weg nach Frankfurt freigekämpft. Um den Abzug seiner Soldaten zu sichern, ließ Napoleon Hanau in der Nacht beschießen. Große Teile der Vorstadt und der Judengasse brannten dadurch ab.

Napoleons Sieg bei Hanau ist auch auf dem Arc de Triomphe in Paris genannt.

Die Bestimmungen der jüdischen Religion verlangen, daß die Toten der Erde zurückgegeben werden und dort unbehelligt auf den Tag des Jüngsten Gerichts warten. Die Ruhe der Toten darf durch nichts gestört werden.

Die Judengemeinden, die in einem den Gesetzen ihrer Religion gleichgültig oder gar feindlich gegenüberstehenden christlichen Umfeld lebten, mußten eigentlich stets befürchten, daß die Ruhe ihres Friedhofs von den Christen beeinträchtigt würde. Aus diesem Grund legte man die Friedhöfe auf einem Gelände an, das städtebaulich uninteressant und landwirtschaftlich schwer nutzbar war. So hoffte man zu verhindern, daß das Friedhofsgrundstück irgendwann einmal von den Christen eingefordert würde. Der Hanauer Judenfriedhof lag im Hochwasserbereich der Kinzig. Das jetzt durch Dämme geschützte Gelände liegt heute zwischen dem Mühltorweg und der Jahnstraße.

Hanaus jüdischer Friedhof

Der Friedhof wird mit der Gründung der Judengemeinde 1603 angelegt worden sein; als ältesten Beleg fanden wir in einem Althanauer Ratsprotokoll des Jahres 1617 die Nachricht, daß die Judenschaft für den Friedhof einen Gulden Bede (eine Art Grundsteuer) zu zahlen habe.

Im Jahr 1712 wurde der Friedhof erstmals erweitert; 1856 verkaufte der Gärtner Johann Georg Jung einen südlich an den Judenfriedhof grenzenden zwei Morgen großen Garten für 2500,- Gulden an die Judenschaft, damals erhielt der Friedhof seine heutige Größe.

Streitigkeiten zwischen der Judengemeinde und den christlichen Hanauern gab es immer wieder wegen des Weges, den die Leichenzüge von der Judengasse zum Friedhof nahmen, außerdem wegen der Frage, ob die Juden an christlichen Feiertagen auf dem Friedhof ihre Andacht und ihre Gebete verrichten dürften.

In den Jahren 1878-1884 verfolgte die Stadt Hanau die Absicht, den jüdischen Friedhof zu verlegen. Dies war in keiner Weise eine antisemitische Schikane. Der Friedhof lag ja im Hochwasserbereich der Kinzig, und man war der Meinung, daß bei den immer wieder auftretenden Überschwemmungen Leichengift aus den Gräbern in das Grundwasser gelangen und die Brunnen, aus denen die Hanauer damals ihr Wasser holten, vergiften könne (aus demselben Grund hatte man um die Mitte des Jahrhunderts die ebenfalls im Überschwemmungsgebiet liegenden alten christlichen Friedhöfe aufgegeben und auf einem hochwasserfreien Gelände den neuen Hauptfriedhof an der Ehrensäule angelegt). Durch die Änderung in der Wasserversorgung wurde dieser Plan hinfällig.

Im Sommer 1940 ging der Friedhof in den Besitz der Stadt Hanau über. Es war die Zeit der nationalsozialistischen Diktatur, die sich erklärtermaßen den Völkermord an den Menschen jüdischer Abstammung zum Ziel gesetzt hatte, knapp eineinhalb Jahre vor der berüchtigten "Wannsee-Konferenz", auf der die organisatorischen Einzelheiten der bis dahin größten Mordaktion der Menschheitsgeschichte festgelegt wurden.

Die Stadt Hanau übernahm durch Vertrag vom 22. August 1940 von dem "Jüdischen Kultusverein Hanau e.V." (es war eine Schikane der Diktatur, daß die jüdischen Gemeinden in "Vereine" umgewandelt werden mußten) kostenlos den Friedhof. Verpflichtungen, welche die Stadt im Gegenzug übernahm, können unter den damaligen Umständen nur als infamer Schachzug gewertet werden, der dazu dienen sollte, wenigstens die äußere Form eines den Normen des bürgerlichen Rechts entsprechenden Vertrages zu wahren. Einige Paragraphen dieses Vertrags sind auf der nächsten Seite abgedruckt.

Eine Ironie der Geschichte will es, daß von den drei alten Hanauer Friedhöfen der Judenfriedhof am besten erhalten ist.

Die Grabsteine zeugen von der fast 350jährigen

§ 2 Die Stadt Hanau übernimmt insbesondere die Straßenreinigung für die an das Grundstück angrenzenden Teilstrecken der Jahnstraße und des Mühltorweges, sowie die Instandhaltung der Einfriedungen. Im Innern des Friedhofs wird die Stadt Hanau Ordnung halten, insbesondere auch das Abmähen des Graswuchses und die Instandhaltung der z.Zt. vorhandenen Wege übernehmen.

§ 3 Der Friedhof soll nicht vor Ablauf der durch Gesetz oder behördliche Anordnung bestimmten Fristen, die z.Zt. mindestens 30 Jahre betragen, von der Stadt Hanau anderweit verwertet werden.

§ 4 Die Stadt Hanau erhebt keine Einwendungen gegen eine weitere Gräberunterhaltung durch jüdische Angehörige von Verstorbenen während der in § 3 genannten Frist und gestattet den Angehörigen den Zutritt zu den Gräbern.

Geschichte der Hanauer Judengemeinde. Von besonderem Interesse sind die figürlichen Reliefs, welche die Namen der Wohnhäuser der Bestatteten symbolisieren (sie dürfen nicht verwechselt werden mit der Kanne der Leviten oder den geöffneten Handflächen der Priester). Aufmerksam machen wollen wir auf den Übergang von der ausschließlichen Verwendung der hebräischen Schrift zu zweisprachigen Inschriften und auf einige Grabsteintexte, welche darauf hinweisen, daß der Tote während des Ersten Weltkrieges als Soldat für sein deutsches Vaterland starb, für jenes Vaterland also, welches wenige Jahre später sich die Vernichtung aller Juden zum Ziel setzen sollte.

In den letzten Jahren wurden die Grabsteine von Dr. Helmut Friedrich, Hanau, vollständig photographiert; alle Inschriften sind von Naftali Bar-Giora Bamberger, Jerusalem, ins Deutsche übersetzt worden.

rer des von Rothschildschen Bankhauses in Frankfurt a. M., Haarbleicher, verheiratet. Mit der ganzen Familie verknüpfen mich vielfache Jugenderinnerungen.

Den Onkel kenne ich wenig, meine Tante aber habe ich im Gedächtnis als eine gescheite, aber aufgeregte Dame. Ihre Tochter, Anna de Jonge in Cöln, war eine liebenswürdige, auffallend schöne Frau, die mir eine anhängliche und freundliche Gesinnung stets gezeigt hat. Sie erreichte ein hohes Alter, über achtzig Jahre; von ihren Söhnen weiß ich wenig zu sagen, sie waren mit meinem Bruder Ludwig befreundet. Fritz, Paul und Karl Haarbleicher lebten im Ausland. Ersterer starb frühe, Paul wurde in Paris Bankdirektor und erwarb ein sehr ansehnliches Vermögen, auch Karl lebte in Paris, und wir standen in guten verwandtschaftlichen Beziehungen. Nur Paul hatte Familie.

Rolle der Frau im Bürgertum
-> S. 29

Meine Mutter, Emilie, geborene Cleve, ist am 1. Juni 1830 in Hanau geboren. Ihre Eltern hat sie frühe verloren. Sie hat sich nach dem Ableben der Eltern im Alter von 16 Jahren verheiratet. Über die zahlreiche Familie war eine Vormundschaft eingesetzt worden. Das Leben meiner Mutter hatte den ruhigen Verlauf einer sorglich, pflichttreuen Hausfrau genommen. Sie hat sich der Pflege einer ruhigen, einfachen Häuslichkeit gewidmet, in treuer Anhänglichkeit der Sorge für das Wohl ihres von ihr hochverehrten Mannes und in gütiger Hingabe an die Erziehung ihrer fünf Kinder. Häuslich und einfachen Sinnes, hat sie durch sparsame Wirtschaft die finanzielle Existenz der Familie zu sichern gesucht, für Ordnung und Sitte gewissenhaft Sorge getragen. Sie hatte einen klaren Sinn für praktische Dinge und auch geistige Interessen, wennschon sie nicht über soviel geistige Fähigkeiten verfügte wie mein Vater. Nach dessen Ableben hat sie die Erinnerung an ihn in reiner Liebe hochgehalten und eifrig und unablässig dafür gewirkt, daß sein Vorbild uns zu geistigem Streben und ernster Lebensführung emporführte. Dafür und für alle ihre Liebe und Güte danke ich ihr von Herzen. Ich habe trotz meiner Jugend sie während ihrer Witwenschaft zu unterstützen gesucht, und ich weiß, daß sie große

Frauen im Bürgertum

Daß die Familie und in ihr die Rolle der Frau selbst in der proletarischen Frauenbewegung des letzten Jahrhunderts in weiten Teilen als sakrosankt gilt, entspricht der Aufgabenteilung nach der Industriellen Revolution. Die Trennung von Produktion (Arbeit, Beruf, Erwerb) und Reproduktion (Familiensphäre, "eigene vier Wände") führt zur Differenzierung von "Öffentlichkeit" und "Privatleben" und mißt der Familie neue Bedeutung zu, sie verschärft aber auch die Beziehung zwischen den Geschlechtern zu ungunsten der Frauen. Während die proletarische Frau die Doppelbelastung (Berufs- und Hausarbeit) aufgehalst bekommt, verschwindet die bürgerliche Frau im "goldenen Käfig". Beruf, Teilhabe am politischen und wirtschaftlichen Leben sind Sache des Mannes, die Frauen haben kein Wahlrecht und sind bis 1908 durch das Vereinsrecht sogar aus politischen Vereinen (Parteien) von der öffentlichen Meinungsbildung und Diskussion ausgeschlossen.

Als sie im Januar 1919 zum ersten Mal wählen können, machen 90 Prozent von ihrem Stimmrecht Gebrauch, 41 Frauen ziehen in die Nationalversammlung ein, das sind 9,6 Prozent.

Die bürgerliche Frau wird also Managerin des Haushaltes und Erzieherin der Kinder, sie regelt den Konsum und schafft für den Mann, wenn er "aus dem feindlichen Leben " zurückkehrt das "gemütliche Heim". Dieses Zuhause ist patriarchalisch strukturiert. Vom Einkommen und vom Status des Hausherren sind alle abhängig. Das geltende Familienrecht besagt, daß die Frau als Tochter und Gattin der Autorität des Vaters und des Ehemannes unterstellt ist. Zwar ist die Frau vermögens- und erbfähig, aber sie ist nur in Ausnahmefällen geschäftsfähig. In der ehelichen Gütergemeinschaft ist sie auch gegenüber ihrem "eingebrachten Gut" nicht verfügungsberechtigt. In den Fragen der allgemeinen Lebensführung (Wohnsitz/ Arbeit) und der Kindererziehung (Schul- und Berufsausbildung, Gattenwahl) hat der Mann das Entscheidungsrecht. Eine Berufstätigkeit kann die Frau ohne Einwilligung des Mannes nicht ausüben. Während die Söhne via Schul- und Berufsausbildung in die Unabhängigkeit entlassen werden, wechseln die "höheren Töchter" wohlerzogen, etwas gebildet, aber ungelernt aus der Obhut des Vaterhauses in die Ehe. Bis 1900 ist die Eheschließung von "Fräulein Tochter" vor ihrem 25. Lebensjahr nur mit Zustimmung des Vaters möglich. Die "Karriere" der meisten bürgerlichen Frauen besteht also darin, einen möglichst komfortablen und angenehmen Ehehafen anzusteuern, denn, obwohl es seit der späten Aufklärung ein Scheidungsrecht gibt, ist die Ehescheidung schwer zu erreichen. Es gibt nur das auf klare Fälle konzentrierte Verschuldungsprinzip, in Ausnahmefällen kann nach langer Trennungszeit auf Zerrüttung insistiert werden. Die Unterhaltsregelungen benachteiligen die Frauen so sehr, daß eine nichtvermögende oder nichtverdienende Frau sich eine Scheidung kaum leisten kann. Dies gilt auch noch für das BGB von 1900. Hinzu kommt der soziale Makel.

Literaturhinweis:
Ilse Werder: 100 Jahre Frauenleben rund um das Kinzigtal 1888-1988, Gelnhausen 1988
Ruth Dröse: Frauen in Hanau und Main-Kinzig, Frauenporträts aus zwei Jahrhunderten, Frankfurt 1989
Thomas Nipperdey: Deutsche Geschichte 1866-1918, Band1, Arbeitswelt und Bürgergeist, München 1990

Stücke auf mich hielt. Sie war eine schöne Frau von stattlicher Erscheinung.
Ihr Ableben erfolgte meiner Ansicht nach infolge unrichtiger ärztlicher Behandlung nach anscheinend leichter Erkrankung durch Entkräftung plötzlich in der Nacht vom 10. Juli 1873 an einem Herzschlag. Krank ist sie vorher nie gewesen. Ich verbrachte den Abend mit einigen Freunden bei Karl Deines in dem Gartenhaus seiner Eltern, Hainstraße, und wurde aus dem jugendlich frohen Kreis mitten in der Nacht an das Sterbebett meiner Mutter gerufen. Der Tod hatte sie bereits ereilt. Tief trauernd standen um ihre Leiche meine Schwester Julie und mein Bruder Ludwig mit mir, während, vom Strahl der Kerze angezogen, ein Nachtvogel durch das geöffnete Fenster seine Flügel bewegte, rasch sich wieder entfernend ein Symbol des sich in unbekannte nächtliche Ferne verlierenden teueren Lebens einer liebenden und geliebten Mutter.

Uns war der starre Körper geblieben, der uns selbst das Leben geschenkt hatte, aber die Schwingen der Seele waren ins Unermeßliche verhaucht. In inniger Gemeinschaft haben wir drei Geschwister dann Haus gehalten, bis wir die eigene Heimstätte uns gründeten. Es ruhte Segen auf unserem Zusammensein, Erinnerungen an jugendliches Glück sind aus dieser Zeit wach in uns geblieben.

Noch zu Lebzeiten der Eltern hatte im Jahre 1863 meine älteste Schwester Mathilde sich mit dem ordentlichen Professor der Geschichte an der Universität Zürich, Max Büdinger, gebürtig aus Cassel, verheiratet. Er erhielt später einen Ruf in gleicher Eigenschaft an die Universität Wien. Nach seinem Ableben ist meine Schwester wieder nach Zürich zurückgekehrt und dort im September 1911 bestattet worden.
Mein Schwager hat verschiedene wissenschaftliche Werke, namentlich über österreichische Geschichte, geschrieben, auch sehr geschätzte Abhandlungen aus den verschiedensten Gebieten historischer Wissenschaft; er war als akademischer Lehrer von Ruf und Ansehen in der Gelehrtenwelt. Ich habe wegen des Altersun-

Parteien (1)
Konservative

Seit Ende der 1848er Revolutionszeit hat sich in Deutschland ein 5-Parteien-System herausgebildet: Konservative, rechte und linke Liberale, Katholiken und Sozialisten. Unter diesen Parteien darf man sich nun keineswegs festgefügte Organisationen vorstellen, wie das heute der Fall ist.

Die einzelnen Lager zerfielen, besonders bei den Liberalen und den Konservativen, in viele Gruppierungen, die sich vielfach spalteten, in verschiedenen Zeiten und Bundesstaaten unter unterschiedlichen Bezeichnungen auftraten und sich manchmal auch wieder unter neuem Namen zusammenschlossen. Häufig dominierten Einzelpersonen, die von örtlichen Komitees für Wahlen aufgestellt wurden. In den Parlamenten gab es keinen Fraktionszwang, wechselndes Abstimmungsverhalten in Einzelfragen über die Parteigrenzen war üblich.

Aber im Laufe der Entwicklung ging die Bedeutung der Fraktionsunabhängigen, der sogenannten Wilden, immer mehr zurück, und an ihre Stelle trat allmählich ein festgefügter Parteiapparat, der zum Träger der politischen Macht wurde.

Die Parteien waren in Deutschland ideenpolitisch an philosophischen Prinzipien orientiert. Sie waren, anders als etwa in Großbritannien, Italien oder den USA, Weltanschauungsparteien, die ihre Anhänger in ziemlich klar abgegrenzten sozialen Milieus fanden.

Konservative Parteien

Ihre Wurzeln lagen im agrarisch-protestantisch-ostelbischen Milieu. Aus ihren Reihen kam Bismarck, der aber, gerade weil er die konservativen Grundwerte seiner Klasse bewahren wollte, sich nach der Reichsgründung Bündnispartner im liberalen Lager suchen mußte: seine früheren Weggefährten mit ihren einseitig agrarischen Interessen, waren ihm zu rückständig. Die Chancen, die ein vergrößerter deutscher Wirtschaftsraum bot, konnten die einseitig auf Preußen fixierten Konservativen lange nicht sehen. Preußen ging ihnen viele Jahre vor Deutschland; erst spät schwangen sie sich auf das nationalistische Pferd, um es dann um so vehementer gegen "Vaterlandsverräter" zu reiten. Sie waren dagegen, daß staatliche Schulaufsicht und Zivilehe den Einfluß der protestantischen Kirche zurückdrängte. Alle Gesetze, die die kapitalistische Entwicklung durch Freizügigkeit, Niederlassungs- und Vertragsfreiheit fördern sollten, hätten ihre dominierende Stellung auf dem Land einschränken können.

Aber schon unmittelbar nach der Reichsgründung gab es Strömungen, die sich von dem altkonservativen, reaktionären Antiliberalismus distanzierten und sich als "Deutschkonservative Partei" dem Bismarck-Kurs annäherten. Zwar blieben auch bei ihnen die landwirtschaftlichen Interessen im Vordergrund, aber ihr Blick war auf ganz Deutschland gerichtet, und es gelang ihnen, die altkonservativen Strömungen aufzusaugen und so die Voraussetzungen für ein gemeinsames Vorgehen von Konservativen, rechten Liberalen und Bismarck ab etwa 1879 schaffen.

Daneben standen andere konservative Richtungen: Die Freikonservativen, die seit 1867 den pro-kapitalistischen Wirtschaftskurs Bismarcks unterstützten, die eher einen Zusammenschluß von angesehenen Einzelpersonen bildeten, deren soziales Ansehen als Adlige oder Großindustrielle ausreichte, Wahlen zu gewinnen.

Auf der anderen Seite stand Stoeckers deutschsoziale Bewegung, die die Kritik am kapitalistischen Wirtschaftsegoismus mit der Forderung nach sozialen Reformen und antisemitischen Gedankengut verband und den Konservativen zum ersten Mal zu einer Massenbasis verhalf - eine Funktion, die ab 1895 der Bund der Landwirte übernahm, der die Bauern mit Schutzzollforderungen und Antisemitismus ins rechte Lager einband.

terschiedes und einer gewissen Strenge und Weltfremdheit seines Wesens zu einem sehr nahen Verhältnis zu ihm eigentlich nie kommen können, trotzdem ich ihn sehr schätzte und oft zu Besuch bei ihm war, wobei er sich immer durchaus verwandtschaftlich und herzlich zeigte.
Meine Schwester war eine gute und lebhafte Frau, die mir sehr zugetan war und die auch ich sehr schätzte. Ihre älteste Tochter, Amalie, starb als blühendes Mädchen in Wien. Der einzige Sohn, Conrad, ist Professor der Medizin in Wien. Die drei noch lebenden Töchter verheirateten sich mit Züricher Professoren: Emma mit dem Ägyptologen Prof. Krall, später in Wien, Hedwig mit dem Historiker Paul Schweizer in Zürich und Mathilde mit dem Mathematiker Heinrich Burckhard, später in München. Krall und Burckhard sind früh gestorben, ohne Kinder zu hinterlassen; am meisten ist mir meine Nichte Emma nahegetreten, eine liebenswürdige, geistig hochstehende Dame, die sich literarisch auszeichnete.

Meine zweite ältere Schwester, Emma, war in ihrer Jugend sehr kränklich gewesen, und manche Eigenarten ihres Wesens mögen sich hieraus erklären. Sie verheiratete sich im Jahre 1871 mit Bernhard Herzfeld aus Nordhausen, wohnhaft in Cöln, wo er ein Tuchwaren-Engrosgeschäft betrieb. Es war keine glückliche Ehe. Ihr einziges Kind, Paula, wurde schwachsinnig und ist 1919 in Galkhausen (Rheinprovinz) in einer Pflegeanstalt gestorben.

Gründerkrach **-> S. 79**

Herzfeld verlor in der Mitte der siebziger Jahre durch Börsenspekulation sein gesamtes Vermögen, auch das meiner Schwester ging damals mit zugrunde. Ich ordnete die geschäftlichen Verhältnisse durch Vergleich. Wenige Jahre später trennten sich die Eheleute und Emma wohnte, von Ludwig und mir unterstützt, erst in Cassel, dann in Wiesbaden, zurückgezogen sehr einfach und freudlos. Sie hat ihr hartes Geschick würdig getragen. An ihrem Grabhügel sprach der freireligiöse Wiesbadener Geistliche ergreifende Worte, während die Sonne sich über die herrliche Landschaft, diese vergoldend, langsam niedersenkte.
Drei Jahre jünger als ich ist meine dritte Schwester, Julie. Die herzlichste Zuneigung verbindet uns beide. Glückliche Tage der

Jugend und der Ernst gemeinsam getragenen Leides verklären ihr Bild in meiner Erinnerung, treueste schwesterliche Anteilnahme während eines langen Menschenalters habe ich ihr zu danken. Nach dem Tode der Mutter hat Julie mit Ludwig und mir einen gemeinsamen Haushalt geführt und gerne gedenke ich dieser schönen Jahre. Wir hatten damals einen größeren Kreis von Bekannten und Freunden und infolgedessen einen angenehmen geselligen Verkehr.

Zu meinen nächsten Bekannten zählte Rudolf Schopper von Zeulenroda, der als Referendar in Hanau sich aufhielt. Ein sehr begabter Mann, von glühender Vaterlandsliebe. Noch zu Lebzeiten meiner Mutter verlobte er sich mit Julie, die sehr schön und liebenswürdig war. Bald darauf brach der französische Krieg aus. Begeistert eilte er zur Fahne und zog als Reserveleutnant mit dem in Hanau garnisonierenden 82. Infanterieregiment in das Feld. Der Tod ereilte ihn sehr schnell. Mit der Fahne in der Hand fiel er in der Schlacht bei Wörth.

Deutsch-französischer Krieg 1870/71 **-> S. 55**

Auf dem Friedhof von Elsasshausen liegt er mit acht Kameraden in einer Gruft. Ich war nicht felddienstfähig und betätigte mich als Krankenpfleger bei einer freiwilligen Sanitätskolonne in Hanau. Beim Abtransport von ankommenden Verwundeten hörte ich am Bahnhof von Leuten seines Regiments von seinem Tode. Jedoch erschien mir die Mitteilung nicht verbürgt genug, um sie als Tatsache meiner Schwester mitzuteilen, und ich entschloß mich, nach dem Schlachtfeld zu reisen, in der Hoffnung, Bestimmtes zu ermitteln.

Der damalige Landrat von Schröter stellte mir einem Paß aus, und ich fuhr in einem Militärzug mit drei Offiziersdamen desselben Regiments, die den gleichen Zweck verfolgten, nach dem Kampfgebiet. Allein ich kam in langsamster Fahrt nur bis Landau. Unterwegs wurde mir die Trauerbotschaft bestätigt. Es war eine harte Aufgabe, sie Julie zu überbringen. Sie hat lange und herzlich den Dahingeschiedenen betrauert. Während einer Reise zum Besuch der Familie Wilhelm Neustetels und Onkel Karls in London lernte Julie, die nach meiner Verheiratung im oberen Stock meines

Elternhauses, Schloßstraße 4, bei mir gewohnt hatte, Jacob Sichel aus Frankfurt kennen. Sie verlobte sich mit ihm, und die Hochzeit fand nach einigen Monaten am 20. Mai 1876 in Hanau statt. Mein Schwager verlegte später sein Geschäft, Wolle-Großhandel, nach Bradford. Von den drei Kindern ist die älteste Tochter gestorben. Otto wurde Bankier, er vermittelte Börsentransaktionen und geriet selbst beim Ausbruch des Weltkrieges in Schwierigkeiten von größter finanzieller Tragweite, in die auch mein Schwager verwikkelt wurde. Meine mir sehr lieb gewordene Nichte Nelly nahm während des Krieges eine Stelle in einer Bank an.
Otto war geflüchtet und hatte sich, ohne seinen Eltern dies mitzuteilen, in den englischen Heeresdienst in Indien einreihen lassen. Nach Friedensschluß zurückgekehrt, betätigt er sich zur Zeit in anscheinend guter kaufmännischer Stellung in London.

Die Familie hat während des Weltkrieges sehr schwere Zeiten erlebt, aber die pekuniäre Situation ist, namentlich durch den Anfall eines Erbteils von Karl Cleve und durch spätere Zuwendungen von Sally Cleve und meinem Vetter Karl Berger, jetzt gesichert und es ist ihr eine sorgenfreie Zukunft ermöglicht.

Nach dem Tode meiner Mutter wurde ich zu Ludwigs Vormund bestellt. Mein Bruder war nicht sehr kräftig, geistig aber sehr rege und von herzlichem Wesen. Nachdem er die Realschule absolviert hatte, trat er als Lehrling in ein Geschäft, dann als Commis in die Firma E. G. Zimmermann, hier, und später in das Bankhaus Gebr. Sonneberg in Frankfurt. Er diente als Einjähriger in Hanau. Den Anstrengungen der Manöver am Schlusse der Dienstzeit war er nicht gewachsen, seine Gesundheit wurde geschwächt. Nach kurzem Aufenthalt in London wurde ihm zur Herstellung seiner angegriffenen Lunge eine Seereise nach Australien verordnet. Geheilt zurückgekehrt, nahm er nach kurzem Aufenthalt in Paris eine Stelle in einem französischen Bankhaus in Madrid, dann in Cartagena an. Dort gründete er später in angestrengter Tätigkeit ein Export- und Importgeschäft, namentlich in Erzen und Kohlen. Mein Schwager Rudolf Nickel war kurze Zeit sein Teilhaber.

Eisengießerei E. G. Zimmermann **-> S. 35**

Hanauer Eisenkunstgießerei E. G. Zimmermann

Mit der Gründung der königlich preußischen Eisengießerei, Berlin 1804, begann der Aufschwung des Eisenkunstgusses: Architekturteile (z.B. Brücken), Schmuck, Zier- und Gebrauchsgegenstände wurden produziert.
Die Entwürfe des Berliner Malers und Architekten Karl Friedrich Schinkel trugen wesentlich zur Verbreitung des Eisenkunstgusses bei, z.B. das Eiserne Kreuz, 1813.
Während der Befreiungskriege gegen die napoleonische Besatzung wurde das Tragen von Eisenschmuck zum Zeichen von Patriotismus und Sparsamkeit. Die Finanzierzung der Kriege, auch durch Goldspenden aus der Bevölkerung, wurde mit Eisenkunstgußstücken, die die Aufschrift "Gold gab ich für Eisen" trugen, vergütet.
1841 assoziierte der aus Berlin kommende Richard Alfred Seebaß mit der bereits seit Ende der 1830er Jahre in Hanau bestehenden Gießerei von Zimmermann.
*Ernst Georg Zimmermann (*1807 +1873) betrieb mit seinem Schwager Wilhelm Lotz eine kleine Eisengießerei. Durch den modischen Formenvorrat, den Seebaß aus Berlin mitbrachte, gelang der Firma ein ansehnlicher Aufschwung. Schmuck, Zier- und Gebrauchsgegenstände (z.B. Schreibzeuge, Kerzenleuchter, Schalen, Schatullen, Schachspiele), sowie Kleinmobiliar (Blumentische und -ständer) wurden im Verlag bei E.G.Zimmermann in Hanau in der Lothringer Straße hergestellt.*
Ab den 1850er Jahren flaute der Absatz von Eisenkunstguß ab. Die Produktion des Betriebes wurde um Bronze- und Zinkguß sowie um die Marmorverarbeitung erweitert. Eine zweite wirtschaftliche Blüte erreichte der Eisenkunstguß in der Zeit des Historismus, im letzten Viertel des 19. Jahrhunderts. E. G. Zimmermann nahm an der Weltausstellung 1893 in Chicago teil. In dem Ausstellungskatalog wird er mit "Fabrik kunstgewerblicher Silberwaren, Kunstgießerei in allen Metallen, galvanoplastische Anstalt und Marmorschleiferei (mit 225 Arbeiten)" aufgeführt.
Die Firma besteht noch heute auf ihrem angestammten Platz. Die Produktion hat sich jedoch auf die Verarbeitung von Onyx und Marmor reduziert. "Marmor ist kein Luxus" lautet der Werbeslogan in den Wirtschaftswunderjahren unseres Jahrhunderts.

Hanauer Eisenkunstguß E.G. Zimmermann, Schlüsselschränkchen, Historismus, Museum Hanau

Ludwig verheiratete sich mit Amalie de Giron. Die stattgehabte Ziviltrauung fand später nach einer Romreise die Sanktion der katholischen Kirche. Der älteste Sohn, Fritz, starb früh; ihm folgte bald die älteste Tochter, Marie Luise. Emilia verheiratete sich mit einem Vetter mütterlicherseits, dem Marquis de Alhumada. Fernando studierte, wurde Dr. jur. und bereitet sich zur Zeit vor, in das väterliche Geschäft einzutreten. Ludwig ist mir jederzeit ein lieber Freund und treuer Bruder gewesen. Er besucht uns fast jährlich. Bei meiner Reise nach Spanien 1900 fand ich die herzlichste Aufnahme in seiner Familie und gern erinnere ich mich dieser Zeit.

Nun habe ich noch über die Familie meiner Mutter einiges zu berichten. Ihre Eltern waren früh gestorben. Ludwig Moritz Cleve und seine Frau Julie, geb. Stiebel ruhen auf dem hiesigen Friedhof. Der Großvater, dessen Medaillonbild in der Uniform der freiwilligen Jäger des Jahres 1813 meine Mutter bei fast allen besonderen Gelegenheiten als schönen Schmuck trug, hatte eine Seidenfabrik in Hanau. Mit dem Tode der Großeltern wurde das Geschäft liquidiert und damit erlosch die früher durch die Einwanderung der Refugiés eingeführte und zu anschaulicher Bedeutung gehobene Textilindustrie in unserer Stadt. Ein seidenes Kissen im Empiregeschmack, blau mit silber, habe ich als letzten Rest dieser schönen Industrie dem Geschichtsverein hier mit einigen gewirkten Stoffresten als Erinnerung übergeben. Im Hanauer Museum haben diese interessanten Stücke vaterstädtischen Gewerbefleißes angemessene Aufnahme gefunden.

Textil- und Seidenindustrie in Hanau -> S. 37

Die Fabrik war als Blachière'sche Manufaktur an die Großeltern gekommen und anfänglich von ihnen in dem Hause Ecke Marktstraße / Paradeplatz betrieben worden. Dann wurde das Kaula'sche Haus, Bangertstraße, jetzt Bijouterie-Fabrik Korff, erworben, im Garten ein Fabrikgebäude errichtet und das Geschäft bis zum Schluß dort betrieben. Ein Reisender der Firma H. Lacas übernahm bei der Liquidation die Bestände und führte Seidenstoffe im Handel weiter.

Textilindustrie Seidenfabrikation

Im 17. und 18. Jahrhundert war der bedeutendste Gewerbezweig Neuhanaus die Textilherstellung. Nach der Art der Herstellung und des Rohmaterials wurde unterschieden in Tuchmacher, Zeugmacher und Seidenweber.
Tuche wurden aus Wolle hergestellt. Zur Tuchherstellung waren Walkmühlen notwendig, mit denen der Rohstoff bearbeitet wurde.
Zeuge wurden aus Textilfäden unterschiedlichsten Materials gewebt:

- *Bombasinweber stellten ihr Zeug aus Baumwolle, Kamelhaar und Seide her.*
- *Hundskottenweber benötigten Seide, Leinen und Wolle als Rohmaterial.*
- *Trippenweber stellten samtartige Stoffe und Grosgrainweber dicke Gewebe her.*

Die bedeutendsten Textilhersteller waren die Seidenwebereien und die Posamentierer. Seide wurde aus Fäden der auf Maulbeerbäumen gezüchteten Seidenraupen hergestellt.
Die gewebten Seidenstoffe kamen dem modischen Stilempfinden des Rokoko besonders entgegen (Knie-Hosen und Kleiderstoff). Posamentierer fertigten Bänder, Schnüre, Borten etc.

Weitere Sonderformen innerhalb des Textilgewerbes waren die Hosensticker, die Strumpfwirker oder auch die Rot- und Schwarzfärber. Hutmacher waren ebenfalls ansässig. Eine in Hanau hergestellte Hutform wurde als "Schwarzer Hanauer" bezeichnet.

In der Regel wurde im Textilgewerbe nach dem Verlagssystem gearbeitet. Der Weber erhielt vom Verleger, einem Kaufmann, das Rohmaterial und lieferte ihm gegen erneutes Rohmaterial und geringes Entgelt die in Heimarbeit gewebten Stoffe ab. Der Verleger verkaufte teurer die von den vielen einzelnen Webern erzeugten Stoffe und besorgte wiederum das neue billigere Rohmaterial.
Gegenüber dem frühkapitalistischen Verlagssystem waren z.B. die Posamentierer zünftisch organisiert.
1817 bestanden noch vier Seidenfabriken in Hanau. Blachière mit 75 Beschäftigten und Pannot mit ca. 1500 Arbeitern in und um Hanau.
Die Konkurrenz der vorwiegend englischen aber auch inländischen Maschinenspinnerei führte zum Ende dieses Gewerbes.

Seidenweste aus einer Hanauer Textilfabrik, 18. Jahrhundert, Museum Hanau

Die Cleveschen Mittel scheinen nicht mehr ausreichend gewesen zu sein, jedenfalls war niemand da, der mit Aussicht auf Erfolg für die sieben Minderjährigen den Weiterbetrieb der Fabrik übernehmen konnte. Dabei sprachen auch die allgemeinen Verhältnisse der armen kärglichen Zeit der dreißiger Jahre mit, besonders aber noch die Umgestaltung, welche die Weberei dadurch betroffen hatte, daß an Stelle der Handarbeit der mechanische Webstuhl zur Einführung kam. Eine unüberwindliche Konkurrenz machte sich geltend, der nur durch kostspielige Neueinrichtungen die Spitze hätte gebrochen werden können.

Alfred Stieglitz: Zwischendeck, New York 1907

Meine Mutter verheiratete sich 1838. Die sechs Geschwister wurden bei Verwandten untergebracht. Meine Mutter bewahrte ihnen eine große Anhänglichkeit. Es waren fünf Brüder und eine Schwester. Erstere gingen früh ins Ausland, denn Deutschland bot damals wenig Aussicht auf eine ersprießliche kaufmännische Tätigkeit, namentlich in den elenden Verhältnissen der Kleinstaaten, unter denen sich das Kurfürstentum Hessen noch besonders durch polizeiliche Bevormundung der Bevölkerung auszeichnete.
Kein Wunder, daß diese Auslandsdeutschen später auch noch zu den besser gewordenen Zeiten wirtschaftlichen und staatlichen Aufschwungs mit ei-

Auswanderung nach Amerika

"Über die günstigen Möglichkeiten in Amerika zu Wohlstand zu kommen", so lautet ein Bericht der Hanauer Zeitung 1833, für den sich der Redakteur bei der Provinzialregierung rechtfertigen mußte.

Zwar garantierte die hessische Verfassung von 1831 den Kurhessen das Recht, in alle Welt auszuwandern, doch sorgten die staatlichen Organe durch ihre zögerliche Bearbeitung der Anträge für Reisepässe, daß der Export von Vermögen und Kenntnissen sowie von Rekruten und Steuerzahlern nicht überhand nehmen sollte.

Zunächst wanderten besitzende Bürger aus, die keine persönliche Zukunft und kein wirtschaftliches Vorankommen in den politisch und ökonomisch engstirnigen deutschen Kleinstaaten sahen.

Die Hungerjahre 1816/17, die Jahre wirtschaftlicher Not von 1825 - 31 und ab 1845 bis zur gescheiterten 1848er Revolution und die danach folgende Reaktion veranlaßten auch Tagelöhner, Handwerker und verarmte Bauern zur Auswanderung.

Auswanderung wurde in Zeiten der Not auch von städtischer Verwaltung als probates Mittel gesehen, den Ortsarmen und anderen unerwünschten Personen die Überfahrt zu bezahlen, weil dies billiger schien als der zu zahlende Unterhalt in der Heimatgemeinde.

Ein Beispiel dafür ist ein Antrag des Bürgermeisters von Ostheim vom 5. März 1847 für sechs unverheiratete Frauen mit meist mehr als einem unehelichen Kind.

1848 gewährte der Staat der Stadt Hanau ein Darlehen, um 105 Goldarbeitern die Überfahrt einschließlich der amerikanischen Armensteuer zu bezahlen. Es ging um eine Verbesserung der Lage am Arbeitsmarkt für die zurückbleibenden Goldarbeiter und ihrer Familien.

Auch Kinder und Jugendliche wurden allein nach Amerika geschickt, so z. B. die achtjährige Maria Fleckenstein aus Oberrodenbach 1853.

Das Amerikabild, Vorstellungen von den fremden Ländern in Übersee, waren diffus. Reisebeschreibungen, Auswanderungsratgeber, Vereine, vervielfältigte persönliche Briefe sowie Agenturen und ihre Werber eröffneten legale und illegale Auswanderungsmöglichkeiten.

Im Gegensatz zur Anteilnahme, die die Auswanderer beim Abschied zuhause erlebten, stand die Teilnahmslosigkeit, die ihnen unterwegs auf der langen Reise begegnete. Schon in den überfüllten Gastwirtschaften wurden sie von betrügerischen Wirten ausgenommen. Weiterhin dämpfte die fünf- bis achtwöchige Seereise mit dem Segelschiff über den Atlantik die Auswanderungseuphorie. Seekrankheit, Tod, Stürme oder die Schikanen ausbeuterischer Kapitäne und ihrer groben Schiffsmanschaften hatten die Auswanderer zu erdulden. Um die Beschwerden der Reise zu ertragen, schlossen sich die Menschen mit Leuten aus den Gemeinden ihrer alten Heimat zusammen.

Die Ankunft im gelobten Land: den nordamerikanischen Ländern, Kanada oder auch Chile und Brasilien, brachte nur einem Teil der Auswanderer die erhoffte Zukunft.

Der Auswanderung stand die Rückwanderung gegenüber: bei der Einreise Abgewiesene, gescheiterte Existenzen, zu Wohlstand Gelangte. Oder auch nur Heimweh führte viele wieder zurück.

Literaturhinweis: Der große Aufbruch, Studien zur Amerikaauswanderung, Hessische Blätter für Volks- und Kulturfoschung Bd 17, Marburg 1985

ner gewissen Geringschätzung auf das frühere Stammland zurückblickten!

Karl Cleve ließ sich, unterstützt von seinem sehr vermögenden Onkel Striebel, Großkaufmann in London, dessen Tochter Adeline er später heiratete, in Melbourne nieder, und nach und nach siedelten seine vier Brüder sich gleichfalls dort an. Die Firma Cleve Brothers wurde aber nach längerem Bestehen von ihnen aufgelöst. Onkel Karl lebte dann in London. Seine Frau starb kinderlos, und er führte dort mit seiner zweiten Frau Kate einen reichen Haushalt.

Als ich ihn mit meiner Frau 1877 besuchte, nahm er uns sehr herzlich und freigebig auf. Bei seinem Ableben hinterließ er einen größeren Teil seines Vermögens den Kindern meiner Schwester Julie und dem Sohn meiner Tante Sophie, Alfred Berger, Direktor der Diskonto-Gesellschaft in Königsberg, der kürzlich gestorben ist.
Den zweitältesten Onkel, Alfred, habe ich nie kennengelernt, dagegen sah ich einmal Sally Cleve als unseren Gast. Er hat uns durch reiche Geschenke wiederholt seine verwandtschaftliche Anhänglichkeit bewiesen. Onkel Louis und Onkel Daniel lebten in einfachen Verhältnissen zuletzt in Cassel. Alle starben kinderlos. Aber ein natürlicher Sohn von Sally und dessen Erbe, Fred Knight, lebt in Melbourne. Meine Tante Sophie Berger war in unglücklicher Ehe in Cassel verheiratet gewesen. Von ihren drei Kindern lebt noch Lulu, verheiratet mit Oberstleutnant von Winterfeld in Meinardingen (Hannover). Ich habe seit vielen Jahren keine Beziehungen mehr zu ihr.

Jugendzeit

Meine Schulbildung war den damaligen Erziehungsanstalten entsprechend sehr lückenhaft. Die besten Kenntnisse habe ich mir später durch Selbststudium erworben, durch Fortsetzung meiner Ausbildung in der französischen und englischen Sprache, deren Erlernung aber leider unvollkommen geblieben ist, durch eifrige Lektüre klassischer und wissenschaftlicher Werke und schließlich durch aufmerksame Beobachtung der sich im menschlichen Verkehr sowohl als im Leben der Völker vollziehenden Ereignisse und Wandlungen.

Schulbildung

Hanauer Realschule

-> S. 42

Ich bin zugleich ein eifriger Zeitungsleser gewesen und bin der Meinung, daß aus dieser Tagesliteratur denjenigen eine Fülle von Wissenswertem zuströmt, der kritisch zu lesen vermag und die täglichen Erscheinungen von den sich daran knüpfenden Reflexionen zu trennen und sie aufgrund der von ihm gewonnenen Auffassung großer und allgemeiner Zusammenhänge zu klären und in letztere einzupassen sucht.

Ich war ein sehr lebhafter Junge und wurde schon mit 5 Jahren auf Wunsch meiner Mutter und zu ihrer Erleichterung in eine sogenannte Kleinkinderschule zu Fräulein Erni geschickt. Dann trat ich Ostern 1854 in die Hanauer Realschule ein. Ich habe an die ersten Schuljahre keine angenehme Erinnerung. Es herrschte in der kurhessischen Zeit an den Schulen eine stark pietistische Richtung. Dabei waren viele Lehrkräfte schwach und verbraucht, namentlich in den unteren Klassen. In den vier letzten Schuljahren lag der Unterricht aber in besseren Händen. Tüchtige und unabhängige Männer wie Direktor Becker, Dr. Kessler, Pfarrer Wiederhold, Ehlers und andere wußten den Lerneifer und die Freude an wachsender Erkenntnis zu wecken.

Ich habe leicht und gern gelernt und saß in den letzten Schuljahren gewöhnlich als Dritter in der Reihenfolge der Schüler, über mir August Calaminus und Carl Lucas, die beide noch lange mit mir freundschaftlich verkehrte bis zu ihrem Ableben.

Bis 1813 gab es in Hanau zwei Gymnasien, die Hohe Landesschule und das lutherische Gymnasium. Im Großherzogtum Frankfurt, zu dessen Departement Hanau damals die Stadt Hanau gehörte, wurde festgelegt, daß es je Departement nur ein Gymnasium geben dürfe. Die Hohe Landesschule wurde in ein großherzogliches Gymnasium umgewandelt; aus dem lutherischen Gymnasium, von dem die Zeitgenossen berichten, daß es sich in einem trostlosen Zustand befand, wurde die Bürger- und Realschule, die am 1. Februar 1813 eröffnet wurde und die "ohne Durchgang durch die alten Sprachen" den Bürgersöhnen eine höhere Bildung bringen sollte.

Realschule Hanau

Daneben gab es ein stark konfessionell gegliedertes Volksschulwesen in der Hand der Kirchen oder als Privatschulen: die Scheppsche Margarethenschule, die lutherische Armenschule, eine reformierte Armenschule für die Alt- und die Neustadt, die wallonische Armenschule, die niederländisch-reformierte Gemeindeschule, die wallonische Armenschule, die Campesche Schule für Mädchen und die katholische Gemeindeschule.

1836 kam es im Volkschulwesen zu einer tiefgreifenden Änderung: die Stadt übernahm die "Schulträgerschaft" (zuständig für Schulgebäude, Lehrmittel, Lehreranstellung und -besoldung, Erhebung des Schulgeldes) und die kurfürstliche Regierung die "Schulaufsicht" durch einen von ihr bestätigten Schulinspektor und über fast alle Schulen; nur wenige Privatschulen blieben für ein kurze Übergangszeit erhalten.

Für das Schuljahr 1854/55, in dem Fritz Canthal eingeschult wurde, liegt ein Jahresbericht über die Realschule vor. In der Schulordnung heißt es, daß die Realschule den Zweck hat, den Knaben und angehenden Jünglingen, die für höhere bürgerliche Berufsarten bestimmt sind, die nötige Schulbildung zu geben. Sie umfaßt acht Klassen, die Klassen acht, sieben und sechs bilden die vorbereitende Elementarschule (es wird also keine Volksschule besucht) und die fünf oberen die eigentliche Realschule. Die oberste, die erste, Klasse ist ab 1854 zweijährig, um den Unterricht in den Fremdsprachen Französisch und Englisch, in Mathematik und Chemie zu vertiefen.

Von den 45 Schülern, die 1854/55 ins "bürgerliche Leben" traten, wurden 24 Kaufmannslehrlinge, 10 traten in ein Bijouterie- oder Gravurgeschäft ein, 3 Bierbrauer, 1 Gerber, 1 Landwirt, 1 Etuimacher, 1 Schuhmacher, 1 Glaser und 1 Bäcker.

Uebersicht der Unterrichtsstunden in den einzelnen Klassen und Fächern.

Gegenstände des Unterrichts.	Realschulklassen.					Elementarschulkl.		
	I.	II.	III.	IV.	V.	VI.	VII.	VIII.
Religion	2	2	3	3	3	4	4	4
Deutsch	3—4	4	4	5—6	8	8	12	14
Französisch . . .	Unt. Abteil. 6 Obere Abteil.: 3—4 besonders 2—4 mit unt. Abt.	6	6	8	8	6	—	—
Englisch	Unt. Abteil. 4 Obere Abteil.: 3—4 besonders 2 mit unt. Abt.	4	4	—	—	—	—	—
Mathematik . .	Unt. Abteil. 4 Ob. Abt. 4—5	3—4	3	—	—	—	—	—
Prakt. Rechnen .	3	3	4	4	6	6	6	4
Naturlehre . .	2	1	—	—	—	—	—	—
Chemie mit Mineralogie . . .	Unt. Abt. 2 (3 im S. 1 im W.) Ob. Abt. 2—3	—	—	—	—	—	—	—
Naturgeschichte .	2 im Som.	2	2—3 im Sommer	2 im W.	—	—	—	—
Geographie . .	2 im Wint.	2	3 im Wint.	2	2	—	—	—
Geschichte . . .	3 im Wint.	2	2	2	—	—	—	—
Schönschreiben .	—	2	2	3	3	4	4	mit dem Lesen verbunden.
Zeichnen	4	2	2	2	—	—	—	—
Singen	1	1	1	2	2	2	2	2
Wöchentliche Unterrichtsstunden	Unt. Abteil. 35. Bei der ob. Abtl. finden Dispensat. statt.	34—35	33—34	32	32	30	28	24

Es wurde nach Absolvierung der Schule noch eine Oberklasse, Selekte, gebildet, in die ich eintrat und der schließlich nur noch ein Schüler außer mir angehörte. In diesem neunten Schuljahr, das eigentlich ein Privatunterricht geworden war, habe ich gute Fortschritte gemacht, insbesondere auch Kenntnisse in Chemie und Physik mir erworben. Aber alles war doch recht oberflächlich, und es kostete mich später viel Mühe, mein Schulwissen zu erweitern und zu ergänzen.

Den unendlichen Wert, den eine gute Schulbildung hat, lernt derjenige am meisten schätzen, der sie vermissen muß und an den dann das Leben Anforderungen höherer Art stellt. Eine gewisse Unsicherheit wird sich dann oft lästig geltend machen, die zu überwinden Kraft und Selbstvertrauen erfordert.

Ich wurde Ostern 1863 als Lehrling in das väterliche Geschäft eingestellt. Ein Jahr darauf, am 8. 1. 1864, starb mein Vater. Dieser frühe Tod brachte mir eine ernste Jugend. Er legte mir zeitig ungewöhnliche Pflichten auf. Zwar war das Geschäft von kleinem Umfang, aber es sollte erhalten und mit kleinen Kräften sparsam betrieben werden. Nur ein Commis und zugleich Reisender, Philipp Göbel, war im Betrieb, und ein zweiter Lehrling, außerdem ein Arbeiter.
Es war keine angenehme Gesellschaft, in die ich mich fügen mußte. Der Betrieb befaßte sich mit der Herstellung und dem Engrosverkauf von Trinkbranntwein. Eine Spezialität, Spanisch Bitter, war gut bei der Landkundschaft eingeführt. Die Abnehmer waren Wirte und Kleinhändler in einem Bezirk, der sich zwischen Hanau und Fulda im ehemaligen Kurhessen hinzog.
Ich hatte besonders die Fabrikation zu überwachen und das Geheimnis der Zusammensetzung der Schnäpse nach alten, nur mir bekannten Rezepten, wie sie mein Vater hinterlassen hatte, zu hüten. Außerdem half ich an den kaufmännischen Arbeiten, die recht einfach waren, und besuchte später die Kundschaft, um sie persönlich kennenzulernen und neue zu erwerben.
So jung ich war, so bin ich doch, das weiß ich bestimmt, meiner

Branntwein Trinkgewohnheiten -> S. 96
Wirtschaftliche Bedeutung des Branntweins -> S. 93

Rezept für den Spanisch Bitter -> S. 44

Rezept für den Spanisch Bitter

d. 9. April 1857

(J. Ziegener)

Recepte meiner ganz eigenen Branntwein-Sorten

Spanisch Bitter

Zu einem 3 Ohm Faß Spanisch Bitter, mache ich einen Abzug mittelst meines Destillir-Apparates; ich thue 11 bis 12 Stützen gereinigten Branntwein (nicht ganz 1 Ohm) in den Kessel und dazu kommt ein Körbchen (12 bis 13 ℔) Pommeranzenschalen
3 ℔ (etwas knapp zu wiegen) Kalmuswurzel
1 " (gut zu wiegen) Angelikawurzel
1 " Nelken
1 " Zimmt.

dieses wird abdestillirt und kommt in das 3 Ohm Faß, dazu wird gereinigter Branntwein gefüllt und so viel Wasser, daß das Ganze 43% bis 44% nach Tralles wiegt. Es wird ferner in einem Kesselchen circa 1/2 ℔ gemahlenes Gelbholz und circa 6 Loth Enzianwurzel mit Wasser aufgefüllt, tüchtig gekocht, sodann in das 3 Ohm Faß gegossen, durchgerüttelt und das Faß mit gereinigtem Branntwein ganz aufgefüllt.

(Zu einem 6 Ohm Faß wird von allem das doppelte genommen.)

doppelten Wachholder

Hierzu sind zwei Abzüge nöthig
erstens wird ungefähr 1 Simmer Wachholderbeeren mit 11 bis 12 Stützen gereinigten Branntwein destillirt und das destillirte besonders aufgehoben
zweitens werden zu 11 bis 12 Stützen gereinigten Branntwein in den Kessel gethan:
(ein Körbchen halb mit Pommeranzenschalen und halb mit Citronenschalen (also 6 bis 7 ℔ von jedem)
1 1/2 ℔ Wachholderbeeren
1 3/4 ℔ Angelikawurzel
1 " Kalmuswurzel (gut gewogen)
1 " Zimmt (gut gewogen)
1 " Gelbholz ([illegible])
[illegible]

den 9. April 1857
Rezeptur meiner gangbarsten Branntwein u. Liqueur-Rezepte

Spanisch Bitter

zu einem 3 Ohm Faß Spanisch Bitter nehme ich
einen Abzug mittels meines Destillier-Apparates,
ich tue 11 bis 12 Stützen gereinigten Branntwein
(nicht ganz ein Ohm) in den Kessel und dazu kommt
ein Körbchen (12 bis 13 Pfund) Pommeranzenschalen
3 Pfund (etwas knapp zu wiegen) Kalmuswurzel
1 Pfund (gut zu wiegen) Angelikawurzel
1 Pfund Nelken
1 Pfund Zimmt
dieses wird abdestilliert und kommt in das 3 Ohm-
faß, dazu wird gereinigter Branntwein gefüllt
gefärbt und so viel Wasser, daß das Ganze 43% bis 44%
nach Tralles wiegt. Es wird ferner in
einem Kesselchen circa 1/2 Pfund gemergeltes Gujak-
holz und circa 6 Loth Enzianwurzel (mit
Wasser aufgefüllt) tüchtig gekocht, sodann
in das 3 Ohm-Faß gegossen, durchgerüttelt
und das Faß mit gereinigtem Branntwein
ganz aufgefüllt.
(zu einem 6 Ohm-Faß wird von allem das
Doppelte genommen)

Anmerkungen:
Ohm: lateinisch ama = Eimer, früher Flüssigkeitsmaß für Weine,
in Preußen 137,41 Liter
in Baden 150 Liter
Loth oder Lot = vier Quentchen
in Preußen 14,606 Gramm (auch 12,797 Gr.)

Guajak-Holz: Süßholz
Kalmuswurzel: lateinisch Acorus calamus, Aronstabgewächs, dessen Erdstamm u.a. für Magenmittel verwendet wird.
Die Übersetzung der großväterlichen "Hieroglyphen" besorgten Lindi und Eck Fischer-Defoy am 9. Oktober 1992.

Mutter eine gute Stütze gewesen. Das Geschäft wurde nach dem Ableben des Vaters unter der Firma M. Canthal Wwe. weitergeführt; Pedro Jung, ein Freund der Familie, verfaßte das betreffende geschäftliche Rundschreiben.

Pedro Jung
->S. 198

Mein Vater hatte nach Ausstattung seiner ältesten Tochter ein Vermögen von etwa 70.000 Gulden hinterlassen, wovon die Hälfte das geschäftliche Betriebskapital bildete. Der Nutzen war jährlich 7.000 bis 8.000 fl., ein für die damalige Zeit recht gutes Einkommen, von dem bei der Sparsamkeit der Eltern nur etwa die Hälfte zur Lebenshaltung verwendet, der Rest zurückgelegt wurde.
Die wirtschaftliche Existenz der Familie erschien meiner Mutter und den befreundeten Ratgebern, namentlich auch Onkel Daniel, der damals zur Beerdigung des Vaters von London herbeigeeilt war, durch die Erhaltung des Geschäftes ausreichend und am besten gesichert, und damit wurde zugleich mein Lebenslauf in seiner Grundlage festgelegt.
Ich hätte lieber studiert oder mein Fortkommen in der Fremde gesucht. Wer kann wissen, wie sich dann mein Schicksal gestaltet hätte? So hatte ich den festen Boden der Heimat unter den Füßen und, wenn auch in engen Verhältnissen lebend, eine frühe Selbständigkeit.
Die Möglichkeit, den Betrieb auszudehnen, habe ich später mehr und mehr ausgenutzt, zugleich eine nützliche Betätigung als Bürger der Stadt für deren Entwicklung zu entfalten versucht. So konnte ich mir früh eine Familie gründen, für sie sorgen und, in behaglichem bürgerlichem Wohlstand lebend, auch ein angemessenes Vermögen ansammeln, dabei einen Kreis lieber Freunde und die Anerkennung meiner Mitbürger finden. Ich sehe am Ende meiner Lebensjahre dankbar auf diese Entwicklung meines Geschickes zurück.

Vollkommen ist nichts im Leben, nicht alle Wünsche und Hoffnungen können zur Reife gelangen. Sich selbst zu begrenzen ist die große Lebenskunst, das Erreichbare, wie es in der Gestaltung der Dinge um uns her und von den in uns liegenden Kräften und

Eigenschaften bedingt wird, anzustreben und in ihm die Erfüllung seiner Lebensaufgabe und Pflichten zu erblicken, ist der Weisheit letzter Schluß, ist allein das Mittel, Zufriedenheit zu erlangen und sich dem Zustand zu nähern, der als menschliches Glück bezeichnet und manchesmal auch so bewußt empfunden wird. Tätigkeit und Entsagung lehren uns unsere besten Denker und Dichter.
Nie bin ich auf längere Zeit von Hanau fortgekommen, aber ich habe diesen für den Bildungsweg und die Entwicklung eines Mannes ungünstigen Umstand dadurch zu mildern und auszugleichen gesucht, daß ich von frühe an jährlich zwei bis drei Wochen, später ausnahmsweise vier bis fünf Wochen zu Reisen verwendete. Teils dienten sie zu meiner Erholung, teils zur Bereicherung meines Wissens. Dazu kamen verhältnismäßig früh häufige Reisen zu Tagungen von Berufsverbänden und zu Versammlungen von städtischen und Handelskorporationen in Vertretung der vaterstädtischen Interessen.
Ich gewann dadurch Einblick in die Entwicklung mancher bedeutsamen Vorgänge des öffentlichen Lebens und lernte viele tüchtige, hervorragende Personen kennen, mit denen mich teilweise lange Jahre hindurch freundschaftliche Beziehungen verbunden haben. Welt- und Menschenkenntnis erweiterten sich dadurch und gaben dem Leben erhöhten Reiz.

Alle Welt reist - Veränderung der Reisegewohnheiten im 19. Jahrhundert **-> S. 128**

Mehr und mehr vereinsamt, sehe ich jetzt gern in meiner Erinnerung Vorgänge und Gestalten, die sich abheben vom Grau der Gegenwart. Die Zeiten der Blüte Deutschlands habe ich tätig miterlebt, die Hoffnung auf ein Wiedererwachen seiner Volkskraft mir bewahrt. Der Weg zum Aufstieg wird steil sein, aber er wird mit der Zeit gelingen.

Meine Jugendfreunde waren meistens Schüler der oberen Klassen des Gymnasiums: Rudolf Osius, Karl Herwig, Josef Binge, Otto Burg, später Cäsar und Willy Böhm. Wir verkehrten in jugendlich heiterer Weise, doch nicht nur in geselligem Beisammensein, sondern auch bestrebt, uns auf geistigem Gebiet zu fördern. Namentlich Rudolf Osius, der mir noch heute in treuer Kamerad-

Rudolf Osius -> S. 198
Cäsar und Willy Böhm -> S. 188

schaft nahesteht, übte auf uns einen fördernden Einfluß aus. Auch Otto Burg, der sich eingehend mit Naturwissenschaften beschäftigte, hatten wir wertvolle Anregungen zu danken. Es blieb mir Zeit genug, mich der Literatur der Klassiker, mit den Grundbegriffen der Volkswirtschaft, mit Geschichte und auch etwas mit naturwissenschaftlichen Fächern zu beschäftigen. Ins einzelne konnte ich natürlicherweise nicht eindringen, aber eine allgemeine Bildung eignete ich mir doch an und gewann damit die Grundlage zu meiner späteren Lebensauffassung und öffentlichen Betätigung.

Mit 21 Jahren wurde ich von meiner Mutter, die schon frühe alles Wichtige mit mir zu besprechen pflegte, zum Teilhaber aufgenommen, nach ihrem Tode übernahm ich mit 23 Jahren den Betrieb allein. Er war inzwischen etwas ausgebaut worden, ging damals aber doch noch nicht wesentlich über den alten Umfang hinaus. Erst später sollte dies besser werden.
Ein kräftiger Antrieb, wie ihn das Vorbild eines im vollen Kampf des Erwerbslebens stehenden Industrieller oder Großkaufmanns zu geben vermag, die lebende und unmittelbare Kenntnis des Handels und Weltverkehrs, die den Unternehmensgeist weckt und treibt, fehlte mir.
Die engen Verhältnisse meiner Jugend- und Entwicklungszeit legten mir Fesseln an, von denen ich mich nur allmählich und wohl nie ganz befreien konnte. Mein Leben hatte ich auch nie auf den Erwerb eingestellt, der geschäftliche Betrieb befriedigte mich nicht genügend, und ich widmete gern einen Teil meiner Zeit idealeren Aufgaben und Interessen.

Bevor ich auf meine kaufmännische Tätigkeit weiter eingehe, möchte ich noch einige besondere Einwirkungen anführen, die in meiner Jugendzeit meinen Bildungsgang bestimmt haben.

Mein Vater hatte sich viel mit religionsphilosophischen Dingen beschäftigt und auch einige Gedanken darüber schriftlich niedergelegt, die ich in seinem Nachlaß fand und die mich zu dem Bestreben anregten, seinem Beispiele folgend, an Stelle kirchlicher

Gott und die Welt - religiöse Vorstellungen des aufgeklärten Bürgertums -> S. 51

Dogmen, die schon damals keinen Inhalt für mich hatten, sowohl eine ethische Grundlage für meine Lebensführung zu gewinnen als auch über Werden, Sein und Wirken der im Weltganzen schaffenden Kräfte und über das Verhältnis der Menschen zu den übersinnlichen Gewalten, soweit möglich, mir feste und klare Begriffe zu verschaffen.

Die Streitfragen, die meinen Vater beschäftigt hatten, bestanden in den damals scharf sich entgegentretenden materialistischen Lehren und den theistischen Auffassungen der Kantschen Schule. Er hielt sich an diese letzteren ihn liebgewordenen Überzeugungen und richtete seine Gedanken auf eine Befestigung des Glaubens an Gott, Unsterblichkeit und Willensfreiheit. In diese Ideen, die aus der Zeit der Aufklärung die Gebildeten aller Naturvölker erfüllten, legte die große Entwicklung der Naturwissenschaften Bresche.

An Stelle der spekulativen, deduktiven Denkweise trat die exakte Forschung, deren Folgerungen durch die Darwinsche Schule von C. Vogt, Büchner, Haeckel u. a. m. in Deutschland popularisiert wurden. Mehr wie heute hatte eine große Zahl der Gebildeten sich von den Dogmen des Offenbarungsglaubens und den Lehren des positiven Kirchentumes freigemacht. Diese freiere religiöse Auffassung ebnete in weiten Kreisen den Boden für die Aufnahme der sich bekämpfenden Geistesrichtungen und ermöglichte die Anteilnahme am Aufstieg des Widerstreites philosophischer Grundsätze.

Ich war jedem Religionsunterricht fern geblieben und ebenso fremd den Kulteinrichtungen der kirchlichen Gemeinschaften. Aber gerade infolge dieser isolierten Stellung fühlte ich trotz meiner Jugend den Drang, über Gott und Welt nachzudenken und die Auffassungen der besten Denker und Dichter, wenn auch nur in gedrängter Darstellung und unvollkommen, als Laie kennenzulernen. Ich betrat mit Wagemut und ohne zulängliche Kenntnisse und ohne die Möglichkeit eines gründlichen Eindringens ein Gebiet im Suchen nach Wahrheit, auf dem die Grenzlinien zwischen Wissen und Glauben auch für den berufenen Gelehrten ineinanderlaufen und wo die in der menschlichen Natur begründete Unzulänglichkeit des Erkenntnisvermögens gestützt werden muß durch die Hoffnungen des Gemüts und durch den Glauben an das Göttliche.

Langsam und unsicher konnte ich mich nur vorwärts bewegen und Boden gewinnen. Wenn ich mir im Laufe der Zeit einen mich befriedigenden Ausblick geschaffen habe, so mag er zwar einer streng wissenschaftlichen Kritik nicht standhalten, immerhin vereint sich in diesen meinen Auffassungen das Streben meines Verstandes nach Erkenntnis der Dinge mit dem meines Gemütes im Glauben an den höchsten Ewigkeitswert das Gute, das ist das Göttliche.

Pantheismus
-> S. 51

Meine Vorstellungen fügen sich der pantheistischen Erkenntnislehre Spinozas an, die insbesondere Goethe, unser größter Denker und Dichter, in herrlicher Verklärung zum Ausdruck bringt. Gott und Welt sind eines. Es gibt nichts außer Gott, der umfaßt und durchdringt das Weltganze. Eine Trennung von Materie und Geist ist daher unmöglich. Die Einheit des Bestehenden schließt jeden Dualismus aus. Damit fällt die Idee des außerweltlichen persönlichen Gottes, ebenso die der menschlichen Unsterblichkeit und seiner unbegrenzten Willensfreiheit. Denn ebenso wie Gott und Welt eins sind, ebenso ist Körper und Geist unlösbar verbunden, und mit dem Verfall des ersteren erlöschen die Funktionen, der an ihn gebundenen Verstandes- und Seelenkräfte, des Bewußtseins und Willens. Auch der menschliche Wille läßt sich nicht loslösen von der alles umfassenden Einheit der Dinge, des Seins, des Werdens und Wirkens um und in uns. Ursache und Wirkung bilden wie bei allen anderen Vorgängen die Norm für das menschliche Wollen.

Oft genug werden die Handlungen der Menschen durch ihnen selbst unbewußte Unterströmungen bestimmt, statt durch klare Erkenntnis und gewollte Überlegung. Die angeborenen Eigenschaften, die Einflüsse der Umgebung und Erziehung wirken nicht minder bestimmend auf die Entschlüsse des Menschen.
Nur ein schmaler Spielraum bleibt für den Widerstreit der Meinun-

"Gott und die Welt" Religiöse Vorstellungen im Bürgertun

"Wir sind Menschen, und als solche dünkt mich, müssen wir Gott kennenlernen, wie er sich uns wirklich gegeben und offenbart hat. Durch Begriffe empfangen wir ihn nur als Begriff, durch Worte nur als Wort, durch Anschauung der Natur aber, durch den Gebrauch unserer Kräfte, durch den Genuß unseres Lebens gewinnen wir ihn als wirkliches Dasein voll Kraft und Leben." Mit diesem Credo Johann Gottfried Herders (aus "Gott. Einige Gespräche." 1787) zum Pantheismus läßt sich das religiöse Gefühl vieler Bürger im nachfolgenden 19. Jahrhundert beschreiben. Gott unpersönlich zu denken (und ins Naturreservat zu verbannen), sich damit aus dem starren Reglement der Religionen zu lösen, den Einfluß der Kirche im Alltagsleben zurückzudrängen und auf ein sonntägliches Ritual zu reduzieren, ist eine Folge der theistischen Aufklärung und entspricht den geistigen und ökonomischen Interessen des aufstrebenden Bürgertums. Der Mensch, so glaubt man nun, gewinne sein eigentliches Wesen, indem er sich in der Welt bewähre, durch Bildung, das heißt durch die Auseinandersetzung mit Kunst, Wissenschaft und Geschichte entwickle er sich ethisch und moralisch. Die humanistischen Ideale werden zum Sakrament des Bildungsbürgertums. Sie bilden den ideologischen Überbau für den Gebrauch der eigenen Kräfte im wirtschaftlichen, sozialen und politischen Leben.

Die weitverbreitete Ansicht, die Natur als Ort göttlicher Offenbarung zu erleben und sich dabei immer wieder gerne auf den guten Goethe zu beziehen - ("meine Vorstellungen fügen sich der pantheistischen Erkenntnislehre Spinozas an, die insbesondere Goethe , unser größter Denker und Dichter, in herrlicher Verklärung zum Ausdruck bringt. Gott und Welt sind eines") verliert nach dem ersten Drittel des Jahrhunderts ihre philosophisch-religiöse Zuspitzung. Als post-rousseausche Natursehnsucht bleibt sie im Gefühlsleben des Bürgertum allerdings erhalten. Der Morgen, die Sonne, der Herbst, das Hochgebirge, das Meer übergreifen als Phänomene die platte Subjekt-Objekt-Beziehung und haben numinöse Qualitäten. "Das wahre Verhältnis zur Natur ist das der ästhetischen Andacht" (Nipperdey, 183).
Die fast sentimentale Idealisierung der Natur steht in dialektischem Verhältnis zur fortschreitenden Entfremdung von ihr. Der Bürger als Stadtmensch, umgeben von Industrialisierung, Technisierung und deren stinkenden, qualmenden, ratternden und knatternden Schattenseiten, sucht während sonntäglicher Ausflüge und in der Sommerfrische Erholung von den Zwängen der Zivilisation.
Gegen Ende des Jahrhunderts kommt es zu einer Renaissance religiöser Gefühle. Sie ist eine Antwort auf die ersten kapitalistischen Krisen (Gründerkrach), auf den Sinnverlust durch die galoppierende Modernisierung und eine Gegenbewegung zu Nietzsches Nihilismus.Es ist dies die Zeit, in der Fritz Canthal, auf Anraten von Freunden, allen seinen Kindern das "Entreebillett" (Heinrich Heine) in die etablierten Kreise verschafft und sie taufen läßt.

Literaturhinweis: Thomas Nipperdey: Deutsche Geschichte 1866 - 1918, Band 1, Arbeitswelt und Bürgergeist, München 1990

gen in ihm, und seine Entscheidung fällt schließlich entsprechend dem Schwergewicht der einzelnen auf ihn wirkenden Einflüsse und Ursachen. Damit soll nicht gesagt sein, daß der einzelne für seine Handlungen der Verantwortung enthoben sei. Ihm obliegt die Pflicht, dem Guten nachzustreben, das, was Recht und Sitte heischen, zu achten und in sich das zu bekämpfen, was sich hiergegen auflehnt und den sittlichen Geboten widerstrebt, die seine Volksgemeinschaft als für das Gedeihen des Ganzen erforderlich erkannt und verkündet hat.

Unser Denken ist an Raum und Zeit gebunden, also endlich und zeitlich begrenzt. Unfaßbar bleibt demnach das Unendliche und Ewige. Nur durch einen Schleier ist uns das Wesen und Wirken des Göttlichen wahrnehmbar. Die Erkenntnis des Urgrundes aller Dinge, des Zwecks und Zieles alles Gewordenen bleibt uns verschlossen. Vergangenheit und Zukunft zu begreifen, dazu fehlt uns der Schlüssel. Aber wir begreifen, daß das Göttliche vollkommen sein muß, also auch den Inbegriff alles Guten darstellt. Diesem haben wir, der Gegenwart lebend, zuzustreben, tätig nahezukommen.
Was das Schöne der Kunst, das Wahre der Wissenschaft bedeutet, das ist das Gute der Ethik. Unsere Sittenlehre muß daher im Streben nach dem Guten gesucht und aufgebaut werden. Uns um die Erkenntnis desselben zu bemühen und demgemäß dann zu wirken und zu leben, ist die höchste Pflicht. Sie tätig zu erfüllen, bringt uns innere Zufriedenheit und den Einklang mit dem Ewigen.

Diese Auffassung von der Welt und unserem Verhältnis zu ihr ist meiner Überzeugung nach weit klarer und idealer als die Lehren der geoffenbarten Religionen, und die Angriffe der Theologen und Strenggläubigen gegen die pantheistische Weltanschauung, die als Atheismus von ihnen verfehmt wird, sind durchaus unbegründet und irrig.
Der Glaube an einen persönlichen Gott, der über uns thront und der von Engeln umgeben über uns richtet, das Böse, die Sünde geschehen läßt und dann bestraft, die Gläubigen als die Guten belohnt und wohl auch auf deren Gebete zu ihren Gunsten in den

Gang der Naturgesetze ändernd eingreift, dieser Glaube hat den Menschen zum Gott erhoben, nach des Menschen Ebenbild zu seinem Gott geschaffen.

Die Idee des Sündenfalls und der Erlösung von der Sünde ist ebenso unverständlich wie der Hinweis auf die Beglückung des Frommen und die Bestrafung des Sünders in einem zukünftigen Jenseits keinen reinen Begriff von Sittlichkeit enthält. Denn nicht um des Guten willen soll danach der Mensch handeln, sondern aus den egoistischen Erwägungen des Lohns und der Strafe.
Wenn nun auch die philosophischen Auffassungen der Theisten weit mehr mit der Vernunft und einer reinen Sittenlehre im Einklang zu bringen sind, so widersprechen sie doch der, meiner Ansicht nach maßgebenden Grundidee von der Einheit allen Seins. Ihre Lehre wird ja auch nicht als ein Postulat der reinen Vernunft, sondern als eine Forderung des praktischen Denkens begründet.

Wir fühlen nach dieser Lehre, daß wir einen freien Willen haben, wir erkennen deshalb Gott als den Schöpfer der Welt, wir glauben durch die Fortdauer nach dem Tode an die Möglichkeit eines späteren Ausgleichs der auf Erden bestehenden Mißstände. Und die Sittenlehre gründet sich auf ein inneres Gefühl, den kategorischen Imperativ, der uns gebietet, so zu handeln, wie wir wünschen, daß die anderen gegen uns handeln sollen.

Die Sonderstellung, die auch hier dem Menschen eingeräumt wird, erscheint mir unhaltbar, ihn in den Mittelpunkt des Weltganzen zu stellen, eine trügerische Eigenliebe. Allein der Entwicklungsgang, den das menschliche Geschlecht im einzelnen und im ganzen im Laufe der Zeiten genommen hat, zeigt, daß der menschliche Intellekt nur vollkommener, nicht wesensartig verschieden ist von dem der lebenden Wesen, welche um uns werden und vergehen.
Es ist nicht einzusehen, daß der Mensch allein anderen Gesetzen unterliegt, wie sie für das Weltganze gegeben sind. Die göttliche Kraft, die alles durchdringt und umfaßt, erfüllt und erhält ihn wie alles um ihn. Sie regelt den ruhigen Lauf der Gestirne ebenso wie

Drei Kriege - ein Reich

1864 Krieg Preußen und Österreich gegen Dänemark

Die nationale Eingliederung der beiden Herzogtümer Schleswig und Holstein war bereits in der Revolution von 1848/49 ein wichtiger Schritt bei der Konstituierung eines demokratischen deutschen Staates.

Die Schleswig-Holstein-Frage entwickelte sich dann 1863 zur Krise, als das Königreich Dänemark mit der Annahme einer neuen Verfassung die Annexion Schleswig-Holsteins verband. Dagegen erhob der deutsche Prinz von Schleswig-Holstein-Sonderburg-Augustenburg, der Augustenburger genannt, eigene dynastische Ansprüche.

Es entstand in den deutschen Gebieten eine breite Bewegung für die Befreiung der beiden Herzogtümer mit der Zielsetzung: Abschüttelung der Fremdherrschaft und Klärung der Thronfolge. In den mittel- und süddeutschen Staaten entstanden Schleswig-Holstein-Komiteés, so auch in Hanau. Ein Schleswig-Holstein-Comité wurde gegründet, Geldspenden gesammelt, ein Freicorps aufgestellt und die Volkssouveränität gefordert. Insbesondere die Turner schickten sich an, wie in der 48er-Bewegung, Freischaren zu bilden.

Im Gegensatz zur allgemeinen Volksbewegung bereitete Preußen und Österreich die militärischen Schritte aufgrund Bismarcks Initiative vor. 1864 besetzten ihre Truppen in wenigen Tagen Schleswig-Holstein. Im Wiener Frieden am 30. Oktober 1864 wurde die Übergabe von Schleswig-Holstein in die gemeinsame Verwaltung von Preußen und Österreich vereinbart.

1866 Krieg Preußen gegen Österreich

Der deutsche Krieg und die Beendigung des deutschen Dualismus

Im wiederhergestellten Deutschen Bund wird das anfänglich russisch-österreichische Einvernehmen bald durch die sich vergrößernden Gegensätze abgelöst. In den deutschen Staaten herrschte wieder weitgehende bürokratisch-konservative Politik, die hinter den Errungenschaften der 1848er-Revolution und des Vormärz zurückgefallen war.

Lazarett im Schloß Philippsruhe 1871. Blick auf die alte Kesselstädter Kirche. Die klassizistischen Wachhäuser im Vordergrund wurden 1875 abgerissen. Museum Hanau

Träger der deutschen Einigungsbestrebungen wurden wieder Bürger- und Arbeitervereine, Turner-, Schützen- oder Sängerfeste dienten wieder als Treffpunkte.
Die zwischen Österreich und Preußen auftretenden Spannungen in der Schleswig-Holstein-Frage wurden von Bismarck genutzt, Preußen die Vormachtstellung in Deutschland mit kriegerischen Mitteln zu verschaffen.
Der Bundestag beschließt eine Mobilmachung eines Teils der Bundesarmee. Preußen erklärt die Bundesakte für gebrochen und tritt aus dem Deutschen Bund aus.
Preußen kämpfte im Krieg (15. Juni- 26. Juli 1866) um die Vorherrschaft mit insgesamt 18 norddeutschen Staaten gegen Österreich mit insgesamt 13 süddeutschen Staaten, unter anderem auch mit Kurhessen.
In Hanau wendet sich die Bevölkerung auf einer Volksversammlung am 20. April 1866 gegen den Krieg und die Annexionspläne Preußens.
Die militärische Entscheidung fällt in der Schlacht von Königgrätz zugunsten Preußens. Im Frieden von Prag (23. August 1866) wird der Deutsche Bund aufgelöst und die Neugestaltung Deutschlands ohne Österreich, die kleindeutsche Lösung, festgelegt.
Preußen annektiert unter anderem Kurhessen (20. September 1866), Hessen-Nassau und die Gebiete des Großherzogtums Darmstadt bis zur Maingrenze. Der Norddeutsche Bund unter Preußens Führung wird gegründet. In Hanau rücken am 16. Juli 1866 preußische Kürassiere ein. Hanau zählt nun zum preußischen Regierungsbezirk Kassel. "O du Holzapfelbäumchen, wie sauer ist dein Kern. Wir Hessen werden Preußen und werden's doch nit gern."

1870/71 der deutsch-französische Krieg - die Reichsgründung

Seit dem preußisch-österreichischen Krieg versuchte Bismarck, der preußische Ministerpräsident, die vier süddeutschen Staaten enger an den Norddeutschen Bund zu binden; u.a. durch

- *die Wahl des deutschen Zollparlaments 1867/68,*
- *die neuen Wehrgesetze nach preußischem Vorbild, 1868,*
- *die zunächst geheimen militärischen Bündnisse.*

Seit der veränderten Lage in Mitteleuropa geriet das bonapartistische Regime unter Napoleon III. in Bedrängnis; u.a. durch

- *die gescheiterte Invasion im mexikanischen Krieg, 1867,*
- *die gescheiterte Vereinnahmung von Luxemburg (Luxemburgkrise).*

Dies verschärfte die Beziehungen Frankreichs zu Preußen. Verstärkte Rüstungsbestrebungen in den Staaten finden statt. Die spanische Erbfolge, für die Bismarck die Kandidatur des preußischen Erbprinzen Leopold von Hohenzollern-Sigmaringen förderte, veranlaßte Frankreich zu diplomatischen Schritten.
Der französische Botschafter erreichte beim preußischen König die Rücknahme der Kandidatur des Erbprinzen. Bei einer weiteren Unterredung, am 13. Juli 1870 in Bad Ems, sollte der grundsätzliche Verzicht Hohenzollerns auf eine spanische Thronfolge erreicht werden. Die Zurückweisung des französischen Ansinnens telegrafierte der preußische König an seinen Ministerpräsidenten. Die Veröffentlichung der verkürzten und damit sinnentstellten ***Emser Depesche*** *bewirkte sowohl in Deutschland wie auch in Frankreich die von Bismarck erhoffte Bereitschaft zur kriegerischen Auseinandersetzung.*
Am 19. Juli erklärte Frankreich Preußen den Krieg. Der militärische Sieg Deutschlands endete mit dem Sturz des französischen Kaisertums und der Ausrufung König Wilhelms I. zum deutschen Kaiser im Spiegelsaal von Versailles.

sein Wesen und sein Geschick. Im tätigen Streben nach dem Guten, dem Göttlichen, vollendet der Mensch seine Aufgabe, erreicht er sein Ziel.

Auch mit politischen Angelegenheiten beschäftigte ich mich frühzeitig. Das brachte die lebhaft bewegte Zeit mit sich, in der der Kampf um die österreichische und preußische Vorherrschaft in Deutschland durch die Gewalt der Waffen endlich zur Entscheidung gebracht wurde. Die äußere Politik Bismarcks war bekanntlich von heftigen Verfassungskämpfen im Innern begleitet. Die Jahre 1864, 1866 und 1870 bilden die Marksteine seiner groß angelegten Politik innerer und äußerer Umgestaltungen.

Kriege 1864, 1866, 1870/71
-> S.- 55

Die Ziele waren noch nicht völlig erkennbar, die Mittel: Blut und Eisen erschienen verderblich nach außen und gefahrdrohend für die bürgerliche Freiheit. Diese auszubilden, Selbstverwaltung und größere Einflußnahme auf die Regierungsgewalt durch Kräftigung der parlamentarischen Einrichtungen herbeizufühen und den Einfluß des ostelbischen Agrariertums und die überragende Bedeutung einer Militärkaste zu beschränken, das waren die Aufgaben, für die damals die preußische Fortschrittspartei in erster Linie eintreten wollte. Ich schloß mich ihr an.

Fortschrittspartei
-> S. 59

Einen mächtigen deutschen Staat auf- und auszubauen, schien mir nur möglich, wenn die Fesseln, welche die Initiative und Selbstverantwortlichkeit des einzelnen hemmten, gelöst, dem Tüchtigen freie Bahn geschaffen wurde, ohne Standesvorurteile und Klassengeist, damit er im Wirtschaftlichen wie im öffentlich-staatlichen Leben seine volle Kraft mit Erfolg einsetzen könnte. Der Kampf um die Einheit erschien aber vielen damals wichtiger als der um die Freiheit. Dies um so mehr, als die sozialdemokratische Bewegung mehr und mehr an Bedeutung gewonnen hatte und konservative Gegenströmungen auslöste.

Als sich nach Abschluß des siebziger Krieges eine Umstellung der politischen Auffassungen fast allgemein durch die wesentlich ver-

änderten Verhältnisse und die neu hervortretenden Aufgaben ergab, da wurden dennoch die wichtigsten grundlegenden Gesetze auf den Prinzipien aufgebaut, die das liberale Bürgertum von Anfang an vertreten hatte.
Namentlich um die Mitte der siebziger Jahre ging ein frischer Zug durch die Nation, an dem wir jungen Leute lebhaften Anteil nahmen. Insbesondere interessiert mich der Auf- und Ausbau der wirtschaftlichen Gesetzgebung: das Gewerbegesetz, Goldwährung, Reichsbank, Patent- und Musterschutz, Zoll- und Handelsverträge. Meine im Januar 1876 erfolgte Wahl in die Handelskammer gab mir hierfür eine besondere Veranlassung.

Liberalismus
Die liberalen Parteien Fortschritt und Nationalliberale
-> S. 59

In Hanau hatte die nationalliberale Partei festen Fuß gefaßt, neben ihr war von linksliberalen nur ein kleiner Kreis von Demokraten (Deutsche Volkspartei) vorhanden, die auf die Ideen der 48er sich stützend, in der Frankfurter Zeitung einflußreiche Unterstützung fanden. Wir schoben uns zwischen diese Parteigruppen, als wir den Verein der Fortschrittspartei gründeten, in deren Vorstand unter anderem meine Freunde Cäsar Böhm, Emil Brand und ich gewählt wurden.
Wir gewannen zwar zahlreiche Anhänger, konnten es aber bei den zerklüfteten Parteiverhältnissen des Wahlkreises zu keiner Mehrheit bringen. Nur einmal gelang es, durch Wahlkompromisse einen Freisinnigen in den Landtag und später auch in den Reichstag zu bringen. Das war mein Schwiegervater, Johann Heinrich Nickel, und zwar Mitte der achtziger Jahre. An den Wahlkämpfen nahm ich lebhaften Anteil und verfaßte viele Flugblätter und Zeitungsberichte.

Ergebnisse der Reichstagswahlen in Hanau
-> S. S. 187
Johann Heinrich Nickel
-> S. 196

Der politische Kampf machte mir damals viel Freude. Ich fand dadurch weitgehende Anregung, lernte Menschen kennen und erwarb mir manchen lieben Freund. Die Parteirichtung übte auch Einfluß auf die Zusammensetzung der Gemeindevertretung und bewirkte ferner einen Zusammenschluß der führenden Personen zu freundschaftlich geselligem Verkehr. Meine guten Beziehungen zu Rudolf Küstner verdanken diesem Umstand ihre Entstehung.

Wähler
des Wahlkreises Hanau-Gelnhausen-Orb!

Nach hartem Kampfe ist bei der vorigen Reichstagswahl als Vertreter unseres Kreises Herr

Joh. Heinrich Nickel
zu Hanau

erwählt worden. Unbeirrt von landräthlichen Wahlbeeinflussungen, unbeirrt von geflissentlich genährter Kriegsfurcht gaben damals 12,000 Wähler unseres Wahlkreises ihm ihre Stimmen. Heute stehen wir von Neuem vor der Reichstagswahl und von Neuem fordern wir die Wähler auf zu stimmen für unseren bisherigen Vertreter Herrn

Joh. Heinr. Nickel.

Er hat in langjähriger uneigennütziger Thätigkeit gesorgt und gewirkt für das Wohl des Kreises, **dem er entstammt.** Als Vicebürgermeister von Hanau, als Handelsrichter, als unser Kreistags- und Landtagsabgeordneter und schließlich als unser Vertreter im Reichstag hat er mehr wie irgend ein anderer Mann in Stadt und Land Gelegenheit gehabt, mit unseren örtlichen Verhältnissen sich vertraut zu machen, mehr wie irgend ein Anderer hat er mit Rath und That Bürger und Bauer zur Seite gestanden! Wir wissen ihn unabhängig, frei gesinnt, von reifem Urtheil und festem Willen, treu dem Volke und treu Kaiser und Reich!

Mitbürger! In immer steigendem Maße haben die herrschenden Kartell-Parteien Steuern und Zölle auf alles zum Leben Nothwendige bewilligt. Nahrung, Trank und Kleidung, Werkzeuge und Arbeitsmaterialien, alles ist hoch belastet und wesentich vertheuert worden. Zum vorwiegenden Vortheil des Großgrundbesitzes und der Großindustrie sieht sich die breite Masse des Volkes, welche aus kleinem Einkommen zehrt, durch eine **künstliche Theuerung beschwert. Die wirthschaftlichen und socialen Verhältnisse des Landes leiden unter der durch Conservative und Nationalliberale gestützten Politik der Vertheuerung und der ungleichmäßig wirkenden Vertheilung der Lasten!**

Sie leiden aber nicht minder unter dem Unfrieden und Mißtrauen zwischen **Arbeitgeber** und **Arbeitnehmer.** Ein friedlicher Ausgleich auf dem Boden socialer und gesetzlicher Gleichberechtigung sichert die glückliche Lösung widerstreitender Erwerbsinteressen besser als Klassenhaß und Klassenkampf, besser als Ausnahmegesetze und Polizeigewalt!

Und nicht zum Mindesten sind es die **confessionellen Verhetzungen,** die eine gedeihliche Entwickelung der bürgerlichen Freiheit und eines lebensfrohen Gemeinsinns hemmen. Wir wollen Duldung und Gleichberechtigung für alle Kinder des Landes, einerlei wes Standes und Glaubens.

Wir wollen **keine Ausnahmegesetze,** eben so wenig aber **Verwaltungs-Grundsätze,** durch die geräuschlos, aber nur um so sicherer **Privilegirte** geschaffen, zu alten Standes-Vorurtheilen neue künstlich gefügt werden.

Wähler! Im Reichstage soll der Wille des Volkes zum freien Ausdrucke gebracht werden. Damit die Regierenden wissen, was das Volk denkt und fühlt, deshalb soll gewählt werden! Macht- und kraftvoll wollen wir das Reich nach Außen, frei und einig nach Innen! In friedlicher Entwickelung wünschen wir unsere staatliche Ordnung gegründet auf das gleiche Recht Aller in Gesetz und Verwaltung! Gleiche Lasten, gleiche Pflichten und gleiche Rechte!

Wer dafür mit uns einstehen will, der gebe am 20. Februar seine Stimme unserem seitherigen Reichstagsabgeordneten Herrn

Joh. Heinr. Nickel
zu Hanau.

Das Wahl-Comité zur Wiederwahl des Herrn Joh. Heinrich Nickel.

Gedruckt und verlegt von der J. G. Kittsteiner'schen Buchdruckerei in Hanau.

Parteien (2)
Die Liberalen

Die politischen Parteien entwickeln sich in der 1. Häfte des 19. Jahrhunderts im Widerstand zur absolutistischen Monarchie. Verbot, Unterdrückung und Zensur drängen die ersten Ansätze in die Geheimbündelei. Erst die Versammlungsfreiheit von 1848 schafft die Voraussetzungen für ein aktives Parteileben.

Die ersten Gründungen sind natürlich regierungsfeindlich. Sie werden getragen von Bürgern und mit ihnen verbundenen Intelektuellen, die sich von der staatlichen Vormundschaft im privaten Bereich und wirtschaftlichen Leben befreien wollen. Die aufstrebende Klasse setzt auf die individuellen Entfaltungsmöglichkeiten und persönliche Verantwortung, sie glaubt an die Macht der Vernunft und der Erziehung, sie will verfassungsmäßig gesicherte Freiheiten und rechtsstaatliche Garantien, die den Rahmen für eine freie wirtschaftliche Entwicklung bieten sollen.

Die nächsten Jahrzehnte zeigen, daß sich hinter diesem liberalen Grundkonsens ganz unterschiedliche politische Richtungen verbergen, wenn es um die Lösung konkreter politischer Fragen geht.

Das beginnt schon 1848. Teile der Liberalen, die sich als Radikale oder Demokraten bezeichnen, sind für eine parlamentarisch gewählte Regierung (Volkssouveränität), die den Fürsten notfalls auch gegen ihren Willen aufoktroiert werden muß und neigen dazu, das Königtum abzuschaffen. Die Gemäßigten begnügen sich mit Parlamenten, die nur Gesetzgebungsbefugnisse, insbesondere das Budgetrecht, haben, wobei vielfach offen bleibt, wer für ein solches Parlament wahlberechtigt sein soll. Die Monarchie regiert weiter.

Gemeinsam ist allen Liberalen - im Unterschied zu den Konservativen - die Forderung nach deutscher Einigung. Nur ein geeintes Deutschland kann obrigkeitsstaatliche Reaktion, besonders ausgeprägt im Kurfürstentum Hessen, überwinden und den Weg zur bürgerlichen Freiheit öffnen. Die demokratischen Kräfte, besonders die aus Süddeutschland, neigen dabei zu "großdeutschen" Lösungen; daneben gibt es aber auch viele Befürworter eines Deutschlands ohne Österreich im liberalen Lager.

Die reaktionäre Wende nach 1848 schwächt die demokratischen Kräfte; die Niederlage Österreichs 1866 vermindert die Chancen für eine großdeutsche Lösung. Nur noch in der Deutschen Volkspartei, von der Canthal spricht, sammeln sich die Demokraten.

Für die Liberalen stellt sich als nächste Frage, ob sie mit Bismarck liberale Politik durchsetzen kann oder nicht. Bismarck war 1867 bei seinem Ziel, eine moderne, die wirtschaftliche Entwicklung fördernde, sprich pro-kapitalistische Politik, durchzusetzen, auf die Liberalen angewiesen. Seine Herkunfspartei, die Konservativen, hatten agrarisch-feudale Interessen.

Die Liberalen spalten sich in dieser Frage. Die Nationalliberalen unterstützen Bismarck, die Fortschrittspartei, der linke Flügel, hält in der Opposition die reine Lehre aufrecht. Mit den Nationalliberalen gelingt es Bismarck, wesentliche Elemente einer kapitalistischen Wirtschaftsordnung einzuführen. Feudale Strukturen, östlich der Elbe etwa in Form der gutsherrlichen Polizeigewalt, werden zurückgedrängt und der kirchliche Einfluß in der Schul- und Familienpolitik (Einführung der Zivilehe) beschränkt.

Die Erfolge der Liberalen werden mit erheblichen Zugeständnissen in der Außen- und Militärpolitik , z.B. mit einer siebenjährigen Bewilligung der Militärstärke durch den Reichstag, erkauft. Diese Kompromißpolitik spaltet die Liberalen erneut. Die Sezessionisten treten aus der nationalliberalen Partei aus und verbünden sich 1884 mit der Fortschrittspartei zur Deutsch-Freisinnigen Partei, dem Freisinn, für den auch J. Heinrich Nickel kandidiert.

Auch mit parlamentarischen Parteifreunden stand ich in häufigem Verkehr, was ich an dieser Stelle nur kurz erwähnen will, da es in eine spätere Zeit gehört, ebenso wie ich meine kommunale Tätigkeit des näheren später noch eingehen werde.

Nun will ich eine lästige Strömung erwähnen, die mir manche bittere Empfindung gerade in der Jugendzeit brachte. Die Einwohnerschaft Hanaus ist traditionell tolerant, das liegt zum guten Teil in der Erinnerung der Bevölkerung an die Entstehung der Neustadt, die vor dreihundert Jahren von wallonischen und niederländischen ihres Glaubens wegen vertriebenen Flüchtlingen gegründet worden ist, anderenteils an dem liberalen demokratischen Grundzug der politischen Auffassung.

Vilmarianer Die Mucker -> S. 61

Die langjährige Opposition gegen die Rückständigkeit der kurhessischen Regierung und gegen das von ihr protegierte Muckertum (Vilmarienische Richtung in Kirche und Schule) hatte allgemein eine freiere religiöse Anschauung befestigt. Theoretisch wurde auch ganz allgemein die konfessionelle Gleichberechtigung vertreten. Aber in der Praxis war doch wohl ebenso allgemein eine starke Unterströmung vorhanden gegen Katholiken und namentlich gegen Juden.

Der moderne Antisemitismus Stoecker -> S. 62

Da setzte die Stöckersche Agitation, der Antisemitismus, ein und bewirkte in weiteren Kreisen, vor allem bei Beamten und Studierenden, eine Bewegung, die sich offen zunächst gegen den Einfluß der Juden auf die öffentlichen Angelegenheiten: Presse, Volksvertretung etc. richtete, aber auch geschäftlich und gesellschaftlich ein Zurückdrängen derselben zum Ziele hatte. Es handelte sich nicht mehr um konfessionelle, sondern um Rassenkämpfe. Der Wert oder Unwert des einzelnen fand dabei keine Berücksichtigung.

Es liegt nicht in meiner Absicht, in dieser Darstellung auf die einzelnen Ursachen dieser Bewegung einzugehen oder sie mit Gründen zu bekämpfen, ich habe nur die Tatsache erwähnen und dabei hervorheben wollen, daß ich zwar unter dem Druck dieser

Mucker

Die Vilmarianer waren eine kleine politisch und kirchlich aktive Partei, die unter wechselnden Bezeichnungen auftraten, wobei sie häufig die Bezeichnungen der Gegner für sich verwandten. So hießen sie anfänglich die "Mystiker" oder "Mucker", dann die "konservative Partei" und später, in der Zeit ihrer Opposition gegen Preußen und das Deutsche Reich, bildeten sie die "Renitente Kirche".

Da sie sich auf August Friedrich Christian Vilmar und dessen Bruder Jakob Wilhelm als anerkannte Führer ihrer Partei beriefen, wurden sie durchgängig die Vilmarianer genannt.

A. F. C. Vilmar trat schon als Pfarrer, später als Direktor des Marburger Gymnasiums für den absolutistischen Staat ein und sah deshalb in der Bekämpfung der 1848er Revolution seine Aufgabe.

Nach Ansicht Vilmars sind "nicht Unterdrükkung durch die Fürsten, Armut oder Unfreiheit ... die Gründe für die Revolution. Im Gegenteil, die Unzufriedenheit resultiert gerade daraus, daß das Volk tun und lassen könne, was es will." In der Freiheit, dem Journalismus, im Literatentum, in allen Bereichen entdeckt Vilmar den fehlenden Zwang zur Untertänigkeit. Die Eltern hielten lange tugendhafte Reden, statt die Kinder ernstlich zu strafen, und in der Schule ließen die Lehrer die größten Ungezogenheiten passieren. Schließlich, "wer keine Ehrfurcht vor Gott habe, der glaube auch, daß von oben herab keine Gesetze kommen sollten."

Dieser Mann übernimmt 1850 die Aufgaben eines Innen- und Kultusministers in Kurhessen. Sein oberstes Ziel: "Die Obrigkeit muß wieder zu ihrem Recht kommen." Die Menschen brauchen wieder "echte Furcht" und gleichzeitig Zustimmung zur Obrigkeit. Um das zu erreichen, müsse die obrigkeitliche Gerechtigkeit in Gottes Namen strafen und wissen, daß sie mit Leib und Leben verpflichtet sei, für Gottes Gesetz einstehen, sonst würde sie nur Gewalt mit Gewalt vertreiben. Deshalb können nur Kirche und Staat gemeinsam die Revolution überwinden."

Seine Tätigkeit im Ministerium kann dahingehend zusammengefaßt werden, daß die Trennung von Staat und Kirche in allen Bereichen, in denen sie durch die Revolution eingeführt wurde, wieder rückgängig gemacht wurde: der Genuß der staatsbürgerlichen Rechte ist vom christlichen Glaubensbekenntnis abhängig, die Zivilehe für Mitglieder der christlichen Kirche wird wieder abgeschafft, nur Lehrer der anerkannten Kirchen können an den Gymnasien unterrichten, sie haben die Schüler für die Ordnung der Kirche zu erziehen, die religiöse Erziehung habe den Gesetzen der evangelischen Landeskirche zu entsprechen, das Erziehungsziel sei neben wissenschaftlicher Gediegenheit aufrichtige Frömmigkeit.

Vilmar sah seine Restaurationsbemühungen stets als gefährdet an. Er hatte große Zweifel, ob nicht die Fürsten dem Zeitgeist nachgeben würden und sah deshalb die Kirche als das letzte Bollwerk, das erfolgreich Widerstand gegen die revolutionären Bestrebungen leisten könne. Um dieser Gefahr vorzubeugen, mußte die Kirche der fürstlichen Aufsicht entzogen werden; der Fürst darf nicht länger Landesbischof sein; nur so kann die Macht der Kirche gewahrt werden und sie fähig sein, das Fürstentum zu stützen.

Solche Gedankengänge waren dem Kurfürsten dann doch zu weitgehend und führten 1856 zum Ende der politischen Laufbahn Vilmars. Er wirkte weiter als Theologieprofessor in Marburg.

Literaturhinweis:

Renate Sälter, Die Vilamrianer von der fürstentreuen kirchlichen Restaurationspartei zur herrschenden Renitenz. Darmstadt, Marburg 1985.

1871 übernimmt die Reichsverfassung die bereits im Norddeutschen Bund festgeschriebene formal-rechtliche Gleichstellung der Juden. Aber überall dort, wo es um den Staat und öffentliche Ämter geht, endet die Gleichberechtigung. Juden werden nicht in das Offizierscorps aufgenommen, der Zugang zu höheren Beamtenstellen ist eingeschränkt. Es gibt weiterhin judenfeindliche Strömungen, die aber keine gesellschaftliche Bedeutung erlangen.

Stoeckers moderner Antisemitismus

Das ändert sich Ende der 70er Jahre. Der Kulturkampf, die große Depression nach dem Gründerboom, zunehmende soziale Spannungen schaffen Unzufriedenheit bei Katholiken, Konservativen und Mittelstand. Sie sehen sich als die Verlierer, schuld daran sind die rationalistischen, gleichmacherischen, auf Freihandel, Abbau aller feudalen und kirchlichen Vorrechte bedachten liberalen Kräfte, personalisiert und faßbar in jüdischen Bankiers, Kapitalisten und Presseleuten.

Gegenüber der alten Judenfeindlichkeit gelingt es diesem modernen Antisemitismus, Massenbewegung zu werden und die allgemeine Unzufriedenheit in eine antijüdische Weltanschauung zu integrieren.

Der evangelische Pfarrer Adolf Stoecker ist der erste erfolgreiche Politiker dieser antijüdischen Bewegung.. Unter dem Tenor "Gott ist für uns in diesem gerechten Krieg" rechtfertigt er den Frankreichfeldzug als nationalen Kreuzzug: das deutsche Volk erhebt sich gegen den aus Frankreich infiltrierten antichristlichen Zeitgeist.

Der Hof wird auf Stoecker aufmerksam; der Kaiser beruft ihn als Hofprediger nach Berlin. Die Entkirchlichung der Großstadt - nach Einführung der Zivilehe 1874 lassen sich nur noch 20% der Paare kirchlich trauen - eröffnet ihm ein neues Arbeitsfeld; mit der Stadtmission versucht er mit einer Mischung aus Sozialarbeit und Predigt die Arbeiter wieder in die Kirche zurückzuführen. Die dabei ständige Konfrontation mit der Sozialdemokratie veranlaßt ihn, auch politisch aktiv zu werden: der Hofprediger gründet 1878 die christlich-soziale Arbeiterpartei.

Die Gründung fällt zusammen mit Bismarcks Bruch mit den Liberalen. Stoecker wird als Stütze konservativer Poltik interessant.

Die Mitglieder seiner "Arbeiterpartei" kommen aus dem Mittelstand, und mit ihnen zieht der latente Antisemitismus ein.. Er "paßt" in Stoeckers Denkgebäude, denn die Erweckung des deutschen Volkes 1870/71 war nicht von langer Dauer. Die "allgemeine Entsittlichung" müsse eine Quelle außerhalb des im Kern reinen deutschen Volkes haben - und das sind die Juden.

Sein parteipolitischer Erfolg liegt darin begründet, daß es ihm einige Jahre gelingt, die verschiedenen antisemitischen Richtungen zu vereinen. Da sind einmal die Assimilationsantisemiten, deren bedeutendster Vertreter der sich dem liberalen Lager (!) zuordnende Geschichtsprofessor Treitschke ist. Er meint, daß die tiefe Kluft zwischen dem christlichen Abendland und dem Judentum nur durch eine totale Assimilation aufgehoben werden kann. Auf der anderen Seite stehen die "Rasseantisemiten", die das "jüdische Problem" durch totale Elimination lösen wollen.

Stoecker versucht, durch radikale Reden und im Vergleich dazu gemäßigten politschen Forderungen (zahlenmäßige Beschränkung von Juden in öffentlichen Positionen) zu vermitteln, kommt zwischen die Fronten. Die Kartellpolitik - die Regierung stützt sich parlamentarisch ab 1889 auf eine breite Mehrheit von Konservativen, Nationalliberalen und Zentrum - macht die christlich-soziale Partei bedeutungslos. Der Hof ist nicht länger bereit, die ständigen Konflikte, die sich aus seiner Doppelposition als Hofprediger und Parteipolitiker ergeben, zu dulden.

Voreingenommenheit bei meinen Freunden, Bekannten und Mitbürgern persönlich und direkt kaum zu leiden hatte, daß aber, sobald ich in einen neuen Lebenskreis eintrat, ich anfänglich immer kühle Höflichkeit zeigte, die erst sehr allmählich in ein freundlicheres Verhältnis überging.
Das bittere Gefühl der Zurücksetzung ist mir nicht völlig erspart geblieben. Kränkungen dieser Art machen aber mißtrauisch und infolgedessen stellt sich auch öfters eine gewisse Unsicherheit ein und ein Zurückdämmen wärmerer Empfindungen anderen gegenüber. Da man sehr oft an meine Abstammung nicht dachte, so hörte ich manches Wort, das nicht für mich gemünzt war und das man gerne nachher unterdrückt hätte. Auch das ist keine angenehme Sache für beide Teile.

Im Mannesalter

Am 5. März 1875 verlobte ich mich mit der Cousine meiner Freunde Böhm, der damals 18 1/2jährigen Maria Nickel. Die Hochzeit fand am 20. 8. 1875 statt. Sieben gesunde Kinder haben wir aufgezogen, die jetzt sämtlich einen eigenen Haushalt gegründet haben. Die Schar der Enkel beläuft sich auf 21. Eine so zahlreiche Familie verursacht ein bewegtes Leben, eine Abwechslung von Freud und Leid, von Mühen und Sorgen, aber auch von Gedeihen und Glück.

Das kinderreiche Haus ist jetzt leer geworden und die Tage des Alters verfließen in Ruhe, wenn auch nicht frei von Sorgen, besonders für diejenigen der Kinder, Hans und Julie, die im Kampf des Daseins einen sicheren Halt bisher nicht gefunden haben. Unseren anderen fünf Kindern, Marc, Emmy, Hedwig, Gertrud und Werner, ist ein gütiges Geschick treu zur Seite gestanden, und wir können mit dankbarem Vertrauen annehmen, daß, soweit das Ungewisse der Zukunft diesen Schluß zuläßt, ihr ferneres Gedeihen und das ihrer Familien gesichert ist.
Liebe und anhängliche Schwiegersöhne und Schwiegertöchter haben sie uns gebracht und so die Zahl derer erhöht, die freundlich mit uns das Leben teilen. Eine große dauernde Welle von Freude ist es, die prächtige Entwicklung der Enkelschar zu beobachten. Möge ihnen alles Gute in reichem Maße beschieden sein! Kindern und Kindeskindern!

Johann Heinrich Nickel **-> S. 196**

Durch meine Verlobung traten neue Familienbeziehungen für mich ein. Ich habe stets herzliche Gesinnung und freundliches Entgegenkommen in der Familie meiner Frau gefunden, namentlich bei meinem Schwiegervater. Er nahm in Hanau eine sehr geachtete Stellung ein. Als ich in sein Haus eintrat, nahm er als Vicebürgermeister an Stelle des erkrankten Oberbürgermeisters Cassian an erster Stelle die Geschäfte der Stadt wahr. Er widmete sich dieser Aufgabe mit Eifer und Geschick.

Unserem Sehr Ehrw.: Meister vom Stuhl,
dem geliebten Bruder

Heinrich Nickel

den

Herzlichsten Glückwunsch

zur

Vermählung seiner Tochter

Maria mit Herrn Fritz Canthal.

Hanau am 20. August 1875.

Die Brüder der Loge Braunfels zur Beharrlichkeit

Jac. Ph. Zimmermann
Friedr. Jung
J. H. Farr.
Jacob Koch
Carl Schneider
Ferd: Becker
J. Wilhelm
H. Hammerschmidt
August Marel
Georg Hess
H. Umbach.
Fr. Gros

Wilhelm Unz
Emil Hoffmann
Heinr: Diez
Julius Mies
Heinrich Lieber
Emil Weilinger
Christian Weishaupt
Ant: Appunn
J. Louis Wörner
Joh. August Elsass
J. Ph. Lamy
Pierre Lamy

August Hoffmann
Hermann Ammel.
Ph. F. Hartung.
Jac: Geissel
Carl Koch
Jean Krause
Georg Trensch
Chr. Kissling.
Wm. Lieber
F. v. Riegelmann
Ernst v. Schönfeld

Freimaurer
-> S. 68
Loge Braunfels
-> S. 70

Als Meister vom Stuhl der Loge Braunfels (nach seinem Haus so genannt) war er überzeugter Freimaurer. Geschäftlich betätigte er sich als Vorstandsmitglied des Kreditvereins mit der Kassenführung des letzteren. Sein eigenes Geschäft, das er mit einem Vetter und Teilhaber Koch unter der Firma Krögler Nachfolger viele Jahre mit wechselndem Erfolg geführt hatte und das sich mit dem Export von Bijouteriewaren, namentlich nach Rumänien und Süd-Rußland, befaßte, war bei meiner Verlobung bereits im Rückgang und wurde einige Jahre später freiwillig liquidiert.

Eugen Richter
-> S. 199

Abdankung Nickels als Vizebürgermeister
-> S. 197

Durch seine Wahl zum Landtags- und Reichstagsabgeordneten wurde mein Schwiegervater in das parlamentarische Leben gezogen und hat sich mit Hingabe und Treue für die Ziele der Freisinnigen Partei als entschiedener Anhänger Eugen Richters eingesetzt. Durch seine scharfe Stellungnahme für die Linke kam er gelegentlich der Kämpfe um das Tabaksmonopol, wobei er sich für die Reichstagswahl eines Sozialdemokraten öffentlich erklärt hatte, Anfang 1882 in einen Konflikt mit der Regierung, der zur Folge hatte, daß er als Vicebürgermeister abdankte.

Ich trat damals in mehreren Zeitungspublikationen lebhaft für ihn ein, obwohl ich mit seiner Wahltaktik nicht einverstanden gewesen war und ihn gewarnt hatte. Er wurde dann zum Stadtverordnetenvorsteher gewählt. Die Bürgerschaft stellte sich in ihrer großen Mehrheit auf seine Seite und ehrte ihn durch eine Adresse und ein Festessen um so bereitwilliger, als ihm die Regierung jede Anerkennung seiner Leistungen auf kommunalem Gebiet versagte.

Seine Wahl zum Ehrenbürger fand deshalb allgemeine Zustimmung. Und mit Recht, denn er war ein Mann von hervorragendem Charaktereigenschaften, der seine Kraft uneigennützig jederzeit mit Lust und Liebe in den Dienst des Gemeinwohls gestellt hatte. Sein ausgeprägter Liberalismus entsprang seiner Überzeugung und war zugleich Ausdruck der in Hanau vorherrschenden politischen Auffassungen. Die direkt und indirekt regierungsseitig geübte Maßregelung war ein kleinlicher Mißgriff.

Das war ja das Unerfreuliche unserer inneren Verhältnisse, ein Auswuchs des Bismarckchen Systems der inneren Politik, daß man Gedanken mit Polizeimaßregeln und Verfehmungen zwingen wollte und alle Opposition, Fortschrittler und Freihändler, Zentrumsleute und Sozialdemokraten als Reichsfeinde ächtete.

Der Grundzug im Wesen meines Schwiegervaters war aber entgegen seinem politischen Auftreten eine große Herzensgüte. Er war gefällig, liebenswürdig und äußerst taktvoll, dabei zuverlässig und tätig. Aber ohne viel Initiative und Produktionskraft, eine wesentlich passive Natur, zwar geistigen Interessen und guten Anregungen gerne zugängig, aber doch von dem Bestreben geleitet, die Dinge an sich herankommen zu lassen und soviel wie möglich den Schwierigkeiten aus dem Wege zu gehen, statt ihnen entgegenzutreten.
Meine Schwiegermutter, Cäcilie geb. Kayser, war eine feine, graziöse Frau von überaus gütigem Wesen, das oft in Schwäche überging, recht weltfremd, sehr musikalisch, aber wenig haushälterisch. Letzterer Umstand scheint manchmal zu Verstimmungen geführt zu haben, namentlich bei Großmutter Nickel, die im selben Haus wohnte und ihre diesbezüglichen Beobachtungen trotz aller sonstigen Liebenswürdigkeit nicht immer für sich behielt. Das hat auf das Verhältnis meiner Frau zu ihrer Mutter leider sehr ungünstig eingewirkt. Lange Leiden infolge schwerer Erkrankung hat meine Schwiegermutter mit seltener Geduld ertragen. In Erinnerung ihrer mir stets gezeigten freundlichen Gesinnung und ihrer herzlichen Liebe zu meinen Kindern bewahre ich ihr ein treues Gedenken.

Frauenbewegung im 19. Jahrhundert -> S. 73

Es lag im Charakter der Eltern, daß die Entwicklung der Kinder keine strenge Überwachung fand. Sie wurden sich im wesentlichen selbst überlassen, im Vertrauen darauf, daß das Gute im Menschen sich aus sich selbst heraus Bahn brechen würde, daß eine gute Schulbildung genüge und das Vorbild der Eltern eine maßgebende Ergänzung sei.

Aber auch der Landmann jätet den Acker, aus dem reife Saat erwachsen soll, er räumt die Steine aus dem Wege, die das Aufgehen der Halme erschweren, und auch der Gärtner schneidet wilde Triebe am Obstbaum weg und bindet die Knospen und Zweige der

Daheim ist sie Güte,
im Geschäft ist sie Ehrenhaftigkeit,
in Gesellschaft ist sie Höflichkeit,
in der Arbeit ist sie Anständigkeit!
Für den Unglücklichen ist sie Mitleid,
gegen das Unrecht ist sie Widerstand,
für das Schwache ist sie Hilfe,
dem Gesetz gegenüber ist sie Treue.
Gegen den Unrechttuenden ist sie Vergessen,
für den Glücklichen ist sie Mitfreude,
vor Gott ist sie Ehrfurcht und Liebe.

Freimaurer

"Eine Verschwörung zum Guten" hat ein deutscher Freimaurer den Bund seiner Brüder genannt, weil seine Mitglieder sich für Menschlichkeit, Brüderlichkeit, Toleranz, Friedensliebe und soziale Gerechtigkeit einsetzen. Als Gemeinschaft brüderlich verbundener Menschen ist die Loge Übungsstätte dieser Werte und dient der Verinnerlichung von Idee und Gemeinschaftssinn. Eine zentrale Rolle spielen dabei das Brauchtum und die, einem vorgegebenen Ritual folgenden, Tempelarbeiten. Diese Riten, sowie die freimaurerischen Symbole: Heiliges Gesetz, Winkelmaß und Zirkel gehen auf die Steinmetzbruderschaften und Dombauhütten des Mittelalters zurück. Der Begriff Lodge - ins Deutsche übersetzt mit Loge - taucht 1278 in einer Urkunde über den Bau der Abtei von Val Royal auf und bezeichnet ursprünglich die Bauhütte, die den Bauhandwerkern als Werkstatt, Aufenthalts- und Versammlungsraum dient. Als die Zeit der großen Dombauten im 17. Jahrhundert zu Ende geht, werden die Lodges zunehmend von Intellektuellen unterwandert, die Inhalte der Gemeinschaft "vergeistigen" sich zur symbolisch bauenden Bruderschaft. 1717 schließen sich vier Logen zur ersten Großloge von England zusammen. 1723 gibt diese sich in London ein Grundgesetz, das "Die Alten Pflichten" genannt wird und heute noch gültig ist. Die Großloge erkennt nur solche Logen an, die die "Erlaubnis zur Arbeit" von der Großloge besitzen und nach anerkanntem Ritual arbeiten. Die Logen wählen Logenmeister (Meister vom Stuhl) und Logenbeamte. Die Logenmitglieder können in Erkenntnisstufen (Grade) aufsteigen, die ersten sind Lehrling, Geselle und Meister, hierauf bauen sich dann die Hochgrade auf. Ziel ist die sittliche Vervollkommnung des Einzelnen oder, wie es im Sprachgebrauch der Freimaurer heißt: aus einem unbehauenen einen behauenen Stein zu machen.
Die Freimaurerei ist aus Tradition ein Männerbund. Sie sieht darin keinen Widerspruch zur Gleichberechtigung von Mann und Frau, sondern hält vielmehr Vereinigungen, die nur Frauen oder nur Männer umfassen, für legitime und sinnvolle Formen menschlicher Gemeinschaft. Am geselligen Leben der Logen können Frauen der Mitglieder und ihre Familien teilnehmen. Die französische Frauenrechtlerin Marie Deraismes begründet 1882 - nach einer Palastrevolution bei den "Libres Penseurs"- mit Senator Dr. Georges Martin die "Co-Maconnerie Droit Humain". Obschon sie von der Großloge in England nicht anerkannt werden, haben sich in ganz Europa gemischte Logen etabliert und bis heute erhalten. Etwa 500 Freimaurerinnen sind in Deutschland (laut "Zeit" vom 8.11. 91) heute solchermaßen organisiert. Daneben gibt es in Berlin, Wetzlar und Düsseldorf neuerdings rein feministische Logen, die den freimaurerischen Idealen nachspüren und im Gegenzug keinem Bruder mehr die Pforte ins Allerheiligste öffnen. Angeeckt sind Freimaurer jedoch nicht nur zu allen Zeiten bei den Frauen. Da man sich der Gewissensfreiheit, der Meinungsfreiheit, den Menschenrechten und der Demokratie verschrieben hat, sind absolutistische Systeme und autoritäre Ideologien stets Gegner des geheimnis-umwitterten Symbolbundes gewesen. Sie werden beschuldigt, "Thron und Altar" zu unter-

minieren und haben oder hatten Organisationsverbot in faschistischen, kommunistischen und in den meisten arabische Staaten. Dennoch hat es immer wieder Persönlichkeiten gegeben, die sich zur Freimaurerei bekannt haben, u.a. Lessing, Goethe, Haydn, Mozart, Fichte, Herder, Schlegel, Wieland, Friedrich der Große, Washington, Wilhelm I., Friedrich II., Blücher, Scharnhorst, Stresemann, Henri Dunant...

Literaturhinweis:

Peter Bertus: Johannis-Freimaurerloge "Carl und Charlotte zur Treue", eine Kurzfassung der Logengeschichte, Offenbach 1987.

Friedrich Wilhelm Haack: Freimaurer, Münchener Reihe,1975.

Jürgen Holtorf: Verschwörung zum Guten, Information der Vereinigten Großlogen von Deutschland,Hamburg 1974.

An alle auf dem ganzen Erdkreise versammelte oder zerstreute, gute, wahre gesetzmäßige, freie und angenommene

Maurer-Brüder,

denen diese Urkunde vorgezeigt werden möchte,

unsern Gruß in d. h. Z.

Wir

MEISTER VOM STUHL,

Alt-Meister, und zugeordneter Meister,

AUFSEHER UND BEAMTE

so wie

sämmtliche Mitglieder der ger.·. u.·. vollk.·. St.·. Joh.·. Loge

Sokrates zur Standhaftigkeit

im Aufgang von Frankfurt a/Main thun kund und bezeugen hierdurch, dass wir am 19 Mai 5855 den Br.·. Johann Heinrich Nickel — seines Standes Juwelier geboren im Jahr 1829 in Hanau und wohnhaft Hanau dessen eigene Handschrift hier zur Seite zu ersehen ist, nach alter Vorschrift und Sitte der Freimaurerei, wie auch in Gemässheit der Gesetze des eklektischen Bundes, zum Freimaurerlehrling angenommen und als Solchen in unsere besondere Logenliste eingetragen, demselben auch diese auf 3 Jahre gültige Urkunde ausgefertigt haben. Demnach empfehlen wir vorbemeldeten Bruder Lehrling J. H. Nickel — welcher sich, so weit der Erste Grad reicht, der strengsten Prüfung unterwerfen, und die Rechtmässigkeit des Besitzes dieser Urkunde darthun wird — allen im Amt stehenden Meistern und jedem ächten Mitgenossen der königlichen Kunst zu brüderlichem Wohlwollen, welches wir gleichfalls denen uns besuchenden guten, wahren und gesetzmässigen Freimaurern zu erzeigen nicht verfehlen werden.

Ausgefertigt, gesiegelt und mit unseren Unterschriften versehen im Aufgang von Frankfurt a/M. den 24 Januar 1856 und Fünftausend achthundert fünfzig Sechs der Mi.·.

Namens-Unterschrift des geeigneten Besitzers

ne varietur

Johann Heinrich Nickel

"Zum Zweck maurischer Fortbildung und Belehrung, sowie auch zur gegenseitigen brüderlichen Annäherung" schlossen sich Hanauer Honoratioren (u.a. die Herren Una, Fues, Nikkel, Wörner und Zimmermann) zu einem "Freimaurerkränzchen" zusammen. Wegen des Verbotes der Freimaurerei in Kurhessen trafen sich die Herren zunächst abwechselnd in den Privatwohnungen der einzelnen Brüder, bis sie ab 1856 im Hintergebäude des Bruder Heinrich Nickel gehörenden Hauses am Neustädter Marktplatz 5 "ein ständiges Lokal" fanden. Der Name des Gebäudes "Zum Braunfels" ging "zu steter Erinnerung auf das Kränzchen über", wie es in der "Geschichte der Freimaurerei, Festschrift der Loge Braunfels zur Beharrlichkeit zum 25jährigen Jubiläum 1872 bis 1897" heißt. Wegen des Verbotes konnten die Versammlungen der Brüder "nur unter Beobachtung der größten Vorsicht stattfinden, da der Verkehr derselben zum Öfteren von den auf der Straße postierten Polizeidienern überwacht wurde."

Loge Braunfels

Zu den Aktivitäten der Logenanwärter gehörten:

- ein jährlich stattfindendes Stiftungsfest,
- gesellige Abende mit Vorträgen und gemeinsamem Musizieren,
- Abendessen mit der Schwesternloge "Wilhelmine Caroline",
- Ausflüge nach Kesselstadt, Enkheim, Dettingen, Alzenau und Aschaffenburg,
- Kontakte zu den Logen in Frankfurt,
- Sammlungen für Bedürftige,
- Verkauf von Bausteinen für die Erstellung eines Tempels,
- 1870/71 Aufstellen von Sanitätskolonnen
- Geldsammlungen für Verwundete und Hinterbliebene.

1872 konstituierte sich nach "Abschluß des üblichen Vertrages mit der Großloge des eklektischen Bundes" aus dem "Kränzchen" die Loge Braunfels zur Beharrlichkeit. Neue Logenräume wurden im Backes'schen Anwesen am Marktplatz 4 bezogen und feierlich geweiht. Wohltätig widmeten die Brüder sich unter anderem der Finanzierung der "Ferienkolonie für schwächliche Kinder" und einem Knabenhort.

Hanau stand übrigens ein Jahrhundert vor der Gründung der Loge Braunfels im Zentrum freimaurerischer Auseinandersetzung. Vom 16. Juli bis zum 1. September 1782 tagte in Wilhelmsbad ein europäisch-ausgerichteter Freimaurer-Konvent. Die Delegierten kamen aus Rußland und der Walachei, Südfrankreich und Holland, Dänemark, Norwegen und Italien. Sie zählten zum alten Adel und Bildungsbürgertum, von den 35 Brüdern waren 18 evangelisch und 17 katholisch, insgesamt gehörten sie drei verschiedenen Hauptströmungen an. Ein erster Kreis umfaßte die Anhänger der hermetisch-alchemistischen Tradition, ein zweiter die mystisch-spiritualistisch-martinischen. Die dritte Richtung ließ sich als Rationalisten und Aufklärer beschreiben. So heterogen wie die Überzeugungen der Konventmitglieder war auch die Einschätzung der Tagungsergebnisse. Während die einen sie als "ausschlaggebenden Sieg einer neuen Zeit feierten, weil er krypto-katholische und krypto-

jesuitische Tendenzen zurückgedrängt und den Weg für spätere Reformen im Geist der humanitären und aufgeklärten Freimaurerei geöffnet habe" (Reinhold Taute, 1908), konnten andere nur "das verzweifelte Bemühen um die Rettung eines Nichts" entdecken (Ferdinand Runkel, 1931). Wieder andere behaupteten, sinistre Ränkeschmiede hätten in Wilhelmsbad "die letzten Vorbesprechungen für die Revolution von 1789 geführt" (Friedrich Hasselbacher, 1935).

Der wegen seiner Benimm-Regeln berühmt gewordene Adolf Freiherr von Knigge hat 1784 eine "Abhandlung über die Allgemeine Zusammenkunft der Freimaurer bei dem Gesundbrunnen in Wilhelmsbad ohnweit Hanau, Frankfurt" verfaßt.

Dekor eines Porzellantellers der Loge Braunfels, Museum Hanau

Sonne zu, daß Licht und Wärme die edlen Keime fördern.
So soll auch die Erziehung der Kinder sorgfältig darauf bedacht sein, die Eigenarten derselben zu beobachten und sie je nach ihrer Art zu hemmen oder zu fördern. Denn für das Glück ihrer Zukunft ist nicht nur eine Anzahl von Kenntnissen, nicht nur die Beherrschung äußerer Formen, nicht allein die Verstandestätigkeit maßgebend, sondern auch die Ausbildung der Gaben des Gemüts und vor allem der Kraft des Willens anderen und sich selbst gegenüber.

Die Menschen sind ein geselliges Geschlecht, auf den Verkehr untereinander von Natur aus angewiesen. Sie müssen lernen, ihren Willen oftmals unterzuordnen, sich gütig und zuverlässig zu erweisen, damit sie Gegenliebe und Vertrauen erwecken und sich erhalten. Das lernt der Mann, wenn die Erziehung versagt hat, im Getriebe der Welt.

Aber der Frau, die im engeren Rahmen der Häuslichkeit heranwächst und später den Segen einer solchen begründen und erhalten soll, wird nur schwer Gelegenheit sich bieten, durch Erfahrung das zu ergänzen, was die Lehre und die Erziehung ihr nicht überlieferte oder ein glückliches Geschick ihr von selbst als Geschenk mitgab. Derart die Kinder zu überwachen und ihre natürlichen Gaben zu ihrem Besten auszubilden, ist eine schwere Aufgabe für die Eltern. Die Lösung ist bedingt durch das Bewußtsein der eigenen Verantwortlichkeit und durch harmonisches, auf gegenseitiges Vertrauen gegründetes Zusammensein der Eltern.

Frauenbewegung im 19. Jahrhundert
-> S. 73

Mein ältester Schwager, Franz, ist sehr frühe aus dem Elternhaus geschieden. Er besuchte eine Schule in Mainz, dann das Polytechnikum in Karlsruhe, kam später als Maschinenbauer nach Berlin und nahm dann seinen Aufenthalt in New York, wo er in einer größeren Maschinenfabrik, die hauptsächlich Pumpwerke baut, sich mit Fleiß und Ausdauer eine erste Ingenieurstelle erwarb. Er verheiratete sich dort mit einer Deutsch-Amerikanerin, Hedwig Henning. Seine zwei Söhne, Harry und Rudolf, haben sich drüben inzwischen gleichfalls einen eigenen Hausstand gegründet. Die

Frauenbewegung im 19. Jahrhundert

Der Zug der Pariserinnen nach Versailles, um den "Bäcker und die Bäckerin" nach Paris zu holen, kennzeichnet den denkwürdigen Beginn der Frauenbewegung. Die erfolgreichen Kämpfe der Amazonenheere führen 1789 zur Petition der Französinnen an die Nationalversammlung, in der sie politische Gleichberechtigung und wirtschaftliche Betätigungsfreiheit fordern, und zur "Erklärung der Rechte der Frau und Bürgerin" durch Olympe de Gouges. Im Gegensatz zur Militanz der französischen Geschlechtsgenossinnen ist die Frauenbewegung im Deutschland des Vormärz eher gekennzeichnet von einer "Emanzipation des Herzens", wie Clara Zetkin formuliert. Die Zeitereignisse von 1848 und 1849 ändern an dieser Einstellung wenig. So bezeichnet Zetkin die Vorkämpferin der deutschen Frauen, Louise Otto Peters, als "Lerche der deutschen Frauenbewegung", die "einzig und allein mit ihrer Feder focht und ohne Dolche und Pistolen im Gürtel auftrat". Das soziale Mitgefühl überwiegt über der Notwendigkeit der Solidarität mit den proletarischen Massen im Kampf gegen das kapitalistische System. Daß ihre Bewegung eher romantische Ziele verfolgt, wird sowohl im appellativen Charakter ihrer "Adresse eines Mädchens", die am 20. Mai 1848 in der Leipziger Arbeiterzeitung veröffentlicht wird, als auch im Leitsatz der von ihr gegründeten Frauenzeitung "Dem Reich der Freiheit werb Ich Bürgerinnen" deutlich. Auch die Anfänge der proletarischen Frauenbewegung sind von solchen Widersprüchen gekennzeichnet. Marx' und Engels' Analyse ("die Bourgeoisie hat dem Familienverhältnis seinen rührend-sentimentalen Schleier abgerissen und es auf ein reines Geldverhältnis zurückgeführt" - Kommunistischen Manifest) löst auf den ersten Konferenzen der Sozialistischen Internationale (1884, 1885 und 1886) heftige Konfrontationen aus. Während Proudhonisten und Bakunisten auf dem Treffen in Genf im September 1866 die Meinung vertreten, "daß die Frau als Priesterin der heiligen Flamme ihren Wirkungskreis im Heim habe" und daß der Kongress die Frauenarbeit in physischer, moralischer und sozialer Beziehung als Prinzip der Entartung verdammen und der Frau ihren Platz in der Familie als Erzieherin der Kinder zuweisen möge, unterbreitet die britische Delegation eine Denkschrift, die diese Argumentation als rückständige Vorurteile und als Konkurrenzfurcht geißelt und die statt des Verbots der Frauenarbeit deren gesetzlichen Schutz fordert.

Die Hanauerinnen der damaligen Zeit unterscheiden sich nicht vom allgemeinen Trend. Vornehmlich treten sie mit typisch weiblichen Tätigkeiten in die politische Öffentlichkeit: auf einer Abbildung von der "Fahnenweihe des 21. Bürgerbataillons zu Hanau am 5. April 1831 in der Johanniskirche" steht im Vordergrund eine "Deputation der Frauen und Jungfrauen, welche die Fahne gestickt", und auch 1848 bildet sich ein Komitee, das Beiträge zum Sticken der Bundesfahne des Deutschen Turnerbundes sammelt.

Traditionell femininen Aufgaben widmen sich ebenfalls die beiden Hanauer Frauenvereine. Der ältere betreibt Krankenpflege und beaufsichtigt elternlose Kinder in einer Kleinkinder-Bewahranstalt, der jüngere ist ein "Freier Verein zur Unterstützung der Armen, zur Beförderung geistiger und körperlicher Wohlfahrt derselben". Erst ab 1891 gibt es einen "Arbeiterinnenverein für Hanau und Umgebung". Die von Clara Zetkin herausgegebene Zeitschrift "Die Gleichheit" veröffentlicht regelmäßig Meldungen über diesen Verein und seine Aktivitäten.

Familien leben in geordneten Verhältnissen. Franz hat sich seinen Weg durch eigene Tüchtigkeit gebahnt.

Nicht so gerade verlief die Entwicklung von Rudolf Nickel. Trotz guter Begabung trug er nicht den Halt in sich, den das Leben vom Manne fordert. Er war zu sehr verwöhnt worden und zu schlaff, eine Gegenwirkung aus sich heraus zu bilden. Mein Bruder mußte die Association mit ihm in Cartagena aufgeben. Durch seine Verheiratung mit Marie Nicolay befestigte sich seine wirtschaftliche Position. Er ist als Kassierer in der Nicolayschen Brauerei tätig, ein Posten, der seinen Fähigkeiten kaum entspricht, ihm aber genügt und ihm ermöglicht, seine fünfköpfige Kinderschar großzuziehen, wobei das Einkommen aus dem Vermögen seiner Frau allerdings sehr mithilft.

Nicolaysche Brauerei -> S. 75

Ich gedenke noch der lieben alten Großmutter meiner Frau, deren Patenkind sie war, Marie Nickel geb. Beck. Früh verwitwet, lebte sie ruhig im oberen Stock des Hauses mit einer alten Dienerin und deren Tochter, immer freundlich und gütig, einfach und in sich selbst zurückgezogen, erreichte sie ein hohes Alter, das von der Anhänglichkeit ihrer Kinder und Enkel erhellt war.
Die Großmutter Kayser, die nach der Verheiratung ihrer Tochter nach Hanau gezogen war, gleichfalls verwitwet, habe ich seltener gesehen und kaum genügend würdigen gelernt. Sie hatte ernste Erfahrungen hinter sich, lebte in zweiter Ehe getrennt von ihrem Manne, Major Kayser (gestorben in Neuwied) und hatte eine größere Anzahl Kinder im frühesten Alter verloren. Sehr musikalisch, literarisch unterrichtet, machte sie den Eindruck einer feinen, aber recht kritisch veranlagten Dame. Ihre Eltern Leuckhard hatten in Ostheim bei Aschaffenburg ein Gut besessen. Sie nahm aber später ihren Witwensitz in Hanau.

Zu Anfang unserer Ehe lebte noch kurze Zeit meine Schwester Julie und mein Bruder Ludwig in meinem von mir bei Ableben meiner Mutter übernommen Hause am Altstätter Markt, und wir führten einen gemeinsamen Haushalt. Als sich Julie verheiratet hatte und

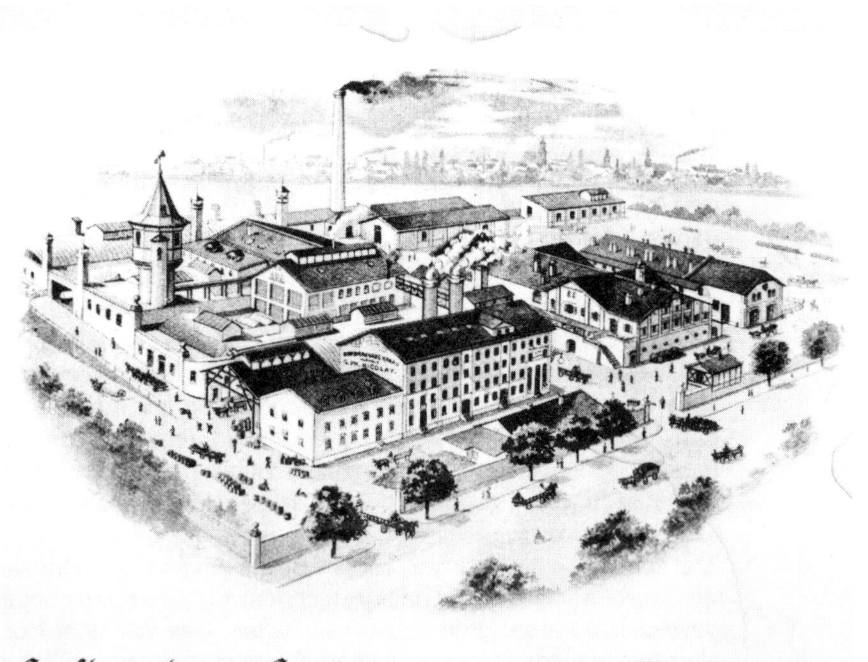

Hofbrauhaus Hanau, vorm. G. Ph. Nicolay, Akt.-Ges.

Abb. Museum Hanau

1846 gründete der Bierbrauer Georg Philpp Nicolay eine Brauerei im Gasthaus Goldener Schwan, [Hanauer] Vorstadt 23. Bald reichten die Räumlichkeiten nicht mehr aus, es wurde zunächst ein Anwesen in der Nürnberger Straße, Gasthof Schützenhof, erworben und 1873 dann das Brauereigelände am Auheimer Weg, gegenüber von Brünings lithographischer Anstalt.
1883 wurde der Brauereibesitzer vom Landgrafen in Schloß Philippsruhe zum Hoflieferanten ernannt.
1889 übernahmen die Söhne des Gründers Jean und Martin Nicolay das Unternehmen und wandelten es in eine Aktiengesellschaft mit einem Grundkapital von 1.800.000 Mark um.
1912 wurde die Brauerei von Karl Beck und 1923 die von H. L. Kaiser übernommen, 1925/26 ein neues Sudhaus gebaut und die Brauereieinrichtungen auf den technischen Stand ihrer Zeit gebracht.

Seit den 1960er Jahren war Nicolay im Besitz der Frankfurter Brauerei Binding, die einige Jahre in Hanau Bier braute.
1979/80 wurden die leerstehenden Gebäude abgerissen. Im Februar 1980 fiel einer der letzten Hanauer Fabrikschlote.

Ludwig in die Fremde ging, lag Marc bereits in der Wiege und rasch folgten seine Geschwister.
Meine Frau hatte eine wachsende Arbeitslast auf sich zu nehmen und rüstig und rastlos ist die tätig gewesen. Wir hatten das Glück, daß sämtliche Kinder gesund und kräftig aufwuchsen.
Trotz der Anforderungen, die eine siebenköpfige Kinderschar an Mutter und Hausfrau stellte, pflegten wir doch einen recht lebhaften Verkehr. Verwandte und Freunde kamen öfters zu uns. Mit einigen gleichaltrigen jungen Ehepaaren kamen wir wöchentlich einmal zu einem einfachen Abendessen zusammen. Karl und Emil Brand, Karl Deines, Julius Steinhäuser, Emil Hofmann, Jacob Fritz und ihre Frauen bildeten dies sogenannte Kränzchen. Leider starb die erste Frau Karl Brands, Pauline geb. März, frühe; sie war uns eine sehr liebe Freundin.
Erst später, als die "Spitzen" bei uns Besuch machten, verkehrten wir im größeren Kreis und gaben, nachdem auch die Kinder herangewachsen waren, größere Gesellschaften. Das war aber doch alles erst, nachdem wir aus meinem Elternhaus in das von mir im Jahre 1879/80 errichtete neue Anwesen Hainstraße 25 eingezogen waren.

Marie Sidonie Canthal

Geschäftliche Tätigkeit

Gründerjahre - Gründerkrach -> S. 79

Die Gründung eines eigenen Hausstandes brachte es naturgemäß mit sich, daß ich mich dem Erwerbsleben in erhöhtem Maße widmete. Ein besonderer Umstand hatte allerdings schon vorher mir dies als besondere Pflicht auferlegt. Kurz nach dem siebziger Krieg hatte sich in Deutschland eine wilde Spekulation eingestellt, die im Jahre 1875 mit dem sogenannten großen Krach zum traurigen Abschluß kam. Namentlich im Rheinland entwickelte sich der wachgerufene Unternehmensgeist zu einem ungesunden Spiel mit industriellen Börsenwerten.
Durch meinen Schwager Herzfeld kam ich mit rheinischen Finanzleuten in Beziehung und wurde zu mehreren spekulativen Anschaffungen veranlaßt, zu welchem Zwecke mir der Schaffhausensche Bankverein in Köln ein Konto und Kredit eröffnete. Meine Gewinne waren nicht erheblich gewesen, als der Rückgang der Kurse einsetzte. Ich erkannte rasch die Gefahr und löste meine Engagements, wobei ich eine für meine Verhältnisse sehr erhebliche Einbuße erlitten habe.
Es war eine sorgenvolle Zeit und ein harter Schlag, aber auch eine gute Lehre für mein ganzes Leben. Ich habe mich von da an von allen rein spekulativen Unternehmungen ferngehalten. Mein Schwager, der weit stärker engagiert war und sich nicht rechtzeitig zurückziehen konnte, verlor damals sein ganzes Vermögen sowie das meiner Schwester.

Mein Betrieb hatte sich inzwischen vergrößert, das Einkommen vermehrte sich und gestattete mir jährlich angemessene Rücklagen. Am 1. 11. 1882 vereinigte ich die Firma K. Spatz Söhne, Hanau, eine alte Konkurrenzfirma von etwa dem gleichen Umfang wie der eigene Betrieb, mit letzerer und, um die geschäftliche Ausdehnung weiter zu fördern, am 15. 10. 1892 ebenso diese ansehnliche Konkurrenzfirma B. Teubner, Hanau. Schließlich übernahm ich am 1. 12. 1904 die Frankfurter Liqueurfabrik von C. G. Gossi, deren Leitung ich Marc übertrug. Nachdem am 1. 10. 1899 die Spiritus-

Gründerzeit
Gründerkrach

Die Gründerzeit ist eigentlich nur die kurze Zeitspanne von der Kaiserproklamation am 18. Januar 1871 bis zum Wiener Börsenkrach am 9. Mai 1873.
Im Versailler Frieden mußte Frankreich die wirtschaftlich interessanten Gebiet Elsaß und Lothringen an das Deutsche Reich abtreten und in drei Jahren 5 Milliarden Goldfranc zahlen.
Diese Frankreich diktierten Friedensbedingungen wurden eine Quelle für den französischen Revanchismus und, wie Marx voraussagte, Ausgangspunkt eines künftigen Weltkonflikts.
Die relativ späte Entstehung eines deutschen Nationalstaates, d.h. eines geschlossenen Wirtschaftsgebietes und Binnenmarktes, förderte nachhaltig die wirtschaftliche Entwicklung. Verkehrs- Verwertungs- und Rechtsbedingungen konnten einheitlich geregelt werden.
Bis zur Reichsgründung war die erste Phase der industriellen Revolution abgeschlossen. Der Erz- und Kohlebergbau, Eisenwerke und Maschinenfabriken waren in Verbindung mit dem Ausbau der Verkehrssysteme von Eisenbahn und Schiffahrt die Wegbereiter der Industrialisierung.
Neue Betriebsformen - die Aktiengesellschaft - wurden gegründet, in erster Linie im Montanbereich, dem Bau- und Kreditwesen.
Die französischen Reparationszahlungen flossen über die Entschuldung des Fiskus und öffentliche Aufträge in die Wirtschaft; die zusätzliche Liquidität löste einen Boom, die Gründerzeit, aus. Innerhalb von vier Jahren stiegen die Steinkohleförderung um 35%, die Roheisenproduktion um 60%. Viele neue Unternehmungen in der Schwerindustrie, dem Eisenbahn- und Kreditwesen und vor allem in der städtischen Baulanderschließung, die Terraingesellschaften, wurden als Aktiengesellschaften gegründet. Das Aktienkapital stieg von 1869 bis 1873 von 500 Millionen auf über eine Milliarde Mark, die Kurse um über 50 %.

Jeder, der etwas Geld hatte, wollte am Aufschwung beteiligt sein; die Spekulation blühte. Im Oktober 1873 kam es an den Börsen zur Panik, zu einem plötzlichen Kursverfall, der Gründerkrach war da.
Viele kleine Bürger hatten ihr Geld verloren, Betriebe mit veralteten Produktionsmethoden mußten in der nun folgenden über sechsjährigen Wirtschaftskrise bis 1879 Konkurs anmelden.
Die Gründerzeit gab auch dem gleichnamigem Stil für Mobiliar und Architektur den Begriff. Schwer und ausladend, geradezu überladen wirkten die Kreationen.

Spirituszentrale
-> S. 92

zentrale in Berlin errichtet worden war und der Vertrieb von Brenn- und technischem Spiritus durch diese nahezu monopolisiert wurde, ist der Verkauf dieses Artikels, dem ich schon vorher meine Aufmerksamkeit zugewendet hatte, mir in Verbindung mit der Firma H. & A. Heinemann in Frankfurt für das große dortige Absatzgebiet übertragen worden.
Das hatte leider heftige Angriffe zur Folge, was ich an anderer Stelle noch schildern werde. Und schließlich errichtete ich 1897 eine Obst- und Cognacbrennerei. Mein Betrieb hatte sich dadurch nach und nach zu einem der bedeutendsten der Branche in Südwestdeutschland entwickelt.

Um die Herstellung von Cognac im Stammland desselben kennenzulernen, reiste ich um diese Zeit auf einige Wochen in die Charente. Ich stand mit der Firma E. Auger & Fils, Montmoreau, in Verbindung, deren Inhaber mich wiederholt besucht und zu sich eingeladen hatte. Diese Reise war für mich sehr lehrreich.

Mein Gastgeber ließ mich allerdings kaum aus dem Auge, um meine Annäherung an andere dortige Wein- oder Cognachändler zu verhindern. Aber ich gewann doch durch ihn guten Einblick in die Art des Betriebes der Weinbrennerei in der Charente und über die Verwendungsfähigkeit und die Klassifikation der für sie in Betracht kommenden Weine.

Den Brennprozeß und die Aromatisierung lernte ich an Ort und Stelle kennen. Außerdem wurden mir die großen Lagereinrichtungen der alten und renommierten Firma Henessy und Martell gezeigt. Auf einer Ausstellung in Bordeaux schaffte ich einen eben preisgekrönten Brennapparat an.
Die Verheerung, die die Reblaus in dem französischen Weingebiet bewirkt hatte, war noch sichtbar, Neuanpflanzungen mit Hilfe amerikanischer Rebstöcke im Entstehen. Die Ursache, die eine Verschlechterung so vieler französischer Marken infolge der Verschnitte der Weinbrände mit Industriesprit herbeigeführt hatte, war klar ersichtlich. Der Weinbau brachte kleinere Ergebnisse, die

Gerhardt Hentrich München
Canthal "1823"
Canthal gegr. 1823 Weinbrennerei Hanau a. M.
CANTHAL „1823"
M. Canthal Wwe Weinbreñerei
GEGR. 1823
Hanau Main

DEUTSCHES ERZEUGNIS
Schutz- Marke
CANTHAL
BITTER
SEIT
1823
M. CANTHAL Wwe HANAU A. M.

DEUTSCHES ERZEUGNIS
Burgunder=
Punsch=Essenz
M. Canthal Wwe. A. G.
Hanau am Main

Kultur der Weinberge war teurer geworden. Die Traube, die früher ohne Stock gezogen worden war, mußte aufgebunden werden. Die Reblaus habe Frankreich weit größeren Schaden zugefügt wie die Preußen im Jahre 1870, erklärte Her Auger.

In seinem Hause hatte ich gute Aufnahme gefunden und Einblick in das Milieu eines bürgerlichen französischen Haushaltes erlangt. Nun machte ich noch einen Ausflug mit ihm auf seine Besitzung auf der Insel Ré. Die Einrichtungen modernen Komforts scheinen in der Provinz noch vielfach zu fehlen, man lebte einfacher wie bei uns, legte aber mehr Wert wie wir auf Speise und Trank, die sehr gut und billig zu haben waren.
Der Franzose ist Feinschmecker, der Deutsche greift nach großen Portionen. Mit vielem Interesse besah ich mir auf der Hinreise die alte Hugenottenfeste Rochefort. Knüpfen sich doch Beziehungen geistiger Art an die Glaubenskämpfe, die dort mit der Unterdrükkung der Reformation endeten, zu den Refugiés, die Hanaus Entwicklung auf das günstigste beeinflußt haben.

Glaubensflüchtling in Hanau -> S. 83

Bordeaux fand ich außerordentlich ruhig im Vergleich mit dem Hafenverkehr von Hamburg und Bremen, ein Städtebild von einfacher, aber gesättigter Behaglichkeit, kein Vergleich zu der rastlosen Betriebsamkeit unserer Gewerbe- und Handelsmetropolen.

Die Einführung deutschen Cognacs stieß in Deutschland auf große Schwierigkeiten. Das bessere Publikum zog die französischen Marken vor. Die abgelagerten, aus geeigneten Weinen nach alten Erfahrungen hergestellten Cognacs ließen sich durch die junge deutsche Produktion nicht ersetzen. Geringere Sorten, durch Verschnitte mit Sprit hergestellt, eröffnete zwar ein großes Absatzgebiet, gab aber kleinen Nutzen. Ich suchte daher weniger mit fertigen Cognacs den Kleinhändler zum Kunden zu gewinnen, als mit einem Halbfabrikat, dem Weindestillat, Abnehmer bei dem Großdestillateur zu finden.

Trinkgewohnheiten -> S. 96

Mit vieler Mühe und unter Einsetzung persönlicher Reisetätigkeit gelang es mir, als einer der ersten nach und nach in Norddeutsch-

Wallonisch-Niederländische Gemeinde Glaubensflüchtlinge in Hanau

"Der Gerechte wird grünen wie ein Palmbaum" lautet der Wappenspruch der Wallonisch-Niederländischen Gemeinde in Hanau. Er ist zugleich als Credo der Glaubensflüchtlinge zu verstehen, die im 16. Jahrhundert ihre Heimat in den "spanischen" (das heißt katholisch gewordenen) Niederlanden verlassen mußten. Verfolgt und gebrandmarkt von einem Edikt Kaiser Karls V. während des Reichstages in Worms 1521, ging die Odyssee der calvinistisch-reformierten Protestanten über England und Dänemark bis in die Freie Reichsstadt Frankfurt. Doch kaum hatten sie sich am Main etabliert, machten die Frankfurter den "ausländischen Bürgern" das Recht auf freie Religionsausübung streitig, verboten ihnen christliche Zusammenkünfte und schlossen sie von öffentlichen Ämtern aus. In Graf Philipp Ludwig von Hanau-Münzenberg fanden die Asylsuchenden einen Landesherren, der ihnen als Gemahl von Catharina Belgica, der Tochter des Niederländischen Edlen Wilhelm von Oranien, glaubensmäßig verbunden war. Er schloß mit den Emigranten am 1. Juni 1597 einen Vertrag, die sogenannte "Capitulation", in der die Gründung einer neuen Stadt neben der Altstadt Hanau mit vielen Freiheiten und Privilegien vereinbart wurde. In einem Transfix (Ergänzungsvertrag von 1601) wurde das Verhältnis der Bürgergemeinden dauerhaft geordnet und die Zuflucht Hanau zur bleibenden Heimstatt erklärt. Mit der "Capitulation" erfolgte zugleich die Grundsteinlegung für das erste Haus der Neustadt, es trug bezeichnenderweise den Namen "Zum Paradies". Zwischen 1600 und 1608 wurde eine große Doppelkirche erbaut, deren riesige Dächer die Stadt überragten, rasterförmig entstanden die Straßen um drei Plätze. Der Zuzug der Niederländer und Wallonen belebte alsbald das wirtschaftliche Leben, das Schmuckgewerbe expandierte, es entstanden Tabak- und Seidenmanufakturen.

Die Wallonisch-Niederländische Gemeinde besteht noch heute in Hanau. Ihr Wahrzeichen sank am 19. März 1945 mit der gesamten Innenstadt in Schutt und Asche. Als Mahnmal gegen Krieg und Zerstörung ließen die Gläubigen den wallonischen Komplex als Ruine stehen und bauten 1960 den niederländischen Teil als gemeinsames Gotteshaus wieder auf. In Verbindung mit ihrem 390. Gründungstag eröffnete die Gemeinde im Inneren der verbliebenen Ruine ein Diakoniezentrum, das durch die Stiftung von Kathinka Platzhoff finanziert werden konnte. Die Gemeinde, die nicht von Kirchensteuern existiert, sondern aus freiwilligen Beiträgen ihrer Mitglieder, zählt heute 1350 Gläubige.

Abb. Blick in die wallonische Kirche,
Museum Hanau

land Absatz zu finden, worin mich mein Berliner Vertreter Louis Lebret kräftig unterstützte.

Weltausstellung Paris 1900
-> S. 85

Bei der Weltausstellung 1900 zu Paris fanden meine Destillate eine sehr erwünschte Anerkennung. Ich hatte Produkte aus deutschen, italienischen und französischen Weinen ausgestellt und als Weindestillat, nicht als Cognac, bezeichnet. Man zeichnete sie mit der goldenen Medaille aus, ein Erfolg, der bei der Stellung der französischen Cognacindustrie unseren Versuchen gegenüber sehr beachtenswert war.
Es bestand u. a. auch scharfe Verschiedenheit der Auffassungen über die Berechtigung, die Bezeichnung Cognac auf andere Getränke anzuwenden als solche, die aus Charenteweinen in er Charente hergestellt seien. Die deutsche Meinung war die, daß das betreffende Wort zu einem Gattungsnamen geworden sei, der mit dem Ort der Herstellung nichts mehr zu tun habe.
Die französischen Preisrichter entzogen aber den deutschen Ausstellern später alle Medaillen, die anfänglich für Cognac ihnen zuerkannt worden waren, da sie eine falsche Bezeichnung sich angeeignet hätten. Auf mich traf dies nicht zu. Es freute mich sehr, außerdem für die von mir ausgestellten Kirsch- und Zwetschenwasser die silberne Medaille zu erhalten.

Immerhin blieb die Brennerei nur ein Zweig meines Betriebs, während das alte Provinzgeschäft mit Trinkbranntweinen, zu denen u. a. auch die Herstellung von Nordhäuser Korn gekommen war, nach wie vor die Grundlage bildete und der Großvertrieb von technischem Spiritus getrennt davon unter der Firma "Verkaufskontor Frankfurt a. M. der Spirituszentrale" erfolgte.

Hier will ich der treuen Beihilfe erwähnen, die mir vierzig Jahre lang durch meinen Prokuristen Ernst Hartenbach in Hanau geleistet worden ist. Seine Zuverlässigkeit und Pflichttreue haben an dem Aufstieg meiner Firma in anzuerkennender Weise mitgewirkt und es mir außerdem ermöglicht, neben der Arbeitsleistung, die die Leitung des Geschäftes von mir erheischte, ein gutes Teil meiner Kraft und Zeit dem öffentlichen Dienst zu widmen.

Weltausstellungen im 19. Jahrhundert

Gewerbeausstellungen, Landwirtschaftsschauen, Industrieausstellungen verbunden mit Funktionfähigkeitsvorführungen und Leistungswettbewerben ausgestellter Objekte waren beliebte Einrichtungen des 19. Jahrhunderts. Massenhaft strömten die Besucher von nah und fern zu diesen Veranstaltungen. Die insgesamt 10 Weltausstellungen von 1851 bis 1900 waren die Spitze dieses Ausstellungswesens, der "Feste des Fortschritts".

"Weltausstellungen sind Wallfahrtsstätten zum Fetisch Ware" schrieb Walter Benjamin in seinen Gedanken über "Paris, Hauptstadt des 19.Jahrhunderts". Mit der Industrialisierung begann die Entwicklung der Ware als Masse für die Massen. Diese Weltausstellungen waren Schau-Ausstellungen, auf denen Gegenstände gezeigt wurden und von internationalen Preisgericht beurteilt werden konnten. Verkauft wurde in der Regel nicht. Weltausstellungen dienten der Information und waren Mittel wirtschaftlichen Wettstreits von Nationen und ihrer Selbstdarstellung. Nach dem Merkantilismus des 18. Jahrhunderts propagierte England als erste Industrienation den Freihandel, den Austausch von Gütern zwischen den Nationen ohne Zollschranken. Aus einer privaten Initiative entstand 1851 die erste Weltausstellung in London. Die neue Architektur aus Eisen und Stahl, der Kristallpalast, prägte diese Ausstellung. Landwirtschaftliche Geräte und industrielle Maschinen unterstrichen die Vorrangstellung Englands. 1855 war in Paris der Industrie eine eigene Halle gewidmet, in der täglich sämtliche ausgestellten Maschinen in Funktion zu sehen waren. Frankreichs Position als Industriemacht Nummer 2 sollte dokumentiert werden. 1862 erfolgte die Weltausstellung wieder in London und 1867 wieder in Paris. Zum ersten Mal waren die Ausstellungshallen auch nachts geöffnet und die Besucher konnten im gleißenden Licht der elektrischen Bogenlampen wandeln. 1873 folgte Wien in der alten Welt.

Zur Hundertjahrfeier der Unabhängikeitserklärung der Vereinigten Staaten fand die Weltausstellung 1876 in Philadelphia statt. Die stürmische industrielle Entwicklung Nordamerikas in der zweiten Hälfte des 19. Jahrhunderts rückte die Staaten in die Reihe der Industrienationen. 1878 und 1889 zur Hundertjahrfeier der französichen Revolution fanden die Weltausstellungen in Paris statt. Als Dokument der französischen Ingenieurbaukunst ist heute noch der Eiffelturm als Pariser Wahrzeichen bekannt.

Zur 400-Jahrfeier der modernen Entdeckung Amerikas von Europa aus richtete Chicago - allerdings ein Jahr später, 1893 - die Weltausstellung aus.

1900 war wieder Paris Ausstellungsort. Das Grand und das Petit Palais sowie die Pont Alexandre III. sind Zeugnisse opulenter Prunkbauten der Belle Epoque. Weltausstellungen waren ein Produkt der Industrialisierung. Technische und industrielle Neuerungen, Handwerksprodukte, die Darstellung von Wissenschaft, Bildung, Kunst und Sozialpolitik wurden wichtige Bestandteile der Ausstellungen. Ab 1900 verloren die Weltausstellungen für viele Jahre an Bedeutung.

Literaturhinweis: Weltausstellungen im 19. Jahrhundert, München 1973

Während meiner Geschäfts- und Erholungsreisen konnte ich ihm allezeit ruhig meine Vertretung überlassen. Treu hat er insbesondere auch zu der Zeit zu mir gestanden, als während meiner Reise nach New York heftige persönliche, meine Ehre berührende Angriffe hiesiger Konkurrenten sich gegen mich richteten, und eifrig hat er das Material gesammelt, diese zu entkräften.

Er war als ganz junger Mann, eben aus der Lehre entlassen, im Jahre 1875, als Reisender bei mir eingetreten und hat somit die ganze Entwicklung des Betriebs bis kurz vor meinem Ausscheiden aus demselben miterlebt, sich dabei gute Branchekenntnisse erworben und gute Initiative gezeigt. Allerdings stellte sich, wie oft bei alten und erfolgreichen Mitarbeitern, mit der Zeit eine gewisse Selbständigkeit ein, eine Art Übereifer, der Schonung erforderte.

Auch der fleißigen Unterstützung meines Sohnes Marc gedenke ich gerne. Ich hatte ihm bei Übernahme des Cossischen Betriebes Prokura erteilt und ihn später, am 15. 9. 1909, zum Teilhaber aufgenommen. Er leitete den Betrieb in Frankfurt, wohin er mit Familie übersiedelte. Dann, nachdem dies Geschäft nach Hanau verlegt und die Leitung des alten Geschäftes mit dieser vereinigt wurde, überließ ich ihm nach und nach die Leitung des Geschäftes, und so ergab sich etwa zwei Jahre lang bis zum Ausbruch des Krieges für mich eine erhebliche Erleichterung. Aber als er zur Fahne gerufen wurde, lag es mir wieder ob, meine Tätigkeit in erhöhtem Maße dem Geschäft zu widmen, das anfänglich kurze Zeit zwar fast ruhte, dann aber um so lebhafter sich entwickelte.

Es kam eine aufregende und anstrengende Zeit. Verordnungen über Verordnungen erschwerten dem auf seine kaufmännische Ehre bedachten Gewerbetreibenden namentlich in der Nahrungs- und Genußmittelbranche die volle Bewegungsfreiheit. Kriegsgewinner fielen unter die Wuchergesetze, übermäßiger Nutzen war jeder Gewinne, der über den ziffernmäßigen Friedensnutzen stieg, ohne Rücksicht auf die erhöhte Preisgestaltung und das vermehrte Risiko; er stand unter Strafe.

Starknervige Leute nutzten um so mehr diese Konjunktur aus, je zurückhaltender diejenigen waren, die Ehre und Ruf nicht aufs Spiel setzen wollten und es nicht über sich brachten, Hintertreppen zu benutzen. Trotzdem ich eine übertriebene Vorsicht an den Tag legte, und wohl zu ängstlich, gelang es mir doch, während der drei bis vier ersten Kriegsjahre gute Resultate zu erzielen.

Trinkbranntweinmonopol
-> S. 93

Ich errichtete damals u. a. mit einigen befreundeten Firmen der Branche eine Vertriebsgesellschaft m. b. H. in Danzig mit einer Betriebsstätte in Kowno zur Ausführung eines sehr großen Auftrages, der uns von der Spirituszentrale Berlin erteilt worden war und guten Nutzen abwarf. Dann kam die Unsicherheit über die Zukunft der Branche infolge der Vorbereitung zum Trinkbranntwein-Monopol und der endgültigen Einführung desselben.

Marc war anfänglich lange unentschlossen, ob er den verbleibenden Teil: die Brennerei und das Brennspiritusgeschäft (alles andere fiel in den Rahmen des Reichsmonopols) weiterführen und seine künftige Existenz darauf gründen und neu aufbauen sollte. Es lag, später noch verschärft durch den unglücklichen Ausgang des Krieges und die inneren Wirren, alles im grauen Nebel. Als er sich entschloß, an der alten Firma festzuhalten, übergab ich ihm dieselbe und schied am 1. 12. 1918 nach 55jähriger Tätigkeit aus. Ich war müde geworden.

Wenn ich zusammenfassend auf die Ergebnisse meiner kaufmännischen Betätigung zurückblicke, so kann ich wohl sagen, daß es mir gelungen ist, das kleine, von meinem Vater ererbte Geschäft zu einer ansehnlichen Entwicklung zu bringen sowohl in bezug auf das finanzielle Resultat als auch auf das kommerzielle Ansehen der Firma im engeren Bezirk wie auch in der gesamten Branche.
Der jährliche Ertrag hatte sich gesteigert derart, daß ich die wachsenden Ausgaben meines großen Haushaltes und die Ausstattung meiner Kinder ohne weiteres tragen und dabei Rücklagen machen konnte, die meiner Frau und mir eine sichere und angemessene Rente für unser Lebensalter gewährten, namentlich wenn ich dabei die Tantiemenbezüge aus meinen Aufsichtsratsstellen und die

zehnjährige Abfindungsrente der Monopolverwaltung in Betracht zog.

Die großen Vermögensabgaben, die hohen, immer mehr anwachsenden Steuern, der sinkende Wert des Geldes haben in unerwarteter Weise schon nach Jahresfrist diese Annahme recht geschwächt, aber bisher noch keine Veranlassung zu beunruhigenden Zukunftssorgen gegeben.
Wir werden, wie bereits viele um uns her und wie nach und nach die große Mehrzahl des Volkes, das leider zu einem ansehnlichen Teil eben noch in einen Taumel des Genusses und im Traume über seine wirkliche Lage lebt, zu einer einfacheren Lebenshaltung zurückkehren müssen, wie wir sie in der Zeit unserer Jugendjahre unbeschadet unserem Glücksempfinden geübt haben.

Das Ansehen meiner Firma beruhte aber nicht ausschließlich auf ihrem Umfang oder ihren Erträgen, sondern auch auf meiner Betätigung auf manchem anderen Gebiete. Ich war Mitglied des Aufsichtsrates von drei hiesigen Aktienunternehmungen: Vorsitzender des Aufsichtsrates der Hofbrauhaus Hanau A.-G. vorm. G. Ph. Nicolay, stellvertretender und später Vorsitzender des Aufsichtsrates der bedeutenden Holzfirma J. Brüning & Sohn in Langendiebach, später in Berlin, stellvertretender Vorsitzender der Hanauer Kleinbahn A.-G. in Berlin und dadurch auf verschiedensten gewerblichen Gebieten orientiert.

Nicolay Brauerei -> S. 75
J. Brüning & Sohn -> S. 90
Hanauer Kleinbahn AG -> S. 91

Als Vorsitzender der von mir ins Leben gerufenen Vereinigung deutscher Spiritusinteressenten nahm ich eine führende Stellung in der Branche ein. Ich leitete ferner den gleichfalls von mir gegründeten Verband Südwestdeutscher Edelbranntweinbrennereien und hatte im Vorstand des Verbandes deutscher Cognacbrennereien Sitz und Stimme. Dazu kamen die ehrenamtlichen Stellungen des Vorsitzenden der hiesigen Handelskammer und des Vorstehers der Stadtverordneten. Alles dies machte den Namen bekannt und wirkte günstig auf die geschäftliche Stellung.

Ich hebe diesen Zusammenhang ausdrücklich hervor. Die persönlichen Beziehungen, auch wenn sie außerhalb des eigentlichen Geschäftsbetriebes liegen, wirken auf diesen zurück. Sie bildeten ein wertvolles Kapital, das auch für die gewerbliche Entfaltung nutzbringend ist. Sie wirken nicht nur gesellschaftlich und geistig anregend, sondern führen auch zur Kenntnis von Vorgängen und zu Beziehungen, die sich oftmals befruchtend auf eine kaufmännische Behandlung erweisen.

Ich habe eigentlich sehr lange Zeit keine große Befriedigung an meinem Betriebe gefunden, die Branche war mir nicht sympathisch und namentlich anfänglich ebensowenig die Kundschaft und die Art, wie sie behandelt werden mußte. Erst nachdem ich die Firma in jahrelanger Anstrengung ausgedehnt hatte und sie mir eine gute Grundlage gab, sowohl meine wirtschaftliche Existenz zu sichern als auch meine persönliche Stellung zu heben und mein Wollen und Können außerhalb des Erwerbs zu betätigen und in den Dienst allgemeiner Interessen und idealerer Ziele zu stellen, erst dann fand ich mich dankbar zurecht mit dem, was mir ursprünglich in früher Jugend als Lebensarbeit gestellt war. Eines ergänzte das andere.
Auf die Berufsarbeit gründete sich die freie, dem inneren Drang entspringende Betätigung auf den vom Zwangs des Tages unberührten Gebieten. Man soll das Leben eines Menschen nicht im einzelnen erfassen, wenn man sich ein richtiges Urteil über denselben bilden will. Weder ist sein Wesen zur Zeit seiner Entwicklung, seiner Entfaltung, seines durch das Alter gegebenen Abstieges für sich zu nehmen, noch seine Willens- und Geistesäußerungen auf den einzelnen Gebieten seiner Betätigung; allein die Summe der einzelnen Ziffern ergibt den Wert oder Unwert der Persönlichkeit. Allerdings hat diese Betrachtungsweise zur Folge, daß die Nieten unter den Größen aufgehen. Der Nahestehende sieht erstere und oft mit besonderer Vorliebe, ohne der eigenen Schwächen zu gedenken, während sie dem Fernstehenden im Gesamtbild verlorengehen und es dadurch meistens eine zu günstige Beleuchtung gewinnt.

Johann Brüning & Sohn

*1852 gründeten Johannes Brüning und Konrad Traxel in Langendiebach eine Schreinerwerkstatt. Sie produzierten Zigarrenkistchen, die sie auf **Stoßkarren** selbst nach Hanau brachten und an die Zigarrenfabriken verkauften. 1859 wurde bereits ein neues kleines Fabrikgebäude errichtet. Die Inhaber trennten sich. C.A. Traxel gründete in Hanau einen eigenen Betrieb. Brüning produzierte zunächst in Diebach weiter, indem er seine Produktpalette um die Herstellung von Zigarrenwickelformen erweiterte. Der Sohn trat in das expandierende Unternehmen ein. Die aus einheimischen Hölzern wie Rotbuche, Erle und Pappeln gefertigten Kisten und Wickelformen fanden ihren Absatz vorwiegend in den Niederlanden.*

Zur Herstellung feiner *Zigarrenkistchen wurden nun Edelhölzer, z.B. Zedernholz, aus Mittel- und Südamerika verabeitet.*

Die im Tagelohn beschäftigten Arbeiter Brünings - Formenschneider, Fournierschnitzer, Kistennagler - verdienten um 1870, vor Gründung des Holzarbeiterverbandes, 14 - 15 Mark bei 12 stündiger Arbeitszeit.

Bis Ende der 1880er Jahre bezog Brüning seine Etiketten u.a. auch von Illert & Ewald in Großsteinheim. Ab 1889 begann Brüning in einer eigenen Abteilung, einen Teil der Etiketten selbst herzustellen mit zwei lithographischen Schnellpressen und Steindruckern. 1891 siedelte dieser Betriebszweig nach Hanau in den Auheimer Weg um. 1895 wurde ein Neubau auf dem Gelände erstellt, dessen Fassade noch heute einen Teil des Degussa-Betriebes in der Hanauer Hauptbahnhofstraße bildet.

Sowohl die Lithographische Kunstanstalt Heinrich und August Brüning als auch die Zigarrenkistchen- und Wickelformenfabrik Johann Brüning & Sohn dehnten sich aus, um die Jahrhundertwende wurden 600 Arbeiter beschäftigt. Zweigwerke wurden gegründet und die Umwandlung in eine Aktiengesellschaft fand statt.

1936 ging der Langendiebacher Betrieb an die Deutsche Bank, diese verkaufte das Gelände an den Militärfiskus, der darauf den noch bestehenden Flugplatz errichtete

Literaturhinweis: Chronik von Langendiebach Joh. Casp. Rasch. Handschriftliches Manuskript o.J., Anfang d. 20. Jhd.

Abb. Lithografische Anstalt Brüning, Museum Hanau

Hanauer Kleinbahn

Bis zum Jahr 1900 war der Bau des Eisenbahnnetzes im Deutschen Reich fast vollständig abgeschlossen. Das Reich oder die Länder hatten die Bahnen in ihr Eigentum übernommen - meist, weil die ursprünglich privaten Bahnen etwa um 1870 als nicht rentabel angesehen wurden, wobei sich aber im aufstrebenden Deutschen Reich schnell das Gegenteil herausstellte. Was fehlte, war ein engmaschiges Netz, für das es zwei Aufgaben gab: Erschließung von außenliegenden Industrieanlagen, z.B. Bergwerken, und zweitens eine Möglichkeit, die Pendler aus dem ländlichen Umland in die Industriezentren zu bringen, die bisher die Wege täglich in mehrstündigen Fußmärschen zurücklegen mußten, die die gerade errungene Arbeitszeitverkürzung wieder zunichte machten, oder in der Industriestadt eine Wohnung suchten, was aber in Hanau aus mehreren Gründen fast unmöglich war.

Deshalb entstand die Idee, das Umland mit Kleinbahnen zu erschließen. Durch den Biebergrund fuhr die Spessartbahn zu den Kupfer- und Silberminen und in das Gebiet nordöstlich von Hanau wurde eine Bahn in erster Linie für die Pendler geplant. Aber auch die Langendiebacher Zigarrenkistenfabrik Brüning brauchte eine bessere Verbindung für ihre Rohstoffe und Fertigerzeugnisse. Damit war die Linienführung weitgehend vorgegeben: Seit 1896 verlief ab Hanau-Nordbahnhof diese Bahn neben der Reichsbahnstrecke Hanau-Friedberg, bog dann etwa bei der Kirlesiedlung nach Osten ab nach Langendiebach; dort trennte sie sich in zwei Linien: eine führte Richtung Langenselbold und die andere über Ravolzhausen nach Hüttengesäß.

Die Kleinbahn wurde in der Rechtsform einer AG gegründet, die ihren Aktionären bis zum Aufkommen der Autos zufriedenstellende Dividenden abwarf. Im Geschäftsjahr 1912 z.B. gab es 5,5% Dividende.

Größere Sorgen hatte man mit "stillen Aktionären". So heißt es in einem Bericht des Hanauer Anzeigers vom 17.1.1914: "Die bei einem solchen Unternehmen selten fehlenden "stillen Aktionäre" waren mit der Zeit hier doch zu zahlreich und zu dreist geworden. Man zog unbefugt Gelder ein, benutzte die Bahn ohne Billet, oder fuhr 2. Klasse und bezahlte nur 3., eignete sich Betriebsmaterial an. Diesem Treiben mußte Halt geboten werden, wenn die Lebens- und Leistungsfähigkeit der Bahn nicht gefährdet werden sollte. Die neue Direktion hat das mit Energie und Ausdauer getan, wobei sie natürlich der Mithilfe der Polizei und der Justiz nicht entraten konnte."

Mit der Eröffnung von "Landkraftposten" und der beginnenden Weltwirtschaftskrise mußte der Zugverkehr nach Hüttengesäß 1928 eingestellt werden; der Abzweig nach Langenselbold wurde im März 1931 stillgelegt.

Was geblieben ist, sind die Bahnhofstraßen in Langendiebach, Ravolzhausen, Langenselbold und Hüttengesäß; der alte Bahnhöfe neben dem Fliegerhorst, die Endstation in Hüttengesäß und die Gaststätte "Zur Eisenbahn" in Langendiebach.

Vertretung der Bracheninteressen

Im Zusammenhang mit meiner kaufmännischen Tätigkeit steht mein Eintreten für die allgemeinen Interessen des Gewerbes. Kaum ein anderer Erwerbszweig ist seit Jahrzehnten durch gesetzliche Maßnahmen so in seiner Entwicklung beeinflußt worden wie das Spirituosengeschäft. Eine Besteuerung des Branntweins galt von jeher sowohl in sanitärem Interesse liegend als auch durch die fiskalischen Erfordernisse geboten. Die steigenden Bedürfnisse der Reichsverwaltung veranlaßten immer von neuem ein Anziehen der Steuerschraube. Dabei sollte doch wieder das Getränk des "armen Mannes" nicht allzusehr verteuert, zugleich aber auch im agrarischen Interesse Schutzmaßnahmen für die kleinen und mittleren Brennereien gewährt werden. Das führte zu äußerst verwikkelten gesetzlichen Bestimmungen, die immer schärfer in das Geschäftsleben eingriffen, je öfter und je mehr die Steuererträgnisse gesteigert wurden und die zur Syndizierung der Produktion in der Zentrale für Spiritusverwertung und endlich zum Monopol führten.

Brantweinbesteuerung, Steuerpolitk im Deutschen Reich **-> S. 93**

Während Verwaltung und Gesetzgebung die Interessen der Produzenten (Brenner und Spritfabrikanten) sorgsam zu schützen bemüht waren, stand den Verarbeitern des Spiritus zu Trinkbranntwein wenig Sympathie zur Seite, und sie mußten, auf sich selbst angewiesen, suchen, durch eine zusammenfassende Bildung von Verbänden sich Geltung zu verschaffen. Dies um so mehr, als die Landwirtschaft sich kraftvoll zu organisieren begonnen hatte. Als im Februar 1886 dem Reichstag seitens der Regierung ein Entwurf zu einem Branntweinmonopol vorgelegt wurde, war der Augenblick gekommen, in den Kreisen der Spirituoseninteressenten einen Widerstand zu organisieren. Eine Anzahl größerer Firmen traten in Verbindung und beschlossen, einen Verband zur Wahrung ihrer bedrohten Interessen zu bilden. An die Spitze wurden Fritz Lehment, Kiel, und ich gestellt. Eine große, von uns nach Berlin berufene Versammlung, in der ich das Referat zu erstatten hatte, brachte die Bewegung rasch und erfolgreich in Gang. Die Stimmung gegen das Monopol nahm an Stärke derart zu, daß der

Branntweinmonopol **-> S. 93**

Wirtschaftliche Bedeutung des Branntweins
Branntweinsteuer
Brannweinmonopol

Im Deutschen Reich gab es 1908 73.970 Branntweinbrennereien. Meist handelte es sich dabei um kleine, landwirtschaftliche Nebenbetriebe; allein 55.000 Betriebe haben jährlich weniger als 50 Liter gebrannt, davon 52.000 süddeutsche Wein- und Obstbrenner.

Ein Schwerpunkt des Brennereigewerbes lag in Norddeutschland. In den östlichen Provinzen waren die Kartoffelbrennereien mit über 75 Prozent an der Gesamtproduktion beteiligt. Der sandige Boden begünstigte den Anbau von Kartoffeln, die aber wegen der hohen Transportkosten schwer zu vermarkten waren. Durch Verflüssigung in Alkohol konnten die spezifischen Transportkosten gesenkt werden; gleichzeitig diente das Abfallprodukt, die Schlempe, als vortreffliches Viehfutter und förderte so über eine ausgedehnte Viehhaltung die Düngerproduktion.

Branntweinsteuer

Die Branntweinsteuer spielte im Haushalt des Reiches eine große Rolle. Nach der Verfassung waren die Steuereinnahmen des Reichs auf die indirekten Steuern, zu denen die Branntweinsteuer gehört, beschränkt. Weitere eigene Einnahmen hatte das Reich nur durch die staatlichen Betriebe, wie z.B. das Postwesen. Fehlbeträge mußten durch eine Umlage bei den Ländern, den Matrikularbeiträgen, oder durch Verschuldung aufgebracht werden.

Durch ständig steigende Militärausgaben, dem wichtigtsten Etatposten, stiegen die finanziellen Anforderungen an das Reich. Zu Bismarcks Plänen gehörte es, durch ein Branntweinmonopol - der Staat kauft den von den Brennereien erzeugten Alkohol zu Festpreisen und übernimmt den Verkauf selbst - die Staatseinnahmen zu steigern. Er scheiterte, wie auch schon bei seinem Versuch, ein Tabakmonopol einzuführen, am Widerstand der liberalen Parteien, die im unbefristeten Staatsmonopol eine Beschneidung ihres jährlichen Budgetrechtes sahen.

Trotzdem kam es 1887 zu wichtigen Neuerungen: Es wurde eine einheitliche Branntweinsteuer für das Reich eingeführt, die Erzeugung durch "Verschluß" amtlich erfaßt, die landwirtschaftlichen Brennereien stark entlastet (durch die sogenannte "Liebesgabe") und eine Kontingentierung eingeführt: Wer mehr als das zugebilligte Kontingent produzierte, mußte höhere Abgaben zahlen. Trotzdem kam es in den nächsten Jahren zu hoher Überproduktion, weil der Alkoholkonsum stark zurückging. Er sank von 6,2 Liter 1887 auf 4,5 Liter 1888 bis auf 2,9 Liter 1911.

Um der Überprdouktion wirksam zu begegnen, bildeten 1899 eine große Anzahl der landwirtschaftlichen und gewerblichen Brennereien den "Verwertungsverband deutscher Spiritusfabrikanten". Die Mehrzahl (über 90%) der deutschen Spritfabrikanten, die den Spiritus weiterverarbeiteten, schlossen sich in der "Zentrale für Spiritus", später "Spiritus-Zentrale" zusammen. Die dem Verband angehörenden Firmen verpflichteten sich, den gesamten von ihnen, mengenmäßig im Rahmen eines Kartellvertrags festgelegten, produzierten Rohspiritus ausschließlich über die Zentrale verwerten zu lassen. Ziel war es, dadurch den Spirituspreis zu stabilisieren und durch gemeinsame Marketingmaßnahmen den Absatz von Spiritus zu technischen Zwecken zu erhöhen.

Diese Kontingentierung von 1887 und das private Kartell bildeten gute Voraussetzungen für die Überführung in ein staatliches Monopol. In einem ersten Schritt wurde 1916 eine Reichsbranntweinstelle und 1918 das Gesetz über das Branntweinmonopol eingeführt.

Miquel
-> S. 196

Zentale für Spirituosverwertung
-> S. 93

Reichstag die Ablehnung beschloß. Aber damit waren die Beunruhigungen durch Steuerprojekte einschneidendster Art nicht abgeschlossen. Im Frühjahr 1887 kam ein neuer Entwurf des Finanzministers Miquel, der die Gesetzgebung lange beschäftigte und im wesentlichen als Gesetz vom 24. 6. 1867 zur Annahme gelangte. Aber dieses grundlegende Gesetz erforderte fast alle zwei Jahre Umgestaltung. Eine immer höhere Belastung, verbunden mit Begünstigungen der Brenner durch Kontingentierungen und Steuerstaffelung, wirkten höchst ungünstig auf die Gestaltung des Geschäftes der Verarbeiter von Spiritus. Dabei kamen die genossenschaftlichen Bildungen des Grundbesitzes. Endlich entstand in den Jahren 1898/99 die Zentrale für Spiritusverwertung in Berlin, ein Syndikat der Brenner und Spritfabrikanten. All dies führte zu harten Kämpfen innerhalb des Gewerbes. Ein Verband deutscher Spiritusinteressenten wurde von neuem gegründet, und ich wurde zum Vorsitzenden gewählt. Viel Arbeit, viele Angriffe hat mir diese Tätigkeit gebracht, aber auch viele Freunde und große Anregung. Es ist nicht meine Absicht, den weiteren Verlauf der betreffenden Verhältnisse zu schildern, es würden dies den Abriß einer Geschichte der Branntweinsteuergesetzgebung bis zum Monopol 1918 bedeuten.

Aber über zwanzig Jahre lang beschäftigte ich mich sehr intensiv mit diesen Angelegenheiten, die schließlich so kompliziert wurden, daß nur wenige das gesamte Material übersahen. Ich trat dadurch in Beziehungen zum Parlament, zur Verwaltung, zu den führenden Männern der gesamten Branche. Namentlich als Vorsitzender der von mir im Februar 1890 ins Leben gerufenen Vereinigung deutscher Spiritusinteressenten erlangte ich eine, auch von der Reichsregierung anerkannte, führende Stellung. Durch die Erweiterung meiner persönlichen Beziehungen gewann ich auch geschäftlich nutzbringende Kenntnisse und Verbindungen. Die Stellung, die gegenüber der immer kräftiger sich ausbauenden Vereinigung der Brenner und Spritfabrikanten seitens der Abnehmer und Verarbeiter von Spiritus einzunehmen sei, bildete namentlich in den Jahren 1899/90 einen Gegenstand heftiger Meinungsverschiedenheiten innerhalb der Verbände der letzteren.

Ich vertrat die Auffassung, daß gegen die durch Gesetz und Verwaltung unterstützte Organisation der erstgenannten Gruppe der Zentrale, ein Kampf der Abnehmer in der vielfach empfohlenen leidenschaftlichen Form keinen Erfolg verspreche, vielmehr der Versuch zu machen sei, durch vermittelnde Einwirkung das Geeninteresse der Branche zur Geltung zu bringen. Auf meinen Vorschlag wurde von der Spirituszentrale ein Beirat der Abnehmer ins Leben gerufen, zu dessen Vorsitzenden ich gewählt wurde. Diese Taktik und die Gründung des Beirats wurde von einem Teil der Destillateure heftig bekämpft, und nachdem sie auf einer Versammlung des letzteren in Nordhausen Mai 1899 Zustimmung gefunden hatte, im Februar 1900 in einer zweiten Berliner Versammlung nachträglich wieder abgelehnt. Zugleich setzten Angriffe der hiesigen und Frankfurter Konkurrenz gegen mich ein. Es war den beiden Firmen des Frankfurter Wirtschaftsgebietes, die nachweislich bereits den größten Absatz in technischem Spiritus gehabt hatten, der Firma H. & A. Heinemann und mir, der Alleinverkauf dieses Artikels durch die Spirituszentrale überwiesen worden. Letztere hatte zur Hebung des Verbrauchs dieses Artikels, der Ersatz für den verlorengegangenen Spritexport bieten sollte und mußte, eine besondere Organisation begründet, die Sorge zu tragen hatte, daß gute Ware zu einheitlich festgesetzten ermäßigten Preisen allerorten gleichmäßig auf den deutschen Markt gebracht wurde. Ich hatte keine Veranlassung, auf meine Beteiligung an diesem Geschäft lediglich aus Rücksichtnahme auf meine Konkurrenz zu verzichten und mußte den Kampf mit ihr aufnehmen, der von ihr sehr erbittert und persönlich gehässig geführt worden ist. Später, im Jahre 1905, kurz vor und während meiner Reise nach New York, flammten diese Feindseligkeiten, die in dem Inhaber der hiesigen Firma Jacob Stück Nachfgr. J. Seiffert ihren hartnäckigen Vertreter fanden, von neuem, aber in anderer Form auf. Man beschuldigte mich, den Stadtverordnetenvorsteher, die Stadtgemeinde um Steuerbeträge der städtischen Branntweinsteuer geschädigt zu haben dadurch daß ich im eigenen Interesse eine durch die veränderten Verhältnisse erforderliche Neuordnung der Erhebung dieser Steuer verhindert hätte. Ich habe diese Vor-

Firma Stück Nachfgr. J. Seiffert
-> S. 201

Ein Teil der komplexen sozialen Frage innerhalb des Industrialisierungsprozesses im 19. Jahrhundert war der Alkoholismus der unteren Klassen der Bevölkerung.
Der Schnaps wurde von der Bourgeoisie zum abwertenden Attribut des Proletariats gemacht, von dem es sich bedroht sah. Die Gründe für den Alkoholismus und die Armut wurden nicht auseinandergehalten.
Das Trinkverhalten deutscher Arbeiter im 19. Jahrhundert hatte drei Komponenten, das instrumentale, soziale und narkotische Trinken. Schnaps war Bestandteil der Entlohnung für das Gesinde in der Stadt und auf dem Lande sowie für die Fabrikarbeiter. Darüberhinaus wurde Branntwein als Anreiz für Arbeitsleistung ausgegeben; z.B. stand bei der Wiesenmaht am Ende der Parzelle eine Flasche Schnaps für die Schnitter, oder für Akkordleistungen in der Fabrik gab es eine bestimmte Menge Schnaps, oder "eine kluge Hausmutter konnte mit einer Dosis Brandtwein durch ihr Gesinde grosse Dinge in der Geschwindigkeit ausrichten und vielen guten Willen hervorbringen". Als soziale Komponente galt z. B. das Schnapsfläschchen beim geselligen Beisammensein nach der Ernte oder dem Dreschen. Die narkotische Wirkung des Alkohols wurde fälschlicherweise wie folgend begründet: "...für viele Menschen besonders für die mit der Hand arbeitende Classe , ein wahres Bedürfnis. Der Handwerker, der Landmann, der Taglöhner können nicht immer ihre Arbeit verlassen, sobald ihre Kräfte zu sinken beginnen, sie bedürfen, selbst auf Kosten ihrer Gesundheit, eines belebenden Mittels, um einen neuen Schwung in das Nervensystem zu bringen."
Branntwein wurde auch als Mittel der Demoralisierung und politischen Niederhaltung gesehen.
Im 17. und 18. Jahrhundert wurde vorwiegend Fruchtbranntwein aus Obst oder Getreide (Korn) bereitet. Ab 1805 versuchsweise und ab 1812 in großen Stil wurde Branntwein auch aus Kartoffeln destilliert - die billigste Herstellungsweise. 1840 gab es in Kurhessen 675 Brennereien, die 90 000 Ohm (Flüssigkeitsmaß zwischen 134 und 174,75 Liter) im Werte von 1,3 bis 1,4 Millionen Thalern produzierten, von denen der kurhessische Staat 100 700 Thaler Steuern erhielt.

Getränk des armen Mannes

1876 werden in einer größeren Bauernwirtschaft mit Brennerei im kurhessischen Oberhessen 1188 Liter Branntwein im kleinen Verkauf abgegeben. Im gleichen Jahr werden auf dem Hof, bestehend aus der Herrschaft, Verwalter, Schweizer, fünf Knechten und Mägden, 1125 Liter Branntwein im Haushalt verbraucht. Im Vergleich dazu macht ein Gemeinderatsbeschluß von Großauheim die "Gewohnheitssüffer" betreffend folgende Aussage: Wenn also im Jahre 1885 eine Gesamteinwohnerschaft von 2772 bei 581 Familien angegeben ist, so sind in Auheim pro Familie eine Summe von 45 Liter Branntwein getrunken worden.
"Der größte Theil trinkt täglich seinen Brandwein, erst in kleinen und dann in größeren Portionen. Man blicke nach den großen Pachthöfen, da trinkt der Bube und das Mädchen sein Glas Schnaps so gut in einem Zuge heraus, wie der robuste Oberknecht." (Ein Distrikt-Einnehmer, 1835).
Der Alkoholkonsum hatte gesellschaftliche Dimensionen erhalten, war Begleiterscheinung des Pauperismus geworden, der Alkohol blieb als Nahrungsmittel und durstlöschendes Getränk aufgrund der erzeugten Mengen und des niedrigen Preises im Alltag gegenwärtig.
Im Bewußtsein der Gefährdung der öffentlichen Ordnung und Sicherheit, vor allem aber der Arbeitsdisziplin des Proletariats und der

Reservierung der Löhne für die industrielle Produktion wurde der Alkoholkonsum der Fabrikarbeiter zunehmend bekämpft.
Das Branntweinproblem sollte durch den nahrhafteren Biergenuß oder den selbstgekelterten Obstwein (Apfelwein) gelöst werden. Die durch den technischen Fortschritt komplizierter gewordene Fabrikarbeit erforderte zur Sicherheit am Arbeitsplatz nüchterne und schulisch gebildete Arbeiter. Schnapsdeputate von seiten der Unternehmer wurden eingestellt und der Schnapsgenuß in Fabrikkantinen verboten.

Literaturhinweis: Alkohol im Volksleben, Hess. Blätter für Volks- und Kulturforschung, 20, 1986

Abb.: In der Taverne von Ernst Hausmann, Sohn des Hanauer Akademiedirektors Friedrich Carl Hausmann, Museum Hanau

würfe und Verdächtigungen mit Erfolg zurückgewiesen und nach der von mir beantragten Untersuchung durch die Stadtbehörden von dieser volle Entlastung erhalten. Die Brancheverbände selbst haben später die Richtigkeit meiner Taktik in bezug auf die Stellung zur Zentrale ausdrücklich anerkannt und sie selbst sich zur Richtschnur genommen. Aber es waren doch recht unangenehme Vorgänge gewesen, an die ich ungern zurückdenke. Meine Freunde in der Branche, die sich in der Vereinigung deutscher Spiritusinteressenten mir nahe angeschlossen hatten, bewiesen mir damals und bis heute eine anhängliche Gesinnung und vielfach wiederholte ehrende Anerkennung. Ich nenne aus diesem Kreis den leider früh verstorbenen Stadtältesten und Vorsitzenden der Handelskammer zu Nordhausen, Schmidt, dann dessen Nachfolger in dieser Stellung, Hertzer, Fritz Lehment, Kiel, Joseph Kantorowicz, Posen, Kommerzienrat Reis, Würzburg, Przikling in Firma Mikaake, Beuthen, Kommerzienrat Paschke, Danzig, und vor allem Reichstagsabgeordneten Heinrich Schweickhardt, Bübingen. Er ist leider früh, Januar 1920, verschieden. Mit ihm arbeitete ich jahrelang eifrig und einig alle Vorlagen durch, die für die Branche von Bedeutung waren. Manche Stunde habe ich mit ihm im Reichstag verbracht, manche Besprechung gemeinsam mit den Vertretern der Regierung und mit bekannten und einflußreichen Parlamentariern gehabt. Oft ist uns eine günstige Einflußnahme gelungen. Er war ein gewissenhafter, pflichttreuer, tüchtiger Mann, mir ein lieber, treuer Freund.

Ich erwähne noch im Anschluß an diese Episoden meines Lebens die guten Beziehungen, die ich zu dem Zentrumsführer Richard Müller, Fulda, hatte, der die Regierungsvorlagen zur Branntweinbesteuerung regelmäßig mit mir besprach, ebenso das angenehme Verhältnis zu den Direktoren der Spirituszentrale J. Stern und Richard Untucht zu Berlin. Durch letztere wurde ich in das Schiedsgerichtskollegium der Spirituszentrale berufen und hatte in dieser Eigenschaft manche sehr interessante Verhandlung wahrzunehmen und Vergleiche zu schließen. Später berief mich die Reichsregierung während der Kriegszeit in den Beirat der Reichsbranntweinstelle.

Arbeiten für die Handelskammer

Einen sehr großen Teil meiner freien Zeit habe ich der Handelskammer gewidmet. Gerne war ich für sie tätig und herzlich ist mir hierfür Anerkennung geworden. Vielfache und reiche Anregungen habe ich dieser Körperschaft zu danken sowohl in Erledigung der Einläufe als auch in selbständiger Bearbeitung vieler und wichtiger Interessenfragen lokaler wie allgemeiner Art. Ihr danke ich zahlreiche und angenehme persönliche Beziehungen zu den hiesigen Gewerbetreibenden und zu einer großen Anzahl führender Persönlichkeiten des öffentlichen Lebens. Früher schon, im September 1876, bin ich zu ihrem Mitglied gewählt worden, fünfzehn Jahre später übernahm ich den Vorsitz, den ich bis Dezember 1918 führte. Bei meinem Ausscheiden wurde ich zum Ehrenpräsidenten gewählt. Lange Jahre, seit 1906 bis heute, gehörte ich dem Ausschuß des deutschen Handelstages zu Berlin an, dem ersten Vertretungskörper der Gesamtinteressen von Handel und Industrie des Reiches. Die großartige Entwicklung der wirtschaftlichen Kräfte Deutschlands, seine Entfaltung zu einem der mächtigsten Industriestaaten der Welt, konnte ich in lebendiger Fühlung mit den dadurch bedingten Bestrebungen, mit dem Auf- und Abwogen sich bekämpfender oder stützender Interessengruppen miterleben. Aber nicht immer hat dem Erlebten ein volles Erfassen der Größe dieser Zeit zur Seite gestanden, und erst jetzt, zurückblikkend und ernüchtert durch den furchtbaren Sturz unserer politischen und wirtschaftlichen Macht, wird voll empfunden, wieviel Großes in verhältnismäßig kurzer Zeit damals geschaffen und erreicht worden ist.

Handelskammer Hanau -> S. 100

Als ich in die Handelskammer eintrat, war ihr Wirkungskreis auf den Stadt- und Landkreis Hanau beschränkt. Vorsitzender war Wilhelm Una, ein sehr befähigter, aber politisch einseitiger Mann, der sich dadurch seine Stellung erschwerte, daß er seine demokratischen Auffassungen doktrinär auch auf die wirtschaftlichen Dinge übertrug. Er war ein starrer Manchestermann, wie damals fast alle freisinnigen und liberalen Kreise des Bürgertums, nament-

Manchsesterliberalismus -> S. 103

Handelskammer Hanau

In Preußen war das Mitspracherecht des Kaufmannsstandes in wirtschaftspolitischen Angelegenheiten nach französischem Vorbild institutionell gesichert. Die Kammern stellten die staatlich anerkannte Instanz der Vertretung der gewerblichen Interessen gegenüber den Behörden dar und hatten andererseits die Regierung durch Gutachten und Auskünfte in ihrer Wirtschaftspolitik zu unterstützen. Nach außen wurden die Kammern von durch ihre Mitglieder gewählte Vorstände vertreten..

Der Hanauer Freie Verein für Handel und Gewerbe (siehe S. 21) war dagegen ein Privatverein, angewiesen auf freiwillige Mitgliedschaft, der in Kurhessen durch seine praktische Tätigkeit zu einer faktischen Macht geworden war. Aber ob er sich auch gegegenüber preußischen Instanzen, die auf kurhessische Sonderentwicklungen sogut wie keine Rücksichten nehmen, durchsetzen konnte, war mehr als fraglich.

Durch das preußische "Gesetz über die Handelskammern" von 1870 wurden für alle Landesteile Kammern vorgeschrieben; offen blieb dabei der regionale Zuschnitt. Im Regierungsbezirk Kassel verlangten nur einige Städte - außer Kassel und Hanau z.B. noch Eschwege, eigene Kammern. Durch das Handelsministerium wurde das Problem dadurch gelöst, daß nur Kammern für Hanau und Kassel genehmigt wurden; die Hanauer Kammer umfaßte das Gebiet des Stadt- und Landkreises Hanau.

Erst 1890 wurde der Gelnhäuser Kreis in die Hanauer Kammer aufgenommen.

Monatlich fand eine Sitzung statt, für die anfallenden Probleme bestimmte der Vorsitzende von Fall zu Fall Referenten. Den laufenden Geschäftsverkehr besorgte bis 1894 der Stadtsekretär nebenamtlich, erst danach wurde diese Position hauptamtlich besetzt.

Von 1871 bis 1890 führte der Bijouteriefabrikant Wilhelm Una den Vorsitz.

lich auch in Hanau, das ja Exportinteressen hatte und grundsätzlich den Freihandel begünstigen mußte. Ich stand anfangs auch auf seiten derer, die als höchste Staatsklugheit das laisser faire, laisser allez ansehen und der Meinung waren, daß eine natürliche Harmonie sich dann entwickeln lasse und darin der beste Ausgleich widerstrebender Interessen und Kräfte im Innern und die beste Möglichkeit eines friedlichen Wettbewerbs im internationalen Verkehr gegeben sei. Aber schon frühe wurde ich durch die Streitschriften *Lassalles* gegen *Schultze-Delitzsch*, durch den Ansturm des sozialen Staatsgedankens gegen den "Nachtwächterstaat", den ganz auf individueller Freiheit aufgebauten Staat der liberalen Schule beeinflußt, und ich sah, daß auch hier der richtige Weg in der Mitte liegen müsse. Die Initiative, Tatkraft und Selbstverantwortung des einzelnen darf nicht ausgeschaltet werden, wenn wir aufwärts schreiten wollen, eine Unterdrückung der Schwachen durch wirtschaftliche Ausnützung der überragenden Kräfte und Machtmittel einzelner oder einzelner Klassen und Koalitionen muß jedoch im Interesse der Gesamtheit aus politischen, menschlichen und wirtschaftlichen Gründen verhindert werden. Es ist Sache des Staatsmannes und hängt von den Einflüssen der Einsicht der politischen Führer und Parteien ab, inwieweit und zu welcher Zeit die einzelne Richtung stärker zu stützen und nach ihr die Gesetzgebung zu beeinflussen und zu gestalten ist. Fehlerhaft ist es aber, die Wirklichkeit lediglich nach theoretischen Erkenntnissen beurteilen und der Macht der tatsächlichen Interessen sich verschließen zu wollen. Und ebenso verhält es sich mit der Regelung der Beziehungen zwischen den Staaten und Völkern in bezug auf den Güteraustausch, den Welthandel. Auch da kann die liberale Lehre des Freihandels nicht schrankenlos angewendet werden. Die natürlichen Produktionsmöglichkeiten, Klima, Bodenbeschaffenheit und nationale Eigenart bilden freilich die Grundlage für Erzeugung und Handel, aber trotzdem darf das einzelne Volk sich nicht überrennen lassen durch andere stärkere Industrie- und Agrarmächte. Es müssen je nach Lage der Dinge Schranken errichtet werden zum Schutz der eigenen Produktion und des inneren Marktes. Auch da kommt man mit Lehrmeinungen nicht

Freihandels- und Schutzzollpolitik -> S. 103

Lassalle -> S. 195
Schultze-Delitzsch -> S. 200
Nachtwächterstaat -> S. 103

zurecht, sondern nur ein klares und kluges Abwägen vordrängender Interessen und tatsächlicher Verhältnisse kann das dem Wohl des Ganzen Dienende erfassen, und nur ein starker Wille es jeweils durchsetzen. Es ist falsch, die Erfordernisse des Wirtschaftslebens durch die Parteibrille zu betrachten und zum Beispiel Schutzzoll oder Freihandel als eine Frage politischer Überzeugung zu behandeln, statt als eine Angelegenheit rein wirtschaftlicher Interessen. Man kann Freihändler und zugleich konservativ sein und umgekehrt als Liberaler Schutzzölle für nötig erachten. Es gab eine Zeit in Deutschland, in der man diese einfache Wahrheit nicht anerkennen wollte. Manche unschöne Verhetzung der öffentlichen Meinung wäre dann unterblieben. Ich selbst bin durch meine Einsichtnahme in die ländlichen Verhältnisse, die mein Geschäftsbetrieb mir brachte, zu der Überzeugung gekommen, daß bei der wichtigen Frage der Agrarzölle, die lange Zeit, insbesondere Ende der siebziger Jahre, die öffentliche Meinung in Deutschland tiefeingreifend beschäftigte, ein mäßiger Schutz der inländischen Körnerproduktion ratsam und erträglich sei, weniger überzeugt war ich von der Notwendigkeit hoher Zölle zum Schutze der Eisen- und Textilindustrie; gegen die unter der Parole des Schutzes der nationalen Arbeit inaugurierte Hochschutzzollpolitik bin ich aber eingetreten, da mir eine Ausbeutungspolitik zugunsten der Großgrundbesitzer und Großindustriellen auf Kosten der Lebenshaltung der Massen nicht angängig erschien und ich eine Störung der Exportinteressen und des internationalen Güteraustausches dadurch befürchtete, daß, dem deutschen Beispiel folgend, ringsum Zollmauern errichtet würden. Deutschland muß eine andere Zollpolitik führen wie zum Beispiel Amerika, es bedarf der Einfuhr von Lebensmitteln und Rohstoffen und bezahlt sie mit der Ausfuhr von Industrieerzeugnissen. Gerade umgekehrt verhält es sich drüben. Der deutsche Arbeiter will billige Lebensmittel und ist daher Freihändler, der amerikanische Arbeiter will hohe Löhne und sucht durch Schutzzölle die ausländische Konkurrenz seiner Fabrikate zu erschweren. Ja, im eigenen Land rufen dort die verschiedenen Lebensbedingungen gegensätzliche Interessen wach: der Süden Amerikas will für seine Baumwolle, seinen Tabak etc. freien Handel,

Schutzzoll Freihandel

Die Zollpolitik des Deutschen Reiches seit 1871 spiegelt den Kampf um die politische Vorherrschaft zwischen den ostelbischen Junkern auf der einen und der aufstrebenden Klasse der Unternehmer und Industriellen auf der anderen Seite wider.

Nach der Reichsgründung, die mit der nationalen Einheit einen langersehnten Wunsch des Bürgertums erfüllte und die preußisch gesinnten Junker ins Hintertreffen brachte, stützte sich Bismarck auf die politische Vertretung des Großbürgertums im Reichstag, die Nationalliberalen, und betrieb deshalb in den ersten Jahren eine fast lupenreine Freihandelspolitik. Sie brachte der aufstrebenden Industrie billige Rohstoffe aus dem Ausland, verbesserte die Absatzchancen deutscher Fertigprodukte im Ausland und trug mit dazu bei, das Lohnniveau niedrig zu halten, da die Lebenshaltungskosten aufgrund billiger Getreide- und anderer Lebensmittelexporte nur gering anstiegen.

Diese Freihandelspolitik verstieß eklatant gegen die Interessen der ostelbischen Junker, die, gemessen an ihren Führungspositionen in Staat und besonders im Militär, politsch die führende Klasse waren. Und als Bismarck die Zusammenarbeit mit den Nationalliberalen aufgab und sich im Reichstag auf die Konservativen stützte, gab es auch eine 180-Grad-Wendung in der Zollpolitik. Der Getreidezoll wurde schrittweise ab 1885 von 1 Mark auf 3 Mark je Tonne erhöht und zum Schutz der rheinisch-westfälischen und schlesischen Schlotbarone, den Verbüdeten der Junker, ein allgemeiner Schutzzoll eingeführt.

Der äußerste Flügel der Freihandelsschule gehörte dem sogenannten Manchesterliberalismus an. Er lehnte jedes Eingreifen des Staates in das wirtschaftliche und gesellschaftliche Leben ab, nicht nur den Schutzzoll, sondern auch Schulzwang, Sozialhilfe, staatliche Sozialversicherung und Arbeitsschutz. Die Arbeiter waren nach Auffassung der Manchesterliberalen durchaus in der Lage, ihre Interessen zu vertreten. Dazu gestanden sie ihnen auch Koalitionsfreiheit, also das Recht, Gewerkschaften zu bilden, zu. Die Rolle des Staates beschränkte sich darauf, die Rechtsordnung und die äußere Sicherheit zu bewahren (Nachtwächterstaat).

Bei den konservativen und rechtsliberalen Schutzzollbefürwortern war das genau umgekehrt. Sie wollten ein Verbot der Gewerkschaften, hatten aber gegen den Arbeitern vom Staat oder den Betrieben freiwillig gewährten sozialen Vergünstigungern nichts einzuwenden.

Die Hanauer Unternehmer, die bereits vor Einführung des Deutschen Zollvereins die negativen Auswirkungen einer restriktiven Zollpolitik zu spüren bekamen, waren überzeugte Freihändler. Schon deshalb ist es bestimmt kein Zufall, daß der Kandidat Nickel der freisinnigen Partei, die den Schutzzoll entschieden bekämpfte für den Wahlkreis Hanau-Gelnhausen-Bad Orb in den Reichstag zog. Weiterhin war die Schmuckindustrie der führende Wirtschaftszweig in Hanau, und gerade diese Luxusindustrie hatte unter Handelsschranken besonders zu leiden. Rußland, eines der wichtigsten Zuliefererländer für Getreide, reagierte mit einer Erhöhung der Zölle für Schmuckwaren, und das brachte die Hanauern um den erhofften Aufschwung auf dem russischen Markt. Aber auch die Seifenindustrie, die im Ostteil des bis nach Fulda erweiterten Kammerbezirks stark vertreten war (Dreiturm), war eine der vielen Leidtragenden: Der Zoll auf Baumwollsamen verhinderte nicht nur eine billige Produktion des Volksnahrungsmittels Margarine, sondern verteuerte auch den wichtigsten Rohstoff für die Seifenindustrie.

der industrielle Norden für seine Fabrikate Schutz. Die politische Haltung der Parteien wird hierdurch stark beeinflußt, aber keineswegs die freisinnige oder konservative Lebensauffassung des einzelnen bedingt.

Wilhelm Una hat mir stets die freundlichste Gesinnung erwiesen, er zog mich von Anfang an zu den Arbeiten der Korporation heran durch vorzugsweise Zuteilung wichtiger Referate und, da er selbst selten die Vertretung der Kammer bei auswärtigen Tagungen übernahm, so schlug er mich früh als Vertreter derselben beim Handelstag, bei Eisenbahnkonferenzen und dergleichen vor. Ich bin schon mit dreißig Jahren auf dem Handelstag in Berlin, wohl als jüngster Delegierter, anwesend gewesen und habe seitdem fast regelmäßig jährlich den Sitzungen desselben mit vielem Interesse beigewohnt. Sekretär der Kammer war damals der Stadtsekretär Neumann, ein ernster, fleißiger, kluger Mann, neben dem ich meinen Sitz sowohl in der Handelskammer wie später im Stadtrat hatte und dem ich eine ehrende Erinnerung bewahre. W. Una wurde von politischen Gegnern wenige Jahre nach meinem Eintritt in die Handelskammer beiseite geschoben und an seine Stelle im Vorsitz wurde mein Schulfreund Karl Lucan gewählt. Lucan war ein sehr begabter, tätiger und etwas ehrgeiziger Mann. Seine Lieblingsbeschäftigung war das Verkehrswesen, das er mit vielem Erfolg bearbeitet hat. An Stelle Neumanns nach dessen Ableben übernahm Stadtsekretär Bödicker, später Stadtrat zu Cassel, das Sekretariat der Kammer im Nebenamt, und ich habe, als ich Vorsitzender wurde, gern und viel mit dem begabten und kenntnisreichen Mann gearbeitet, insbesondere als es galt, für die Fortführung der Mainkanalisierung über Frankfurt hinaus zur Herstellung eines Main-Donau-Kanals einzutreten. Im Jahre 1891 starb Lucan in jungen Jahren nach kurzer Krankheit; ich wurde an seine Stelle berufen. Bald darauf erweiterte sich der Wirkungskreis der Kammer dadurch, daß ihr der Kreis Gelnhausen-Orb zugeteilt und später Fulda, Gersfeld, Schlüchtern einbezogen wurden. Ein eigenes Büro wurde im Stadtschloß mit selbständigem Sekretariat errichtet. Der Umfang der geschäftlichen Betätigung nahm zu,

Mainkanalisierung -> S. 106

11. Jahrgang Sondernummer. September 1911.

Mitteilungen

der

Handelskammer zu Hanau.

Im Auftrage der Handelskammer

○ herausgegeben von Dr. phil. Grambow, Syndikus der Handelskammer. ○

Festschrift

zum

20jähr. Präsidenten - Jubiläum

des Herrn

Kommerzienrat Fritz Canthal

am 23. September 1911

Stadtschloß zu Hanau
Domizil der Handelskammer seit dem 1. April 1894

Main-kanalisierung

Der Main war bis ins 19. Jahrhundert ein ungeregelter Fluß mit stark wechselndem Wasserstand. Angeregt durch die erfolgreiche Dampfschiffahrt auf Rhein und Elbe ließ die bayerische Staatsregierung 1841 die Würzburger Main-Dampfschiffahrtsgesellschaft zu und erteilte ihr am 21.3.1842 die Konzession für Güter- und Personentransport zwischen Mainz und Bamberg mit Seitenraddampfern.

Mangelnde Gewinnerwirtschaftung führten 1858 zur Auflösung. Schuld war vor allem die nicht erfolgte bzw. unzureichend ausgeführte Fahrwasserverbesserung sowie die Konkurrenz der Eisenbahn. Erst 1866 wurde der Mainzoll für die Schiffahrt abgeschafft. Bis 1885 waren die Verträge zur notwendigen Mainregulierung von Hessen, Baden und Bayern einigermaßen erfüllt. Aufgrund des Erfolges der Kettenschiffahrt auf anderen Flüssen begann ein solches Projekt für den Main 1871.

Der Ursprung dieser Art von Schiffahrt liegt in Frankreich. Ein Dampfer zieht sich an einer Kette flußaufwärts entlang. Die Kette liegt in der Mitte des Flusses auf dem Grund. Sie wird über den flachen Bug des Dampfer aufgenommen und über Heck wieder abgelassen. An den Dampfer sind die Schleppkähne mit dem Transportgut gehängt.

Ein Interessenstreit der Befürworter der Mainkanalisierung mit Schleusenausbau und den Befürwortern der Kettenschiffahrt entbrannte. Die Städte Mainz und Frankfurt favorisierten aus Eigennutz den Mainausbau für große Rheinschiffe von der Mündung bis Frankfurt. 1884 erteilten die Mainanliegerstaaten Hessen, Baden, Bayern und Preußen endlich die Konzession für die Aktiengesellschaft Mainkette. Am 7. August 1886 begann der Betrieb mit drei Dampfern zwischen Mainz und Aschaffenburg. Bis 1899 nahm die königlich-bayerische Ketten-Schleppschiffahrt nach etlichen Schwierigkeiten den Betrieb bis Ochsenfurt auf. Bis 1900 war die Mainregulierung mit sechs Staustufen von der Mündung bis Offenbach vorangetrieben. Ab 1914 begann die weitere Regulierung bis Aschaffenburg. Durch den Krieg zogen sich diese Arbeiten weit hinaus. So konnten die Schleusen Kesselstadt und Großkrotzenburg 1921 und die in Mainkur erst 1922 in Betrieb genommen werden. Die Stauregulierung des Mains bis Bamberg ist erst nach dem 2. Weltkrieg im Zuge des Rhein-Main-Donau-Kanals vollendet worden.

Literaturhinweis: Zesewitz, Düntzsch, Grötschel, Kettenschiffahrt, Berlin 1987

Abb. Schleuse Kesselstadt, um 1929

Ehrengabe der Handelskammer-Mitglieder

Wilhelm Fues -> S. 190

Prof. Wiese -> S. 202

namentlich während des Krieges war er zeitweise recht anstrengend. Aber ich habe, wie schon gesagt, gerne meine Zeit und Kraft zur Verfügung gestellt und kann mit Dank feststellen, daß mir reichliche Anerkennung hierfür zuteil geworden ist. Bereitwillig und gern haben mich meine Stellvertreter Wilhelm Fues, Heinrich Ott und Albert Deines unterstützt. Zu Festen gestalteten meine Kollegen den Tag meines fünfundzwanzigjährigen Eintritts in die Kammer 1901 durch eine Festsitzung, bei der mir als Ehrengabe eine von Prof. Wiese entworfene Schatulle überreicht wurde. Festlich wurde auch mein 20jähriges Jubiläum als Vorsitzender am 23. 9. 1911 begangen und mir ein von Prof. Leven entworfenes silbernes Schreibzeug überreicht. Eine Festnummer der Mitteilungen der Handelskammer berichtet über den Verlauf dieser Ehrung und eine spätere über die Feier meiner 40jährigen Mitgliedschaft und zugleich meines 25jährigen Jubiläums als Vorsitzender am 23. 9. 1916. Das schöne, von Prof. Schulz entworfene silberne Ehrenschild ist mir als eine liebe Gabe damals überreicht worden, zugleich mit dem Ehrenbürgerbrief der Stadtverwaltung und einem Ölgemälde Motiv aus der Lüneburger Heide von der Vereinigung deutscher Spiritusinteressenten. Als Gegengabe stiftete ich 20.000 Mark für die Hinterbliebenen von im Felde gefallenen Kriegern des Handelskammerbezirks. Mit Stolz und Freude gedenke ich dieses Tages, der mir soviele Beweise von Anhänglichkeit und ehrender Gesinnung von nah und ferne gebracht hat und als ein schönster Abschluß meiner öffentlichen Tätigkeit mir erscheint. Ich war dann noch bis zum Frieden für die Kammer tätig. Kurz vorher war mir der Titel eines Geh. Kommerzienrates verliehen worden als einem der letzten im Reich.

Tätigkeit in der Stadtverwaltung

Auch in die städtische Verwaltung bin ich frühe eingetreten. Ende 1893 wurde ich in den engeren Gemeindeausschuß gewählt. Die Wahlliste der freisinnigen Partei war damals bei den Gemeindewahlen mit ziemlicher Mehrheit siegreich gewesen. Schon in der ersten Sitzung wurde ich dann infolge einer Vakanz in den Stadtrat gewählt. Damals bestand noch die 1831er Kurhessische Gemeindeordnung. Alt- und Neustädter Bürger wählten getrennt je eine bestimmte Anzahl Vertreter in den Gemeindeausschuß, der aus 46 Mitgliedern bestand. Von diesen bildeten 24 den engeren Ausschuß, dem in Gemeinschaft mit den aus zwölf Mitgliedern bestehenden Stadtrat die Führung der städtischen Geschäfte oblag. Der Gesamtausschuß vollzog die Stadtratswahlen. Der Stadtrat unter Vorsitz des Oberbürgermeisters war die ausführende Instanz, der Ausschuß und der selbstgewählte Vorsteher die kontrollierende. Am 22. 1. 1884 wurde ich von dem damaligen Oberbürgermeister Rauch vereidigt. Ich habe der Korporation 14 Jahre angehört, bis ich am 1. 4. 1898 bei Einführung der preußischen Städteordnung zum Vorsteher der Stadtverordnetenversammlung gewählt wurde, ein Amt, das ich elf Jahre verwaltete. Als ich dasselbe Ende 1906 wegen Arbeitsüberhäufung niederlegte, hatte ich gerade eine 25jährige Tätigkeit in der Stadtverwaltung Hanaus hinter mir. Ich habe ihr gerne gedient und freudig geholfen, die Entwicklung des Gemeinwesens zu fördern. Die öffentlichen Einrichtungen waren noch recht rückständig und vieles von dem, was wir heute als selbstverständlich betrachten, mußte noch geschaffen werden. Die Mittel waren nicht sehr reichlich vorhanden und ruhten in der Steuerkraft der zwar industriellen, erwerbstüchtigen, aber nicht gerade über großen Besitz verfügenden Bevölkerung. Erst mit der um diese Zeit sich vollziehenden Aufwärtsbewegung in Handel und Industrie wuchs die Steuerkraft, nicht in gleichem Maße der Steuerwille. Wie klein war damals die Steuerleistung gegen heute! Aber es war ein gutes Bestreben vorhanden, Nützliches zu schaffen und Hanau mit den Einrichtungen modernerer, größerer Gemeinden zu

Kurhessische Gemeindeordnung
-> S. 110

Oberbürgermeister Rauch
-> S. 199

Wahlrecht

Das Wahlrecht im Deutschen Reich nach 1870 war auf den einzelnen Ebenen sehr unterschiedlich. Auf Reichsebene gab es für die Reichstagswahlen ein schon stark demokratisiertes Wahlrecht; in den meisten Ländern und besonders in den Gemeinden blieben große Bevölkerungskreise, nicht nur die Frauen, vom Wahlrecht ausgeschlossen.

In Hanau galt bis 1891 die Gemeindeordnung für die Städte und Gemeinden Kurhessens. In der Fassung vom 23.10.1834 hatten allein die Ortsbürger das aktive Wahlrecht. Das waren die Männer zwischen 25 und 70 Jahren, die entweder ein eigenes Wohnhaus besaßen, die Landwirtschaft auf eigenen Grundstücken mit eigenem Anspann betrieben, ein zünftiges Handwerk als Meister ausübten oder - in Hanau - ein Jahreseinkommen über 300 Talern hatten.

Das Wahlrecht mußte mündlich ausgeübt werden: der Oberbürgermeister fragte, der Ortsbürger nannte seinen Kandidaten. Die Wahlen waren indirekt. Die Ortsbürger wählten die Mitglieder des Gemeindeausschusses. Wenigstens die Hälfte der Mitglieder dieses Ausschusses mußten zu der Gruppe der hochbesteuerten Ortsbüger angehören - in Hanau fielen etwa 8 Prozent der Ortsbürger in diese Gruppe.

Der Gemeindeausschuß wählte dann den Oberbürgermeister und die Gemeinderäte, die zur Hälfte wieder den Hochbesteuerten angehören mußten. Der Oberbürgermeister mußte vom Landesherrn bestätigt werden, was häufig nicht geschah.

Nutznießer dieses Wahlrechts waren in Städten mit einem starken Bürgertum die Liberalen und hier besonders die Linksliberalen.

Das Deutsche Reich führte als einer der ersten Staaten ein gleiches Wahlrecht für Männer über 25 Jahre ein. Die Forderung nach einem Frauenwahlrecht wurde nur von den Sozialdemokraten erhoben; für die liberalen Bürger war das kein wichtiges Thema.

Die Wahl war frei und weitgehend geheim, wenn man von Beeinflussungen durch Gutsherrn oder Arbeitgeber und von der Tatsache absieht, daß es keine vorgedruckten Wahlzettel gab, sondern die Parteien Wahlzettel vor dem Wahllokal ausgaben.

Das passive Wahlrecht hatten wiederum die Männer ab 25 Jahre, die von örtlichen Wahlkomitees aufgestellt wurden. Gewählt war, wer die absolute Mehrheit der Stimmen erhielt. Wenn das kein Kandidat erreichte, wurde zehn bis 14 Tage später eine Stichwahl unter den beiden mit den meisten Stimmen durchgeführt. Das gab dann oft spannende Konstellationen bei der Frage, welche Kandidaten von den unterlegenen Parteien unterstützt würden. Klar war das meist nur bei den Sozialdemokraten. Wenn sie in eine Stichwahl kamen, standen sie allein gegen alle. Eine Ausnahme gab es, wie Canthal berichtet, 1881 in Hanau, als der freisinnige Kandidat Johann Heinrich Nickel - erfolgreich - zur Wahl eines Sozialdemokraten aufrief und daraufhin von seinem Posten als Vicebürgermeister entbunden wurde (siehe dazu auch S. 197).

Die Linksliberalen wurden immer mehr zu Parteien der Stichwahlen. Im 20. Jahrhundert konnten sie sich nur noch in Stichwahlen durchsetzen.

Trotz des formal gleichen Wahlrechts war das Gewicht einzelner Stimmen doch recht unterschiedlich. Waren bei der Reichsgründung die Wahlkreise noch etwa gleich groß, verschoben sich die Größenverhälnisse sehr stark. Ein Extremfall: Der Wahlkreis Berlin-Teltow hatte 338900 Wahlberechtigte, im Wahlkreis Schauenburg waren es dagegen nur 10700, und beide Kreise stellten einen Reichstagsabgeordneten.

versehen. Die drei Oberbürgermeister, unter denen ich arbeitete, waren tüchtige Verwaltungsbeamte mit guter Initiative. Rauch war aber ein ungemein eitler Mann, der sich dadurch viel Gegnerschaft machte, was dazu führte, daß er bei Ablauf seiner Wahlperiode ausschied. An seine Stelle trat der frühere freisinnige Abgeordnete Westerburg, der mir ein sehr lieber Freund gewesen und geblieben ist, auch als er 1893 zum Oberbürgermeister von Cassel gewählt und dorthin übergesiedelt war. Leider umnachtete sich sein vordem so klarer Geist, er ist am 14. 7. 1903 in einer Irrenanstalt zu Godesberg gestorben. Ihm verdankt Hanau sehr viel. Zunächst in

Oberbürgermeister Westerburg
-> S. 202

sanitärer Beziehung. Es gab weder Wasserleitung noch Kanalisation. Die Abwässer verliefen sich, oft häßliche Rinnen bildend, langsam in ein altes, unvollständiges System von Kanälen, die in die Stadtgräben mündeten und diese mit Schlamm und Schmutz anfüllten. Das Wasser wurde aus öffentlichen Brunnen eimerweise in die Haushaltungen getragen, wo nicht private Brunnenanlagen etwa vorhanden waren. Die Brunnen waren zum Teil infolge der Nähe von Abortanlagen und -gruben verseucht. Hier war zuerst die bessernde Hand anzulegen, aber die Anlagen, namentlich die Kanalisation, erforderten große Mittel, und gegen die aufzunehmenden Millionenanleihe sträubte sich ein gut Teil sparsamer Bürger. Nach vielen Kämpfen wurden aber die Projekte genehmigt und zum Segen der Stadt ausgeführt. Das öffentliche und private Be-

Kanalisation Wasserleitung
-> S.113

leuchtungswesen bedurfte gleichfalls einer gründlichen Umgestaltung. Das Elektrizitätswerk wurde errichtet, vorher aber das Gaswerk einer sorgfältigen Reorganisation unterworfen. Die finanziellen Ergebnissen desselben waren so unbefriedigend, daß Westerburg dies nicht allein der technischen Rückständigkeit der Anlagen zuschrieb, sondern Unterschleife argwöhnte. Er zog mich ins Vertrauen, und ich wurde mit einer eingehenden Untersuchung der Geschäftsführung beauftragt, die der bestehenden, aus Mitgliedern der Stadtverwaltung zusammengesetzten Organisation nach erregten Debatten entzogen wurde. Ich konnte aber nur die Unfähigkeit des Direktors Ebert feststellen, der dann seine Entlassung nahm und einer jüngeren fachmännischen Kraft weichen mußte. Mir wurde als stadträtlichem Deputierten die Oberaufsicht über das

Elekrizitätswerk Gaswerk
-> S. 113

ERÖFFNUNGSFEIER
GEBRÜDER GRIMM
NIEDERLÄND. KIRCHE
DES HANAUER INDUSTRIE U.
HANDELS HAFENS
25.OKT. 1924
BITTRO

Kanalisation Elektrizitätswerk Gaswerk

Die wachsende Zahl von Menschen in den Industriestädten bedurfte der Versorgung mit Wasser und Strom.
Um 1847 erhielt in Hanau H. Pabst die Konzession zum Bau einer Gasbereitungsanstalt. Das erzeugte Gas wurde mit einem Transportwagen, der nach dem Ziehharmonikaprinzip arbeitete, zum Abnehmer transportiert. Das 1848 errichtete Gaswerk erhielt ein Jahr später ein Rohrnetz, nachdem es von Heinr. Friedr. Ziegler übernommen worden war. 1871 kaufte es die Stadt aus privater Hand.
Der steigende Verbrauch führte 1894 zur Erweiterung des Werkes und zwischen 1909 und 1911 zu einem Neubau im Jugendstil.
Die Entwicklung in der Elektrotechnik führte zu einer völligen Umgestaltung von Alltagsleben und Produktion, zur zweiten industriellen Revolution. Das ständig wachsende Verlangen nach mehr Energie konnte letztlich nur durch die Lieferung von elektrischem Strom befriedigt werden.
Bilder links: oben Erinnerungspostkarte zur Hafeneinweihung 1924, unten: Hanauer Elektrizitätswerk am Grünen Weg, heute teilweise noch erhalten.

←

Abb. unten: Gaswerk, um 1924
Abb. auf S. 112 und 113: Museum Hanau

Städte begannen mit dem Bau von Elektrizitätswerken und dem Ausbau von Stromnetzen. 1898 wurde das noch heute am Grünen Weg stehende Elektrizitätswerk gebaut. Mit der Ausführung der Anlage war die Elektrizitäts-AG, vorm. Schukkert & Co., Nürnberg betraut worden, die ein Dampfkraftwerk für Gleichstromerzeugung installierte. 1907 wurde das E-Werk vergrößert.
Am 14. Oktober 1890 wurde die städtische Wasserleitung in Betrieb genommen. Aus 5 Hydranten am Marktplatz stiegen Wasserfontänen 32 Meter hoch. Das Wasserwerk I auf Dörnigheimer Gemarkung steht zum Teil noch heute. So ist von weitem der 42 m hohe Wasserturm aus Backstein zu sehen. Die Wasserförderung aus den Brunnen wurden mit Dampfkraft betrieben. 1898/99 wurde das Wasserwerk II an der Leipziger Straße gebaut und 1907 das Wasserwerk III, im Jugendstil, an der Burgallee.
Mit der Wasserversorgung einher geht das Problem der Entsorgung der Abwässer.
Zwischen 1890 und 1912 wurde eine Abwasserkanalisation, der Sielbau, gebaut. 1909/10 wurde die im Jugendstil errichtete Kanalpumpstation in Kesselstadt an der Philippsruher Allee in Betrieb genommen. Der Maschinenraum verfügt noch heute über seine originale Ausstattung mit Elektromotoren und über Flachriemen betriebenen Pumpen.

Wasser- und Elektrizitätswerk übertragen, eine verantwortliche, arbeitsvolle, aber interessante Mission. Eine sehr erhebliche Mehreinnahme der Stadt war die unmittelbare Folge dieser Aktion. Wesentliche Verbesserungen erfuhr das Schulwesen. Die Errichtung einer Handelsschule entsprang meiner Anregung, nachdem bereits das gewerbliche Fortbildungsschulwesen erweitert und ausgebaut worden war. An dem Ausbau der Realschule zu einer Oberrealschule habe ich fleißig mitgewirkt. Die Ermäßigung und Abschaffung des Schulgeldes der Volksschulen wurde durchgeführt. Eine sehr günstige Erwerbung war der Ankauf des Schlosses, dessen schöner Park dauernd der Stadt zur Zierde gereichen wird.

Gründung der Kaufmännischen Berufsschule -> S. 115

Die Eingemeindung von Kesselstadt war eine Folge der Kanalisation und gelang nach langen Verhandlungen in beiderseitigem Interesse. Das Verkehrswesen wurde durch Unterstützung des Baus der Hanauer Kleinbahn zum Nutzen der Arbeiterschaft gefördert, vor allem aber die Fortführung der Mainkanalisierung und der Bau eines Hafens zu verwirklichen gesucht. Erstere ist zur Zeit in Ausführung. Aber die Schaffung eines Hafens ist durch die Ungunst der Verhältnisse in ungewisse Ferne gerückt. Ein solches Werk zu schaffen, geht leider bei den jetzigen Baukosten und bei der durch Krieg und Revolution arg zerrütteten Finanzen vorderhand über die Kraft der Gemeinde. Es mag dies bedauerlich sein, doch ist die Übernahme einer solchen Last trotz ihres produktiven Wertes eben wohl als ausgeschlossen zu betrachten. Ich habe in meiner Doppelstellung als Vorsitzender der Handelskammer und als Vorsteher der Stadtverordneten so viele Jahre an der Durchführung dieser Aufgaben gearbeitet, daß ich die Beweggründe kurz hier erwähnen will. Die Entwicklung Hanaus ist von seiner Industrie abhängig. Letztere basiert zu einem sehr wesentlichen Teil auf der Bearbeitung von Edelmetallen, und hier war eine so erhebliche Ausdehnung nicht zu erwarten, daß im Aufstieg der deutschen Handels- und Industriestätten Hanau entsprechend Anteil nehmen, vielmehr mehr und mehr überflügelt werden würde, wenn es nicht gelingen werde, neue und besonders schwere Industrien heranzuziehen. Hierzu ist eine Vorbedingung ein billiger Transportweg, wie ihn eine

Hanauer Kleinbahn -> S. 91

Hafen -> S. 117

Erste Handelsschule

"Ich habe mich in letzter Zeit mehrfach mit der Frage beschäftigt, ob es sich nicht empfehlen würde, den Besuch einer kaufmännischen Fortbildungsschule in hiesiger Stadt obligatorisch zu machen, und ich beabsichtige, der Handelskammer vorzuschlagen, zu dieser so wichtigen, die Interessen des ganzen Kaufmannstandes lebhaft berührenden Angelegenheit Stellung zu nehmen", schreibt Fritz Canthal als Handelskammervorsitzender am 20. Oktober 1891 an den Vorstand des Hanauer Kaufmännischen Vereins, der sich seit 1897 bemüht, in Hanau kaufmännische Fortbildungskurse ins Leben zu rufen. Aber die Resonanz ist enttäuschend: nach ersten Erfolgen melden sich 1888 gerade noch drei Jungkaufleute für den kaufmännischen Unterricht.

Für die Handelskammer liegt die Ursache für das Scheitern in der Freiwilligkeit des Schulbesuchs. Canthal schreibt an Oberbürgermeister Westerburg am 15. Dezember 1891:

"Nachdem aber durch die Gewerbeordnungs-Novelle (gemeint ist die Novelle der preußischen Gewerbeordnung vom 1.6.1891) den Gemeinden das Recht gegeben worden ist, demnächst durch Ortstatut obligatorische kaufmännische Fortbildungsschulen ins Leben zu rufen, haben wir wiederholt eine sorgfältige Prüfung dieser Angelegenheit vorgenommen und sind zu dem übereinstimmenden Beschluss gekommen, auch dem hiesigen Stadtrath die Gründung einer obligatorischen kaufmännischen Fortbildungsschule zu empfehlen....

An Ew. Hochwohlgeboren richten wir daher die ergebenste Bitte, demgemäss bei dem hiesigen Stadtrath einen entsprechenden Antrag einzubringen zu wollen. Wir würden vorschlagen, die kaufmännische Fortbildungsschule unter dem Namen "Handelsschule" im Anschluss an die hiesige städtische Realschule zu organisieren und den Besuch derselben mit dreijährigem Kursus für alle nicht genügend vorgebildeten kaufmännischen Lehrlinge unter 18 Jahren obligatorisch zu machen."

Der Antrag wird schnell in die Tat umgesetzt. Am 26. April 1892 wird die Handelsschule Hanau feierlich eröffnet.

Alle Gehilfen und Lehrlinge in Handelsgeschäften in der Stadt Hanau, die das 18. Lebensjahr noch nicht vollendet haben, sind verpflichtet, die öffentliche kaufmännische Handelsschule an den festgesetzen Tagen und Stunden zu besuchen. Ausgenommen von dieser Verpflichtung sind alle, die das Berechtigungs-Zeugnis zum Einjährig-Freiwilligendienst (entspricht in etwa der heutigen mittleren Reife, die aber damals nur von einem kleinen Teil der Jugendlichen erreicht wurde) besitzen. In den ersten Jahren werden in der Woche sieben Stunden Unterricht in den Fächern Deutsch, Rechnen, Buchführung, Stenographie, Französisch und Englisch erteilt; der Unterricht findet täglich zwischen sieben und acht Uhr vormittags und mittwochs am Nachmittag statt. Die Lehrer kommen aus der Oberrealschule oder den Mittelschulen; die Leitung übernimmt bei der Gründung der Direktor der Realschule, Dr. F. Schmidt. Das Schulgeld ist von den Lehrlingen oder ihren Eltern aufzubringen und beträgt jährlich 30 Mark. Als Zuschuß der Stadt werden deshalb nur 1000 Mark jährlich benötigt. Begonnen wird im April 1892 mit 86 Schülern, 1896 sind es bereits 143 Schüler, die in drei Jahrgangsstufen mit jeweils zwei Klassen unterrichtet werden. Ab 1896 gibt es zusätzlich Fortbildungskurse für Mädchen mit fast 50 Teilnehmerinnen.

Der Unterricht findet zunächst in den Räumen der Gewerblichen Fortbildungsschule, dann in der Realschule, später im Altstädter Rathaus statt.

Literaturhinweis: Ankel, O.: Jahresbericht der städtischen Handelsschule in Hanau a.M. über das Schuljahr 1897/98, Hanau 1898

geordnete schiffbare Wasserstraße schafft. Das Vorbild Frankfurts regte zu dieser Auffassung an, seine Entwicklung von einem Handels- und Börsenplatz zu einer Industriestadt ersten Ranges infolge der Schiffbarmachung des Mains lag klar vor Augen. Offenbach folgte seinem Beispiel, Bayern hatte Lebensinteressen an einer direkten und billigen Verbindung mit dem westfälischen Kohlebecken. Wir wollten Bayern als Vorspann benutzen und zugleich verhindern, daß Aschaffenburg die Vorteile des großgedachten Verkehrsweges uns zum besten Teil wegnähme. Viele Konferenzen mit den Behörden, mit Technikern, mit Verbänden fanden im Laufe der Jahre statt, an denen ich teilnahm. Ich erwähne hierbei den Besuch des preußischen Handelsministers von Berlepsch in Hanau, Audienzen beim Ministerpräsidenten Graf Eulenburg und in Gemeinschaft mit Vicebürgermeister Heraeus beim Prinzen Ludwig, dem späteren König von Bayern, und beim bayrischen Ministerpräsidenten v. Crailsheim, ferner die Konferenzen mit den Eisenbahn- und Wasserbaubehörden und namentlich die vielen Tagungen des bayrischen Kanalvereins, die oft recht festlich verliefen. Mit all dem will ich nur kurz skizzieren, in welcher umfassenden Weise diese Betätigung sich äußerte, wie sie Arbeit, aber auch große Anregung brachte.

Mainkanalisation -> S. 106

v. Berlepsch -> S. 188

W.C. Heraeus -> S. 192

Meine Grundauffassung war, daß es eine vornehme Pflicht des Bürgers sei, dem Gemeinwohl der Vaterstadt zu dienen und daß er in Erfüllung der ihm gewordenen Aufgaben vor allem die Selbstverwaltung stützen und fördern müsse. Nur sie erzieht ein unabhängiges, liberales Bürgertum. Etwa zehn Jahre bin ich mit Oberbürgermeister Gebeschus, der als Nachfolger Westerburgs tatkräftig die Fortentwicklung des Gemeinwesens pflegte und mit mir in nahem freundschaftlichem Verkehr stand, als Vertreter Hanaus Mitglied des Kommunallandtages zu Kassel gewesen, eines Selbstverwaltungskörpers, der die Pflege ausgedehnter gemeinnütziger Einrichtungen des Regierungsbezirks zur Aufgabe hat. Ich nahm gern an den Tagungen teil und lernte eine Anzahl unterrichteter und angenehmer Männer aus allen Teilen des ehemaligen Kurhessens kennen, meist konservative Leute. Mir war das wichtige Referat

Oberbürgermeister Gebeschus -> S. 191

Mainhafen

Mit der Neustadtgründung 1597 brachten die wallonisch-niederländischen Neubürger auch das Interesse eines Zugangs zum Main als Handels-und Verkehrsweg mit. Der Mainkanal begann bei dem heutigen Wasser- und Schiffahrtsamt und reichte einst bis zur Stadtbefestigung am Kanaltor. Ab 1607 verkehrte regelmäßig ein Schiff von Hanau zur Messestadt Frankfurt.

Dieser Stichkanal bildete den ersten Hafen Hanaus. Im Zuge des Eisenbahnbaus von Hanau-West nach Hanau-Ostbahnhof wurde ein Stück zugeschüttet und nach dem Kriege nahezu der gesamte Rest.

Mit der Industrialisierung rückte auch wieder der Main als Teil eines Großschiffahrtsweges Rhein-Main-Donau in greifbare Nähe.

Die Fortführung des Mainausbaus einerseits über Franfurt hinaus nach Hanau und andererseits über Aschaffenburg hinaus ließ einen neuen Hafen zwingend notwendig erscheinen.

1891 wurde ein erstes Hafenprojekt unterhalb der Eisenbahnbrücke Hanau-Steinheim dem zuständigen Berliner Ministerium eingereicht. 1900 wurde ein Regierungsbaumeister beim Wasserbauamt Frankfurt mit der Überarbeitung des Projektes beauftragt. Die geschätzten Kosten lagen bei 2,58 Milionen Mark. Daraufhin wurde das städtische Tiefbauamt mit der Überarbeitung eines günstigeren Hafenprojektes betraut. 1903 wiesen die Berliner Regierungsvertreter auf die ungünstige Lage mit den später fehlenden Erweiterungsmöglichkeiten hin. So setzte sich in Hanau die Einsicht durch, daß ein Hafen nur als Industriehafen mit dem entsprechenden Gelände für Gewerbeansiedlung und Eisenbahnanschlüssen eine Zukunft hätte. Ein neuer Platz oberhalb der Steinheimer Brücke auf Großauheimer Gemarkungsgebiet wurde gefunden. Bis 1913 waren die rechtlichen Genehmigungen und Körperschaftsbeschlüsse erreicht. Nun ließ der I.Weltkrieg das Hafenprojekt in weite Ferne rücken.

Der verlorene Krieg brachte Hanau eine große Zahl von Erwerbslosen. Die militärischen Einrichtungen wie die vier Kasernen, das Bekleidungsamt, die Pulverfabrik mußten die vor und während des Krieges aufgestellten Einheiten und eingestellten Beschäftigten wieder hier in Hanau entlassen, wie es im Friedensvertrag für die zur entmilitarisierten Zone zählenden Stadt Hanau vorgesehen war.

So beschloß 1920 die Stadt, daß wenigstens ein Sicherheitshafen für Floß- und Schiffahrt bei Eisgang ausgeführt werden sollte.

1921 wurde mit den Arbeiten begonnen. Im ersten Jahr waren täglich in zwei Sechs-Stunden-Schichten 600 Arbeiter tätig, vorwiegend mit Erdaushub in Handarbeit beschäftigt. Aufgrund des großen Interesses von Handel und Industrie wurde 1922 beschlossen, das gesamte Projekt auszubauen. Am 25. Oktober1924 fand die feierliche Eröffnung des Hanauer Hafens statt.

Siehe auch Abbildung auf S. 112.

Literaturhinweis: Mainhafen Hanau 1924, Festschrift, Hg. Magistrat der Stadt Hanau

über die Landeskreditkasse übertragen worden, an deren Spitze Dirketor v. Sachs stand. Einzelne Verbesserungen, namentlich eine klare kaufmännische Bilanzierung, sind von mir angeregt und durchgesetzt worden.

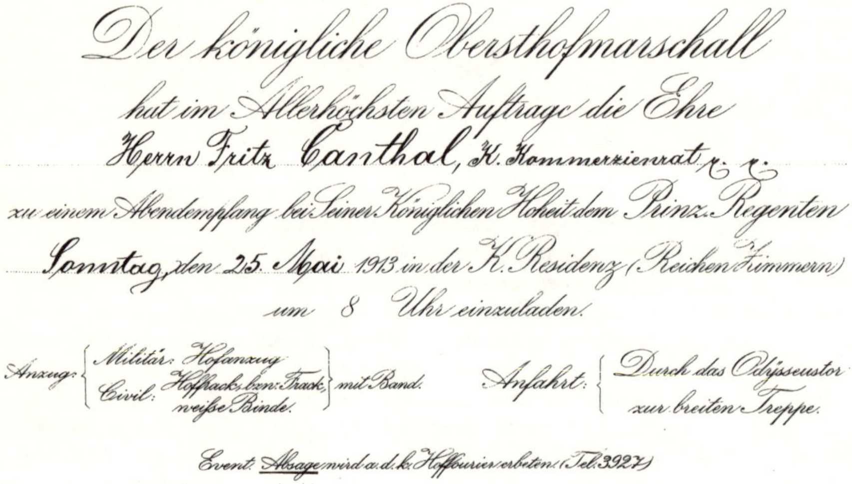
Der königliche Obersthofmarschall
hat im Allerhöchsten Auftrage die Ehre
Herrn Fritz Canthal, K. Kommerzienrat r. r.
zu einem Abendempfang bei Seiner Königlichen Hoheit dem Prinz-Regenten
Sonntag, den 25. Mai 1913 in der K. Residenz (Reichen Zimmern)
um 8 Uhr einzuladen.
Anzug: Militär: Hofanzug; Civil: Hoffrack, bzw: Frack, weiße Binde. mit Band.
Anfahrt: Durch das Odysseustor zur breiten Treppe.
Event. Absage wird a. d. k. Hoffourier erbeten. (Tel. 3927)

Übertragung des Textes auf der Urkunde von Seite 120 in lateinische Schrift:

Wir Wilhelm. von Gottes Gnaden König von Preußen etc:
thun kund und fügen hiermit zu wissen, daß wir allergnädigst geruht haben, dem Kaufman Fritz Canthal in Hanau den Charakter als Kommerzienrath zu verleihen.
Es ist dies in dem Vertrauen geschehen, daß der nunmehrige Kommerzienrath Canthal uns mit unserem Königlichen Hause in unverbrüchlicher Treue ergeben bleiben und fortfahren werde, nach Kräften zum allgemeinen besten beizutragen, wogegen derselbe sich unseres allerhöchsten Schutzes bei den mit seinem gegenwärtigen Charakter verbundenen Rechten zu erfreuen haben soll. Urkundlich haben wir dieses Patent allerhöchstselbst vollzogen und mit unseren königlichen Insiegel versehen lassen.
Gegeben Neues Palais, den 29. August 1904
Wilhelm
Patent als Kommerzienrath für den Kaufmann Fritz Canthal in Hanau P2863

Besondere Begegnungen

Diese ehrenamtlichen Stellungen, verbunden mit einer leitenden Position innerhalb der Branche, gaben meinem Leben einen erhöhten Inhalt. Sie hoben es über das alltägliche Niveau empor. Ich kam sehr häufig nach Berlin und anderen Verkehrszentren, ich nahm an wichtigen Beratungen auf fast allen Gebieten des Wirtschaftslebens teil, lernte eine große Anzahl bedeutender Männer kennen, erweiterte mein Wissen und Können. Viele schöne festliche Veranstaltungen reihten sich den Städte- und Handelstagen an. Außer den bereits erwähnten Ehrungen durch meine Mitbürger wurde mir regierungsseitig durch die am 29. 1. 1904 erfolgte Ernennung zum Kommerzienrat und die Verleihung des roten Adlerordens am 29. 3. 1909 Anerkennung zuteil, ferner in der Kriegszeit durch die Verleihung des Verdienstkreuzes für Kriegshilfe am 2. 4. 1917 und durch die Ernennung zum Geheimen Kommerzienrat am 8. 9. 1918. Interessant waren auch die verschiedenen fürstlichen Empfänge, so im Oktober 1897 durch König Leopold von Belgien gelegentlich einer festlichen Veranstaltung der deutschen Kolonie in Antwerpen, die den Nachweis der Bedeutung dieses Hafens für die südwestdeutschen Exportinteressen darlegen sollte. Im Mai 1913 eine solche bei König Ludwig von Bayern gelegentlich einer Tagung des bayrischen Schiffahrtsverbandes und schließlich die Einladung zur Hoftafel bei Kaiser Wilhelm am 6. 9. 1897 und 9. 7. 1905 zu Homburg v. d. H. und am 28. 8. 1903 zu Cassel gelegentlich seiner Anwesenheit in der Provinz bei Abhaltung der Kaisermanöver. Prunkvolle Veranstaltungen, in denen der Kaiser als vorzüglicher Redner und als glänzender Repräsentant der Herrschergewalt erschien. Der Vollständigkeit halber erwähne ich noch die Einladung des Landgrafen von Hessen zu einer Festtafel in Schloß Philippsruhe zur Hochzeitsfeier seines Bruders Friedrich Karl von Hessen mit der Schwester des Kaisers, Margarethe von Preußen. Heute, nach dem Zusammenbruch der fürstlichen Herrlichkeit und nach dem Erlöschen des höfischen Glanzes im revolutionierten deutschen Reich, erscheinen diese Erinnerungen als historische Merkwürdigkeiten und gewinnen dadurch einen eigenartigen Reiz. Eine interessante

Urkunde zur Ernennung zum Kommerzienrat -> S. 120
Übertragung in lat. Schrift -> S. 118
Speisefolge der königlichen Mittagstafel -> S. 121
Die Landgrafen -> S. 193

Wir Wilhelm,

von Gottes Gnaden

König von Preußen etc:

Thun kund und fügen hiermit zu wissen, daß Wir Allergnädigst geruht haben, dem Kaufmann Fritz Canthal in Hanau den Charakter als Kommerzienrath zu verleihen. Es ist dies in dem Vertrauen geschehen, daß der nunmehrige Kommerzienrath Canthal Uns und Unserem Königlichen Hause in unverbrüchlicher Treue ergeben bleiben und fortfahren werde, nach Kräften zum allgemeinen Besten beizutragen, wogegen derselbe sich Unseres Allerhöchsten Schutzes bei den mit seinem gegenwärtigen Charakter verbundenen Rechten zu erfreuen haben soll. Urkundlich haben Wir dieses Patent Allerhöchstselbst vollzogen und mit Unserem Königlichen Insiegel versehen lassen.

Gegeben Neues Palais, den 29. August 1904

Wilhelm R.

Möller

Patent
als Kommerzienrath
für den Kaufmann Fritz
Canthal in Hanau.
P. 2863.

Homburg, den 9. September 1905.

Königliche Mittagstafel.

Kaisersuppe.

Seezungen in Rheinwein.

Gedämpftes Rinderstück mit Gemüse.

Wild-Auflauf.

Hummerschnitten in Gallert.

Hamburger Hühner, Früchte, Salat.

Gefülltes Bisquitpudding.

Käsestangen.

Nachtisch.

C. Hacker, Königl. Hoflith. Berlin W.

repräsentative Veranstaltung erlebte ich auch in Wien gelegentlich eines Kongresses deutsch-östereichischer Binnenschifffahrtsvereine durch die Einladung zu einem Empfangsabend des Ministerpräsidenten Graf Badeni, bei welcher Gelegenheit ich durch den mit befreundeten Oberbürgermeister Brink von Offenbach zu einer längeren Unterhaltung mit dem vielgenannten Oberbürgermeister Wiens und Führer der österreichischen christlich-sozialen Partei Lueger kam, eine ziemlich wüste Persönlichkeit, die nur in der schwülen und trüben Atmosphäre des österreichischen Staates eine so hervorragende Rolle spielen konnte. Das sind Schaustücke gewesen, aber von bleibender Bedeutung waren mir die Begegnungen mit hervorragenden Männern des öffentlichen bürgerlichen Lebens. So hatte ich wiederholt wichtige Besprechungen mit dem preußischen Finanzminister v. Miquel in Angelegenheiten der Mainkanalisation sowohl als auch der Branntweinsteuergesetzgebung. Er machte jedesmal den Eindruck eines ungewöhnlich klugen, aber nicht sehr aufrichtigen Mannes auf mich. Den Herausgeber und Inhaber der Frankfurter Zeitung, L. Sonnemann, lernte ich kennen, und ich bekam zugleich Fühlung mit diesem einflußreichen Blatt. Mehrere Artikel sind in dieser Zeitung von mir veröffentlicht worden, namentlich während der Wahlkämpfe um die Reichs- und Landtagskandidatur Nickels. Auch über die Verhandlungen im Handelstag gab ich gelegentlich der einsetzenden Schutzzollpolitik Darlegungen, besonders aber referierte ich über die Branntweinsteuergesetzgebung und die Monopolisierungspläne. Die Frankfurter Zeitung ist ohne Zweifel das beste Handelsblatt Deutschlands und hat sich dadurch einen großen Leserkreis gesichert. Seit Jahrzehnten lese ich sie täglich, natürlich auch den politischen Teil, der eine sehr weitgehende demokratisch-sozialistische Tendenz verfolgt. Es wird dabei oft einer recht destruktiven und hochfahrenden Kritik Ausdruck gegeben, wodurch bei den Anhängern rechtsstehender Parteien eine ungemein große Feindseligkeit gegen die Zeitung wachgerufen wird. Auch mir ist die politische und soziale Richtung zu extrem und zu einseitig, gesteigert durch einen oft verletzend scharfen Ton. Aber der Nachrichtendienst ist vorzüg-

von Miquel
-> S. 196

L. Sonnemann
-> S. 200

lich, rasch und erschöpfend, und geistreiche Mitarbeiter orientieren den Leser ausreichend für den Tagesbedarf über das Wissenswerte in der Entwicklung der Ereignisse, sie geben gutes Beurteilungsmaterial über alle politischen und geistigen Strömungen. Man muß sich manchmal über die Bissigkeit und die radikale Tendenz des Blattes ärgern, aber es ist geistreich redigiert und man kann nicht an ihm vorbeigehen.

Besonders wertvolle Erinnerungen sind mir meine Begegnungen mit dem hochbegabten Führer der freisinnigen Partei, Egon Richter. Er erschien mir als ein klassischer Volkstribun und ich empfand vor ihm die Verehrung, mit der man Charakterfestigkeit, geistige Kraft, patriotische Gesinnung, wie sie in seltenem Maße in diesem Mann sich vereinigen, huldigen soll. Ich wurde durch meinen Schwiegervater mit ihm bekannt und hatte vielfach mit ihm Unterredungen in Parteiangelegenheiten. Ich empfing häufig seinen Rat bei Behandlung der mich interessierenden Fragen wirtschaftlicher Art, besonders bei meinem Kampf gegen die agrarische Tendenz der Branntweinsteuergesetzgebung. Er war ein Held der Arbeit, kein Spieler mit oratorischen Kunststücken, seine Überzeugungen gründeten sich auf Wissen und Prinzipien. Nie nahm er an Festen teil. Für parlamentarischen Klatsch hatte er weder Zeit noch Neigung. Ein Brief von ihm, April 1898, liegt in meinen Akten, in dem er mich zur Annahme der Reichstagskandidatur ersuchte. Ich habe damals abgelehnt. Denn ich sah in der Zersplitterung des Bürgertums kein Heil, und auf eine Unterstützung der nationalliberalen Partei hier konnte ich nicht zählen. Dagegen hatte mir die Zentrumspartei durch Richard Müller, Fulda, damals ihre Stimmen zugesagt. Die freisinnige Partei nahm übrigens zur Zeit infolge ihrer scharf oppositionellen Stellung zur inneren Politik Bismarcks einen recht einseitigen Standpunkt ein, der eine praktische Betätigung in positiver Mitarbeit bei der Ausgestaltung unserer staatlichen Verhältnisse kaum zuließ, und ich zog eine Tätigkeit in kommunalen Dingen, wie ich sie als Vorsitzender der Handelskammer und Stadtverordnetenvorsteher ausüben konnte, vor. Letztere Funktionen hätte ich aber niederlegen müssen. Auch wären durch lange

Egon Richter -> S. 199

Liberale Parteien -> S. 59

und häufige Abwesenheit meine geschäftlichen Interessen sicher geschädigt worden, was ich mit Rücksicht auf meine große Familie nicht zu verantworten glaubte. Zu einer führenden parlamentarischen Rolle fehlten mir zudem die erforderlichen Eigenschaften: starke Nerven und Redegewandtheit. In der Gefolgschaft mitzulaufen, erschien mir wenig ansprechend. Ich hatte zu sehr das Gefühl, daß man einem geschäftlichen Müßiggang anheimfalle.

Ein von mir hoch verehrter Parlamentarier trat mir wiederholt sehr freundlich näher, der Vorsitzende des deutschen Handelstages, Reichstagspräsident Kämpf. Er war zwar streng freisinniger Richtung, aber keine Kampfnatur, ein ernster, tüchtiger, kenntnisreicher und taktvoller Mann. Ich kam oft, namentlich bei den Festessen des Ausschusses des Handelstages, mit ihm in lebhafte Unterhaltung und fühlte mich sehr zu ihm hingezogen. Bei einer größeren Abendgesellschaft, die er im Präsidialgebäude des Reichstages veranstaltete, wurde ich dem Reichskanzler v. Bethmann-Hollweg vorgestellt, einer vornehmen Erscheinung.

Dernburg
-> S. 188

Hanauer Diamantschleifereien
-> S. 125

Mit dem Staatssekretär des Kolonialamtes, Dernburg, hatte ich eine erwähnenswerte Besprechung. Das Vorkommen von Diamanten in Südwest-Afrika erregte seinerzeit großes Aufsehen, und ich war der Meinung, daß den Hanauer Diamantschleifereien eine nutzbringende Beschäftigung und Beteiligung hierbei gesichert werden könne. Dernburg nahm den Gedanken freundlich auf, aber eine praktische Realisierung ließ sich für uns leider nicht finden. Eine von mir lebhaft befürwortete Schleiferschule in Hanau wurde zwar im Anschluß an die Akademie ins Leben gerufen, ging aber während des Krieges wieder ein. Auch mit dem Handelsminister Sydow hatte ich mehrfach Besprechungen, insbesondere zum Zwecke der Erhaltung der Hanauer Handelskammer, deren Bestehen durch die Bestrebungen bedroht war, größere Vertretungskörper durch ein Zusammenlegen der kaufmännischen Korporationen zu schaffen. Schließlich hat sich nach meinem Austritt, aber von mir vorbereitet, ein Zusammenschluß der Handelskammern von Frankfurt und Hanau sich als nützlich ergeben und vollzogen. Bei

Diamantschleiferei in Hanau

Am 17. Januar 1874 gründeten die Brüder Ludwig und Friedrich Houy aus Oberstein/Oldenburg in Hanau die erste deutsche Diamantschleiferei seit dem 17. Jahrhundert.
Mit Hilfe des Farbsteinschleifers Carl Centner aus Böhmen entwickelten sie eine Methode des Schleifens von Diamanten, die der holländischen ähnlich war; denn bisher wurde nur in den Niederlanden geschliffen.
Ein Rohdiamant wurde so gespalten, daß er möglichst günstige, gewinnbringende Stücke ergab. Diese Stücke wurden von einem Diamantenreiber in die zu erhaltende Form gerieben.
Anschließend arbeitete der Schleifer die Facetten aus. Auf einer Eisenscheibe, die mit Öl und Staub (Bord) aus minderwertigen gemahlenen Diamanten bestrichen war, wurde der Diamant geschliffen. Dazu befestigte man den Stein an einem Handgriff (Doppe).
Nach zehn Jahren beschäftigte Houy etwa 180 Arbeiter. 1888 gab es in den bereits neun Schleifereien 509 Arbeiter. Die neuen Betriebe warben die ausgebildeten Arbeiter den anderen ab.
Das Londoner Diamantenkartell und die Vereinigung der Diamantminen am Cap, Südafrika, bestimmten den Preis für Rohdiamanten. Die hiesigen Schleifereibesitzer unterboten sich auf dem Diamantenmarkt, so daß sich der Betrieb dieser Industrie kaum mehr lohnte, wie die Handelskammer in ihrem Bericht 1888 bemerkte.
Aufgrund der Preissituation setzte das Kartell Hanauer Schleifereinuternehmer den Akkordlohn herab. Am 15.April1889 begann ein 18-wöchiger Streik der Diamantarbeiter um höhere Löhne. Die Arbeiter hatten sich in einem eigens dafür geschaffenen Fachverein organisiert. Ein Jahr später kämpften die Diamantschleifer gegen die "Lehrlingszüchterei". Gemeint war die zahlenmäßig überhöhte Beschäftigung von Lehrlingen; denn den 1/3 ausgebildeten Arbeitern standen 2/3 Lehrlinge in den Betrieben gegenüber. Nach 5 Jahren Lehrzeit mußten die Lehrlinge noch 2 Jahre im Betrieb bleiben, dadurch wurden älteren Arbeitern die Arbeitsplätze weggenommen. Im November 1897 kam es zu einem weiteren Streik der Diamantarbeiter um höhere Löhne.

Blick in die Schleiferei Wolf, Wachenbuchen 1929, Museum Hanau

einem Besuche Hanaus durch den Minister nahm derselbe am 11. 11. 1911 ein Frühstück in meinem Hause ein, dem Vertreter der Regierung, der Stadtverwaltung und der Industrie beiwohnten.

Ich hatte während meiner öffentlichen Tätigkeit öfters Referate zu erstatten, Reden zu halten, über die mir leider in den meisten Fällen keine Notizen mehr zur Hand sind. Einen größeren Vortrag hatte ich bei einer Festsitzung der Handelskammer gelegentlich ihres 25jährigen Bestehens 1896 gehalten, der dann im Druck erschienen ist und zu meiner besonderen Befriedigung in der von Barth und Ramberger herausgegebenen recht angesehenen Monatsschrift "Die Natur" eine äußerst günstige Besprechung gefunden hat. Mein letzter größerer Vortrag war im Ausschuß des Handelstages in Berlin über das jetzt in Kraft getretene Branntweinmonopolgesetz.

Drei Reisen

Reisen in der bürgerlichen Gesellschaft -> S. 128

Zu den liebsten Lebenserinnerungen gehören meine Wanderungen und Reisen, die ich jährlich zu meiner Erholung und zu meiner geistigen Auffrischung unternommen habe, anfänglich zwei bis drei Wochen, später einige Male bis zur Dauer von sechs Wochen, meist allein, hie und damit mit meinen Freunden, Cäsar und Willy Böhm, auch anfänglich einmal mit Rudolf Osius. Das Ränzchen auf dem Rücken, bin ich oftmals heiteren Sinnes durch Gebirg gezogen, habe später auch meine Frau oder eines der Kinder bei mir gehabt, wenn ein Aufenthalt an der See oder eine bequeme Reise ins Hochland oder nach den italienischen Seen zur Ausführung kam. Ich hatte ein großes Stück Welt gesehen. Meine Gedanken haften an den köstlichen Schönheiten, die die Natur vor uns ausbreitet, wenn ich die zurückgelegten Wegestrecken vor meiner Erinnerung vorüberziehen lasse, von den hohen Buchenwäldern der Ostsee zu den tannenumstandenen sanften Höhenzügen des deutschen Mittelgebirges, von den schneeigen Hängen und Gletschern über die Schründe der Alpen zu den sonnigen in Azur gehüllten Mittelmeergestaden, über die wogende See nach den unendlichen Flächen der Libyschen Wüste. Und ernste Betrachtungen über das Rätselhafte im Werden und Vergehen der Völker erfüllen meinen rückwärtsblickenden Sinn, wenn ich der Eindrücke gedenke, die mir von der modernsten Hauptstadt menschlicher Staats- und Kulturentwicklung, von Washington, geworden sind und sie vergleiche mit den wunderbaren Resten arabischer Kunst und Kultur, der Alhambra. Von den Zentren des deutschen, englischen, französischen und italienischen Volkslebens ziehen meine Erinnerungen nach Athen, der Ruinenstätte edelsten antiken Lebens, nach Konstantinopel, dem Mittelpunkt der mohammedanischen Welt. Meine Wanderungen führten mich bis nach Damascus, der ältesten Hauptstadt orientalischer Staatenbildung, und bis zur Grabeskirche Jerusalems und dem Haram esch scherif, der ehrwürdigen Tempelstätte Israels, dem ältesten Kulturplatz, von dem die drei monotheistischen Weltreligionen ihren siegreichen Ausgang ge-

Alle Welt reist

Reisen - heute als moderner Tourismus bezeichnet - ist kein Phänomen gegenwärtiger hochentwickelter Industriegesellschaft. Vom Mittelalter bis zur Zeit der Industrialisierung war ein Teil der Bevölkerung immer unterwegs. Das Pilgern zu heiligen Stätten wie dem weitentfernten Santiago de Compostella oder Rom und die Wallfahrten zu sekundären Heiligtümern in geringerer Entfernung wie z.B. Aachen oder Walldürn, brachte Massen von Menschen zum Aufbruch in fremde Orte.

Die adelige Kavalierstour, als Abschluß der Erziehung und Einführung in die Welt europäischer Aristokratie, beinhaltete das Kennenlernen anderer höfischer Gesellschaft und das Erlernen dominierender Sprachen wie z.B. Französisch und wurde zum Vorbild für begüterte Kaufleute, ihre Söhne zum Kennenlernen auswärtiger Handelshäuser und Kenntnisse in fremde Städte zu schicken.

Ohnehin bildeten die Kaufleute einen festen Bestandteil der Reisenden, ob sie nun als Hausierer mit Töpfen oder Uhren auf dem Rücken die Märkte und Dörfer aufsuchten oder zwischen den großen Messen in Frankfurt, Leipzig oder Mailand unterwegs waren.

Auf der Walz war auch beständig ein Teil der Handwerksgesellen. Große Bauvorhaben wie Dombauhütten oder Schlösser benötigten viele Arbeitskräfte und boten Möglichkeiten, neue Fertigkeiten zu erwerben und Nachrichten zu tauschen.

Auch die fahrenden Studenten, Schüler, Gelehrte, Ingenieure und Geistliche bereisten Universitäten und Bibliotheken an fremden Orten.

Weiterhin bevölkerte ein Vielzahl von Menschen des untersten Standes, die Gaukler, Bettler, Vaganten, Wanderarbeiter, die Straßen auf der Suche nach einer Bleibe.

So unterschiedlich auch die Beweggründe des Unterwegsseins waren, so offenbarte auch die Art des Reisens die Klassenunterschiede. Die Masse der Reisenden, d.h. die wenig oder nichts Besitzenden, waren immer zu Fuß auf dem Weg.

Der vermögende Adel und das besitzende Bürgertum reiste mit eigener Kutsche, dem Coupé, Eilige nahmen die Extra-Post, doch der überwiegende Teil der Reisenden, die fahren konnten, nahmen die Ordinari-Post. Mit Pferden bespannte Wagen hielten, so gut es auf den vorhandenen Strecken ging, einen Fahrplan ein. Die Höhe der Radachse drückte symbolisch die Position in der gesellschaftlichen Hierarchie aus.

Zu Ende des 18. und im 19. Jahrhundert entwickelte sich die Badereise zu einer eigenen Reiseform. Die Pflege der Gesundheit und damit verbunden der gesellschaftliche Umgang in den Badeorten wie z.B. Karlsbad oder Wiesbaden war den Wohlhabenden vorbehalten.

Etwa um die gleiche Zeit entwickelte sich das am weitesten verbreitete Mittel zum Reisen zum eigentlichen Reisezweck, das Fußwandern. Die Begegnungen und Begehungen mit und in der Natur, Landschaften, Pflanzen, Tiere hielten Maler und Literaten der Romantik in Bild und Wort fest.

Die Vielfältigkeit des Reisens spiegelt sich auch in den Reisezielen wider. Die Bildungsreise, z.B. die Italienreise, erforderte das Aufsuchen von Städten wie Venedig, Rom, Neapel mit ihren Sehenswürdigkeiten.

Die Überquerung der Alpen führte zum Kennenlernen der Gebirgswelt. Von der Schweiz wurde der gängige Eindruck vermittelt, daß sie die ganze Natur auf kleinem Raum vereine. In einem Dorf im Engadin baute ein findiger Schweizer 1879 eine kleine Pension zu einem Hotel mit elektrischem Licht aus, legte eine Schlittenbahn "Cresta" an und brachte das Curling in Mode. Das Dorf hieß St. Moritz.

Die Weltausstellungen entwickelten sich zu

Reisemagneten. Die ganze Welt war an einem Orte zusamengeführt und so ersparte die Reise zur Weltausstellung die Weltreise. Die Weltausstellung von Paris 1900, mit 60000 Ausstellern, zog 48 Millionen Besucher in die Stadt.
Mit der Industrialisierung und dem Ausbau der Massenverkehrsmittel Eisenbahn und Dampfschiff wurde für einen beträchtlichen Teil der Bevölkerung das Überwinden von Raum und Zeit ermöglicht. Agenturen, in England Cooks, in Deutschland das Reisebüro Stangen, boten Gruppenreisen "für bessere Kreise" an. Ab 1875 gab Stangen Hotelcoupons aus, 1878 wurden Sonderzüge eingesetzt, seit Ende der 80er Jahre waren Auslandsreisen im Angebot. 1899 veranstaltete Stangen 688 Gesellschaftsreisen und wurde 1905 von der Hapag übernommen. Die Reiseliteratur (Apodemiken) lieferte mehr oder weniger verwertbare Informationen über fremde Orte, Menschen, Sprachen und Bräuche. Sterne sollten die Vorauswahl bei den Reisezielen erleichtern.

Literaturhinweis: Reisekultur - Von der Pilgerfahrt zum modernen Tourismus, Hrg H. Bausinger, K. Beyer, G. Korff, München 1991

Kurfürstenthum Hessen.

REISE-PASS.

No 148 — auf Sechs Monate gültig

Signalement.
Alter 28 Jahre
Größe 5' 7"
Haare blond
Stirn
Augenbraunen
Augen grau
Nase
Mund
Zähne gut
Bart
Kinn oval
Gesicht
Farbe gesund
Statur schlank
Besondere Kennzeichen

Unterschrift
Joh. Heinr. Nickel

Alle Civil- und Militärbehörden werden ersucht den hierneben signalisirten Kaufmann Herrn Johann Heinrich Nickel, gebürtig aus } wohnhaft in } Hanau, von da nach In- und Auslanden in Geschäften frei und ungehindert reisen und zurück reisen, ihm auch Schutz und Beistand angedeihen zu lassen.

Hanau, am 19. Mai 1858.

Kurfürstliche Polizei-Direktion.

Reisepaß für Johann Heinrich Nickel
ausgestellt am 19. Mai 1858 in Hanau
gebürtig und wohnhaft in Hanau
"von da nach In- und Auslanden in Geschäften".
Anhand der Paßkontollen im Innenteil läßt sich folgender Reiseverlauf rekonstruieren: Sachsen 31. Mai 1858; Alt Orsawa (rumänische Stadt an der Cerna-Mündung in die Donau; 10. Juni; Jassy (Rumänien) 29. Juni, Galatz 4. Juli, Bukarest 12. Juli, Alt Orsawa 19. Juli, Sachsen 23. Juli, und dann zurück nach Hanau.

nommen haben im Kampf gegen die Vielgötterei orientalischer Naturreligionen, des Baaldienstes und der nordischen und griechischen Götterkreise.

Drei größere Reisen will ich hier erwähnen:

1. Paris, Spanien, Nordafrika

Paris Weltausstellung 1900 **-> S. 85**

Ich hatte Erzeugnisse meiner Brennerei auf der Weltausstellung 1900 in Paris ausgestellt, was mich zur Pfingstzeit zu einer Reise dorthin veranlaßte, womit ich einen Besuch meines Bruders in Madrid verbinden und unter Benutzung einer Rundreisekarte über Oran, Algier, Marseille, Paris wieder zurückreisen wollte. In Paris selbst war ich schon zweimal gewesen, zuerst im Jahre 1869, zur Glanzzeit Napoleons III., etwa drei Wochen, dann einige Tage gelegentlich meiner Reise in die Charente 1897. Auch dieses Mal übte die Stadt mit ihren historischen Erinnerungen, ihren Kunstschätzen, ihren prunkvollen Bauten und Straßenanlagen, ihrem Leben und Treiben einen überaus großen Eindruck auf mich aus. Ist sie doch der Zentralpunkt einer großen, geistreichen Nation, sind doch von hier aus tiefeinschneidende Umwälzungen des politischen und geistigen Lebens der Völker ausgegangen, bildete sie doch damals ganz besonders einen Treffpunkt des internationalen Kunstlebens. Man erlebt ein großes Stück Weltgeschichte bei der Betrachtung ihrer Denkmale, man findet eine Fülle anregender Belehrung in der Beobachtung des Getriebes dieser Weltstadt. Erweitert wurden diese Empfindungen durch die großartigen Schaustellungen der Weltausstellung. Allerdings brachte diese eine derartige Häufung des Sehenswerten, daß die Übersichtlichkeit verloren ging und für denjenigen Besucher, der nur wenige Tage zu ihrer Besichtigung verwenden konnte, sie kaum mehr Inhalt gab als die Befriedigung der Neugierde, an einer Veranstaltung, wie sie in gleicher Größe noch nie geboten worden war und voraussichtlich auch nie wieder geschaffen werden würde. Diese Art des friedlichen Wettbewerbs aller Nationen auf allen Gebieten menschlicher Kultur hatte offenbar, wie sich damals schon erkennen ließ, ihren Höhepunkt erreicht, und durch eine Überspannung des an sich schönen Gedankens seine Weiterbildung zerstörte. Die ungeheuren Kosten dieser Weltausstellung sowohl für die einladende Nation wie auch für die einzelnen Aussteller standen mit der ursprünglich beabsichtigen Wirkung der Entfaltung eines Wettbewerbs auf den Gebieten von Kunst und Gewerbe, Technik und Wissenschaft, Handel und Industrie nicht mehr in Einklang. Man ist dann zu Landes- und Fachausstellungen übergegangen, wie sie in Frankfurt, Berlin, Düsseldorf und München zu sehen später Gelegenheit hatte. Sie versprachen durch ihre Einheitlichkeit und ihre größere Konzentration besseren Erfolg, klarere Übersicht der erfolgreichen Entwicklung auf abgegrenzten Gebieten der menschlichen Betätigung. Aber es scheint, daß auch für diese Form der Ausstellungen ein Stillstand eingetreten ist. Jedenfalls wird den Medaillen, einer Art industrieller Ordensdekoration, heute von ersten und ernsten Betrieben kein erheblicher Wert mehr beigelegt, nachdem eine Anzahl von Ausstellungen in der Hauptsache zu dem Zwecke gegründet worden ist, diesem Ehrgeiz Genüge zu tun. Eher scheint es, daß das Ausstellungsbedürfnis sich neuerdings den Messen zuwendet und den damit in Zusammenhang stehenden Fachausstellungen.

Biarritz

Ich fuhr nach einem sehr lohnenden Aufenthalt in der französischen Hauptstadt nach Biarritz, dem eleganten Seebad am Golf von Biskaya. Die Lage ist außerordentlich schön. Ich fand in einem Luxushotel ersten Ranges, dem früheren Schloß der Kaiserin Eugenie, Unterkunft. Ihr Namenszug war noch an allen Türen etc. sichtbar. Hier haben ohne Zweifel die historischen Besprechungen zwischen Napoleon III. und Bismarck stattgefunden, die auf das Verhalten der französischen Regierung zu der deutsch-preußischen Politik 1860 bis 1864 von so erheblicher Bedeutung waren und die staatsmännische Überlegenheit des deutschen Staatsmannes erfolgreich erwiesen haben. Ich war nur einen Tag an diesem interessanten und schönen Ort, aber ein besonderes Erlebnis verknüpft sich für mich damit. Die Luft wurde unruhig, das Tageslicht nahm eine eigenartige graugelbe Färbung an, es war eine Sonnenfinsternis eingetreten, so stark, wie ich dieses Ereignis noch nie beobachtet hatte. Ich fuhr dann nach der spanischen Grenze. Unterwegs hatte sich eine merkwürdige Reisegesellschaft eingestellt: etwa hundert deutsche Pilger und Pilgerinnen, meist Landleute, unter geistlicher Führung auf der Wallfahrt nach Lourdes begriffen. In Paris eine internationale Zusammenfassung materieller Interessen, hier an der Grenze ein Hinweis auf die weltumfassende Macht der religiösen Idee des Katholizismus

Madrid

Mein Bruder empfing mich in Madrid auf das herzlichste und nahm mich in gastfreiester Weise bei sich auf. Er begleitete mich dann, nachdem er sich vorher meiner Bankanweisung bemächtigt hatte, die er mir erst bei der Einschiffung nach Oran wieder auslieferte, durch die interessantesten Städte des südlichen Spaniens: Toledo, Cordova, Sevilla, Granada, nach Cartagena, seinem gewerblichen Domicil. Madrid ist keine schöne Stadt moderner Art, nur die Paseos und der Prado, breite Promenadenzüge, die sich an den nahe bei der Stadt gelegenen großen Park Buen Retiro anschließen, bieten mit diesen eine bedeutende und schöne Anlage, die zugleich der Mittelpunkt des eleganten Verkehrs ist. Hier finden die täglichen Korsofahrten statt, die ich nirgends so belebt und in solcher Ausdehnung gesehen habe, außer im Hydepark in London während der Parlamentstagungen. Der Spanier lebt zu Hause einfach, aber nach außen tritt er prunkvoll auf, und dazu gehört eine Equipage, in der seine Damen im Korso auf und ab fahren. Auch mein Bruder hatte einen Zweispänner und wir nahmen an dem prunkvollen, interessanten Treiben wiederholt teil. Das Eigenartigste des spanischen Volkslebens ist aber das Schauspiel der Stierkämpfe. Während meines Madrider Aufenthaltes fand ein solches im großen Stil statt. Einen merkwürdigen Anblick bot die große, offene Arena, die mit Tausenden bis zum letzten Platz gefüllt war. Die Damen zum großen Teil in Festschmuck und spanischen bunten Nationalkostümen, alles in unruhiger Erwartung. Dann kam der Aufzug der Kämpfer Es war ein wirklich schönes, Bild wie sie dem Festordner-Präsidenten huldigen. Der Beifall und Jubel der Massen setzte ein und die Bewegung nahm im Verfolg des Spiels mehr und mehr zu, obschon die Vorgänge anfingen, immer wilder und häßlicher zu werden und sich bis zum Widerwärtigen steigerten. Ehe der Stier getötet werden konnte, hatte er in rasender Wut eine Anzahl Pferde der Caballeros schwer verletzt. Blut floß reichlich, bevor dem Torero der Jubel der Menge für den Todesstoß gewährt wurde. Und dann bestiegen die Herrschaften der feinen Welt ihre zum Teil mit Maultieren bespannten und mit Bändern in

Straßenszene in Madrid, Photographie 1895

der spanischen Landesfarbe geschmückten Karossen. Die Menge aber zerstreute sich vergnügt und in gehobener Stimmung nach allen Richtungen. Über das Unmenschliche dieser grausamen Volksbelustigung zu moralisieren, hat keinen Zweck. Die große Mehrzahl der Schaulustigen ist ohne Zweifel viele Generationen hindurch streng christlichen Glaubens, gar viele derselben sind auch "hilfreich und gut" in humanistischer Denk- und Gefühlsart. Allein nur ein dünner Firnis überdeckt das Tierische im Menschen. Diese Stierkämpfe sind nur ein Beispiel dafür. Grausame Instinkte brechen immer wieder hervor. Das zeigt sich in größerem Maßstab, wenn die Massen heftig in Bewegung gebracht werden, daher am deutlichsten in der Geschichte der Glaubenskämpfe, der Revolutionen und der Volkskriege. Zuletzt unter diesen und nicht zum wenigsten in den Erfahrungen des Weltkrieges. Der sittliche Fortschritt der Menschheit ist seit zweitausend Jahren nicht erheblich, nur die wirtschaftliche Lage derselben hat sich durch die nutzbar gemachten Kenntnis der Naturwissenschaften und der Technik sehr wesentlich verbessert. Auf unsere abendländische Kultur so stolz sein, dazu liegt kein Grund vor. Die Inder würden solche Tierquälerei und solche "Vergnügen" nicht verstehen; sie sehen auch im Tier göttliches Leben und betrachten es als Sünde, dies mutwillig zu zerstören.

Von dem Glanz morgenländischer Kultur früherer Zeiten aber sich zu überzeugen, boten mir bald die Trümmer arabischer Bau- und Kunstwerke Gelegenheit. Die Moschee zu Cordowa und die Alhambra zu Granada stellen dem Geistesleben und dem Kunstsinn der Mauren während der sechs Jahrhunderte ihrer Herrschaft als unwiderlegbares glänzendes Zeugnis ein.
In der Gemäldesammlung des Prado besitzt Madrid Kunstschätze des 15. und 16. Jahrhunderts von allererstem Rang. Murillo und namentlich Valesquez, den die Spanier über ersteren schätzen, geben dieser Galerie das Gepräge und zeigen die hohe Blüte der damaligen nationalen Kunst. Ich habe dort einige genußreiche Stunden verbracht. Sehenswert und bezeichnend für den damaligen hohen Stand des Kunstgewerbes ist auch die Waffensamm-

lung, die von Karl V. gegründet worden ist. Mit großem Interesse sah ich noch die Sammlungen des archäologischen Museums, namentlich die dort aufbewahrten Reste der alten peruanischen und mexikanischen Kultur, darunter schöne Goldfunde, kunstfertige Stoffe und die berühmten Maya-Handschriften dieser ausgerotteten Völkerstämme, die der Goldgier der Europäer geopfert worden sind.

Toledo

Wir unternahmen dann einen Ausflug nach Toledo, dem spanischen Rom. Die Stadt hat eine herrliche Lage auf einem zum Tajo steil abfallenden Hügel. Brücke und Umwallungsmauer sind arabischer Herkunft, auch andere Bauten, so zum Beispiel eine alte Synagoge, sind dieses Ursprungs. Die Stadt macht einen sehr altertümlichen, ihre historische Vergangenheit kennzeichnenden Eindruck. Die Kathedrale gilt als eine der sehenswürdigsten Spaniens, imposant nach außen, im Innern von erhebender Wirkung und angefüllt mit Gemälden erster Künstler und schönen Holzschnitzereien, auf die durch die bunten Glasfenster ein gedämpftes Licht fällt. An die Siege über die Araber erinnern in einigen anderen Kirchen mannigfache Trophäen aus der Zeit Ferdinands und Isabellas. Feldruf und Banner galten der heiligen Jungfrau Maria, der wohl noch heute die Anbetung der spanischen Christenheit in erster Linie gilt.

Nach einem sehr wohltuenden, etwa achttägigen Aufenthalt bei der Familie meines Bruders verließ ich mit diesem Madrid, um den Süden Spaniens zu besuchen. Eisenbahnfahrten waren damals in diesem Lande wenig angenehm. Schlechte Verbindungen, langsame Fahrt, keine angemessene Verpflegung unterwegs, an den Stationen Krüppel und Bettler. Die Ausblicke auf den von uns befahrenen Strecken boten landschaftlich wenig Anziehendes. Braune, öde Flächen, hier und da kahle Höhen. Es fehlt an Wasser, Wiese, Wald und Menschen. Wir besuchten zunächst die berühmte Moschee zu Cordowa, in deren Mitte eine Kathedrale errichtet bzw. eingebaut ist. Karl V. soll, als er nach Vollendung des Einbaus dieses sah, gesagt haben. "Was ihr gebaut habt, hättet ihr auch

Cordoba

anderswo bauen können, aber Ihr habt etwas zerstört, was in der Welt einzig war." Immerhin macht das, was erhalten blieb, noch heute den tiefsten Eindruck auf den Beschauer und stellt einen Gipfelpunkt religiöser Baukunst dar, wie er nur selten anderenorts erreicht worden ist. Vor mehr als tausend Jahren haben hier die Omaijaden mit Hilfe byzantinischer Baumeister ein Werk geschaffen von einer Eigenart, Schönheit und Ausdehnung, das Staunen und Ergriffenheit noch heute wachruft, obschon doch nur ein Teil der alten Pracht noch sichtbar ist. Ein Wald von etwa tausend schlanken Säulen, die durch arabische Bogen verbunden sind, überall malerische Durchblicke, merkwürdige Formen und Farben, feierliche Stille.

Sevilla

Wir fuhren nach dem sonnigen Sevilla, der Hauptstadt Andalusiens. Sie bietet einen belebten Anblick. Die Stadt, die, wie dies im Orient meist der Fall ist, hohe Häuser und enge Straßen hat, gewährt den typischen Anblick spanischen Lebens. Breite Tücher über die Straßen gespannt, geben Schutz vor der Sonnenhitze. Der berühmte Glockenturm, die Giralda, die große und reiche Kathedrale und der Alkazar mit seinen Gärten erweckte meine volle Aufmerksamkeit. Aber den Glanzpunkt der Reise bildete der Besuch Granadas und der Alhambra. Wir nahmen in einem Park der Alhambra gelegenen guten Hotel Zimmer. Der märchenhafte Reiz, den die maurische Königsburg und ihre Umgebung ausüben, ist schwer zu beschreiben, aber ich habe wenig Schöneres gesehen und die Erinnerung an die dort verbrachten Tage bleibt lebhaft in meinem Gedächtnis haften. Diese Zeugen vergangener Pracht und Herrlichkeit reden eine eindringliche Sprache. Auch der landschaftliche Reiz des Ausblicks von der etwa 700 Meter hoch gelegenen Schloßterrasse auf die Schloßbauten, den Park, die zu seinen Füßen liegende Stadt, die weite, fruchtbare Ebene und ihren Hintergrund, die schneebedeckten Höhen der Sierra Nevada, ist überwältigend und ganz eigenartig. Das Äußere der Bauten ist einfach und nüchtern nach orientalischer und auch römischer Art. Aber die Höfe und die Innenräume erscheinen als der Höhepunkt arabischer Baukunst. Der Löwenhof ist mit Recht weltberühmt. Bei den Innenräumen sind

Alhambra

die zur Bekleidung des unteren Teils der Wände dienenden Fayenceplatten, der Schmuck der oberen Wände durch das phantasievolle Spiel bunter Arabesken und Sinnsprüche, die Stalaktitengewölbe, die, auf zahllosen schlanken Säulen ruhend, die Decke der Innenräume bilden, von bezaubernder Wirkung. Lebendig wird

Löwenhof in der Alhambra (Granada)
Photographie um 1890

diese vergangene Zeit großer Herrscher- und Volkskraft, einleuchtend der Einfluß, den diese Kultur auf die Nachbarvölker und auf die Entwicklung menschlicher Gesittung geübt hat. Alexander von Humboldt rühmt denn auch in seinem Kosmos den mächtigen Einfluß der Araber, hauptsächlich vom Standpunkt der Vertiefung und Verbreitung wissenschaftlicher Erkenntnisse ausgehend. Physik und Chemie sei von ihnen eigentlich geschaffen, Mathematik, Astronomie, Arzeneiwissenschaft erheblich gefördert worden, die Verbindung ihres weiten Reiches von den Grenzen Indiens über die griechische Welt und Ägypten bis nach Spanien habe nicht nur die Kenntnisse über die Gestaltung der drei alten Erdteile erweitert, sondern sie auch zu Trägern der wichtigsten Disziplinen menschlichen Wissens gemacht. Das wird meist weniger beachtet wie ihre geistige Produktion in Kunst und Poesie. Nach der Besiegung der Araber erlebte Spanien eine große Zeit von kurzer Dauer. Kunst und Wissenschaft blieben anfänglich noch unter maurischem Einfluß, kamen dann aber zu einer selbständigen hohen Entwicklung. Namentlich aber erhob sich das Land politisch zu einer großen Weltmacht. Es entstand in ihm die erste moderne Großmacht. Der Goldstrom aus dem entdeckten Amerika ergoß sich über seine Provinzen. Doch nur ein Jahrhundert vermochte Spanien seine dominierende Stellung zu behaupten. Religiöser Fanatismus vertrieb einen großen Teil der betriebsamsten Bevölkerung und ertötete bei den anderen jede geistige Freiheit. So kam rasch ein Verfall nach außen und innen. Bleibend für die Geschichte menschlicher Entwicklung wird seine Staatenbildung in Zentral- und Südamerika sein und seine nach der Reformation einsetzende Tätigkeit für die Gegenreformation, die Erneuerung des Katholizismus.

Für Granada selbst blieb uns wenig Zeit. Nur entsinne ich mich noch eines Besuchs der gegenüber dem Alhambrahügel in einem Bergabhang eingegrabenen Höhlen, die von Zigeunern bewohnt sind und sich immer noch besser ausnahmen als so manche Kellerwohnung unserer Großstädte. Dann erreichten wir das Endziel dieser Durchquerung Spaniens, Cartagena. Diese alte Stadt liegt sehr schön an dem großen Hafen, umkränzt von hohen braunen Felsen. Vom Hause meines Bruders hat man einen sehr schönen Ausblick auf die ganze Bucht und ihren Verkehr. Es war eine unangenehme, feuchtheiße Temperatur und ich verbrachte die Nächte unter einem Moskitonetz recht unruhig. Wir besuchten den nahegelegenen Grubendistrikt, dessen Ausbeute bereits die Phönizier beschäftigt hatte. Die angesehene kommerzielle Stellung meines Bruders war mir eine liebe Wahrnehmung. Hans war damals im Büro meines Bruders eingestellt, er begleitete mich nach Oran und Algier.

Oran

Die nordafrikanische Küste ist sehr schön, das Klima gesund und, weil durch die hohen Gebirgsketten des Atlas vor dem Südwind geschützt, kühler als das von Südspanien. Der Boden scheint sehr ergiebig und gut bestellt zu sein. Die Städte Oran und Algier

Ansicht Oran 1907

machen einen vorzüglichen Eindruck. Reinlichkeit und Ordnung ist in dieser französischen Kolonie offenbar größer als im Süden Spaniens. Auch die Hotels und Cafés sind in gutem Betrieb. Das Leben und Treiben der einheimischen Bevölkerung wirkt durch seine Eigenart höchst anregend. Einige Moscheen sind sehr interessant. Mehr wie Oran hat aber Algier, namentlich am Hafen und in den Vorstädten, europäischen Charakter. Schöne Villen, prächtige Gartenanlagen in üppiger südländischer Vegetation, große Gouvernementsbauten, breite Straßen und Plätze geben ein wechselndes Bild, das von dem Gemenge arabischer und europäischer Menschen bunt belebt wird. Die alte innere Stadt jedoch weist ein Gewirr enger dunkler Straßen und Gäßchen auf, sie baut sich an der sogenannten Kasba, der alten hochgelegenen Citadelle, auf.

Algier

Frankreich hat durch seinen Kolonialbesitz einen großen Machtzuwachs erfahren; das lernten wir genügend im Weltkrieg kennen. Aber nicht nur die Stärkung seiner Heereskraft kommt in Betracht, sondern auch der Nutzen aus der wirtschaftlichen Erschließung fruchtbarer Länder mit konsumfähiger Bevölkerung. Das hat langjähriger kolonisatorischer Arbeit und großer finanzieller Opfer und Kämpfe bedurft. Die französische Politik ist in Vertretung der weitgestreckten, der äußeren Interessen der Nation seit langen Jahren äußerst geschickt und konsequent geführt worden, einerlei ob Louis Philippe, Napoleon oder die Republik die innere Macht in Händen hielten. Die Niederlage von 1870 hat die Kraft des Volkes nicht gebrochen, die sozialen Ideen und revolutionären Tendenzen sind vor dem nationalen Stolz zurückgetreten und 1914 stand die französiche Nation in sich geschlossen da, gestützt auf die Alliance mit den mächtigsten Freunden, opferbereit und nach hartem Ringen siegreich. Wir aber sind heute gedemütigt, entkräftet nach außen und im Innern zerklüftet, und trübe ist der Ausblick in die Zukunft. Der Traum, ein deutsches Kolonialbereich zu gründen, ist verflogen., Was wir vom schwarzen Erdteil in Besitz genommen hatten, war ja zum Teil von recht geringfügigen Wert, wir kamen bekanntlich bei Aufteilung der Erde zu spät. Auch dauerte es lange, bis das deutsche Volk Interesse an dem Erwerb von Kolonien nahm, selbst nachdem in den Hansestädten und dann auch in

Europäische Kolonialpolitik vor dem 1. Weltkrieg -> S. 188

Berliner Regierungs- und Handelskreisen lebhaft dafür eingetreten und die Besitzergreifung vorbereitet und durchgeführt wurde. Man befürchtete die Gefahren der dadurch herbeigeführten Weltpolitik und die Kosten der Marineverstärkungen, und man erwartete andererseits wenig Nutzen vom Handelsaustausch nach diesen unwirtschaftlichen Ländern und ihrer unzivilisierten Bewohnerschaft. Erst die rührige Agitation des Marineamtes und vor allem des Staatssekretärs Dernburg weckte die Aufmerksamkeit weiter Kreise. Für die Hanauer Industrie schien das Auffinden von Diamanten in Südwestafrika von besonderer Bedeutung zu sein. Ich konferierte mit Dernburg sowohl wie mit seinem Nachfolger Solm wiederholt über die Möglichkeit, die Funde zur Belebung der hiesigen Diamantschleifereien nutzbar zu machen. Ich erreichte auch, daß eine Schleiferschule hier im Anschluß an die Akademie errichtet wurde. Aber der Krieg machte auch dem ein Ende.

Hanauer Diamantschleifereien

-> S. 125

Marseille

Die Fahrt von Algier nach Marseille auf einem schönen französischen Dampfer war äußerst genußreich, das Meer ein glatter, glänzender Spiegel, der Abendhimmel von funkelnden Sternen durchleuchtet. Marseille selbst bietet bei der Einfahrt in den großen Hafen einen imponierenden Anblick. Die Stadt ist belebt, aber ohne besonderes Interesse. Dann fuhr ich durch das schöne, sonnige Rhônetal über Lyon nach Paris. Ich hatte dort Gelegenheit, bei den Preisrichtern meiner Sektion Einfluß zu nehmen und erhielt die Zusage, daß die von mir ausgestellten Produkte Anerkennung finden würden. In der Tat wurde mir eine goldene und eine silberne Medaille zuerkannt, eine damals sehr ehrenvolle Auszeichnung auf dem noch jungen Gebiet deutscher Wein- und Obstbrennerei. So verlief diese vierwöchentliche Reise in jeder Weise höchst befriedigend.

Mittelmeerreise

Reisebüro Stangen
-> S.- 128

Im Februar 1904 unternahm ich auf dem schönen Dampfer des Norddeutschen Lloyd Maria Theresia unter Führung des Reisebureaus Stangen eine sechswöchentliche Mittelmeerfahrt. Ich bestieg das Schiff in Genua. Eine große, etwa hundert Personen umfassende Reisegesellschaft hatte sich eingefunden, zum Teil sehr angenehme Leute.

Genua

In Italien war ich wiederholt und stets sehr gerne gewesen. Der Reiz seiner Landschaft, namentlich im Frühjahr, die angehäuften Kunstschätze, die monumentalen Bauten der Renaissance und die Ruinen aus der Römerzeit bieten eine solche Abwechslung und Fülle großer Eindrücke, daß ich immer wieder Sehnsucht nach diesem schönen Land empfand. Ich war oft an den oberitalienischen Seen gewesen, kannte die Riviera, namentlich Santa Margharita, hatte wiederholt Venedig, Mailand, Genua, Florenz, Rom und Neapel besucht. Namentlich gedenke ich gerne der Reise, die ich mit Hedwig bis Capri gemacht hatte, und des Eindrucks der gemeinsamen Besteigung des Vesuve und des Besuchs von Pompeji. Nun sollte es südlicher gehen, über Corsica nach Palermo, dann in das alte Morgenland und über Athen zurück. Die Reisevorbereitungen waren von Stangen vortrefflich getroffen worden. Zeiteinteilung, Besichtigungen und Ausflüge im

einzelnen sorgfältig geregelt, die Verpflegung sehr reichlich, aber trotzdem war schließlich die Reise sehr anstrengend und ermüdend geworden durch die Häufung und den raschen Wechsel des Dargebotenen, durch die strenge Zeiteinteilung in Erledigung der Programmpunkte, durch die Gebundenheit nicht nur an die Zeit, sondern auch an die Personen der Reisegesellschaft, die andauernden Begegnungen und täglichen Begrüßungen von Personen, mit denen man kaum Berührungspunkte hatte und die man später voraussichtlich rasch aus dem Auge verlieren wurde. Es gab kein Verweilen, kein Abweichen von der festgesetzten Ordnung für Besichtigung des Sehenswerten, eine innere Ruhelosigkeit, ein Mangel an Sammlung diesem Zwang gegenüber machte sich als "Herdengefühl" bei mir bemerkbar, und ich bestieg am Schluß der an sich so schönen Reise die Gondel, welche mich am Ostertage in Venedig wieder an Land bringen sollte, mit einem Gefühl der Befreiung und der Genugtuung über das mir wieder zustehende Recht der Selbstbestimmung. Der Drang nach Freiheit regte sich mächtig und vereinigte sich mit einem Bedürfnis nach innerer und äußerer Ruhe.

Korsika
Ajaccio

Wir fuhren zunächst nach Corsica, dessen schneebedeckte Höhen uns im Glanz der Sonne von weitem grüßten, und landeten in Ajaccio, der Geburtsstadt des ersten Napoleon. Die Stadt ist schmutzig und die Bevölkerung machte den Eindruck einer etwas bunt gemischten und degenerierten Rasse. Schön liegen die Hotels außerhalb der Stadt in großen Parks, sie dienen vielen Lungenleidenden als Heilstätte. Mit Interesse besah ich das Geburtshaus des großen Korsen. Ich hatte stets die Genialität dieses Mannes bewundert, ohne mich durch das Gefühl beeinflussen zu lassen, das uns Deutschen von der Schule an eingeflößt wird, ihn lediglich als den unbarmherzigen Bedrücker Deutschlands und einen von maßlosem Ehrgeiz und Menschenverachtung erfüllten Tyrannen zu beurteilen. Ein kleiner fremdländischer Artillerieleutnant kann nicht im frühesten Mannesalter zum Kaiser der Franzosen, zum Herrscher großer Reiche und Satrapien werden, gefürchtet und umschmeichelt von allen Mächtigen der Welt, wenn er nicht ganz ungewöhnliche Geistes- und Willenskräfte besitzt. Auch die Umwälzungen der Revolution erklären diesen wunderbaren Aufstieg nur insofern, als sie dem Willensstarken unbegrenzte Möglichkeiten freimachten. Aber um sich in dem Chaos der wilden Gewalten des revolutionären Frankreichs, unter den ehrgeizigen und erbarmungslosen Menschen der Schreckensherrschaft einen Weg zu bahnen, um schließlich als Retter des Vaterlandes vor innerer Verblutung und äußerer Vergewaltigung das Vertrauen, die Hoffnung und die Liebe eines großen Volkes zu finden, noch fast im Kindesalter Heerführer und Staatsmann ersten Ranges zu sein, dazu sind Gaben erforderlich, wie sie selten von einer gütigen Natur in die Wiege eines Kindes gelegt werden. Unzweifelhaft hat Napoleon eine große weltgeschichtliche Bedeutung; er gehört wie Alexander der Große und Julius Cäsar zu den großen Kriegshelden und Weltbezwingern, aber sein bleibendes Verdienst ist doch noch mehr in der staatsmännischen, organisatorischen Tätigkeit für Verwaltung und Justiz seiner Länder zu suchen und vor allem in der Aufräumungsarbeit des Schuttes vergangener Jahrhunderte. Die deutsche Kleinstaaterei, die Pfaffengasse am Rhein fand dabei zum Teil ein Ende. Die Willkür der Polizeiherrschaft wurde eingeengt, die Staaten und die Gesellschaft Europas wurden mit den freieren Welt- und Lebensauffassungen der Revolutionszeit durchtränkt und umgestaltet. Man streitet oft, ob der Gang der Geschichte durch das Eingreifen und die Einflußnahme großer Männer bestimmt oder mehr eine Folge allgemeiner, im Geistes- und Wirtschaftsleben bedingter Entwicklungen sei. Ich glaube, daß beides die Triebkräfte des historischen Geschehens sind und sich ergänzen. Die Heroen des Menschengeschlechts, die Helden der Kriegsführung, die Großen des Geistes haben ganz gewiß den Gang der Ereignisse mitbestimmt und erheblich beeinflußt, Religionsstifter wie zum Beispiel Paulus und Mohammed edle Instinkte geweckt und die Sitten gemildert. Denker und Dichter wie Plato, Aristoteles, Spinoza, Dante, Rousseau, Goethe die Empfänglichkeit des Gemütes erweitert und geadelt, aber auch sie waren Kinder ihrer Zeit und bauten auf ererbtem Grund. Geistigen Strömungen gaben sie neue Wege, breitere Geltung. Aber entscheidender für die Wellenbewegung der Begebenheit mögen doch große Entdeckungen gewesen sein, sei es auf geographischem Gebiet, wie die Auffindung Amerikas, seien es technische Vervollkommnungen wie die Erfindung des Schießpulvers, der Buchdruckerkunst, der Dampfmaschine. Diese führten gewiß zu den größten Umwälzungen im Leben der Völker und in der Gliederung des sozialen Körpers, und sie bedeuten mehr noch wie das Wirken einzelner Menschen Etappen in der menschlichen Entwicklung.

Neapel
Palermo

In Neapel nahmen wir nur kurzen Aufenthalt, das Schiff legte dann in Palermo an. Eine herrliche Stadt in prächtiger Lage und Umgebung. Namentlich gewährte der Ausflug in die goldene Ebene von

Straßenleben in Neapel, 2. Häfte 19. Jahrhundert

Monreale einen hohen Genuß. Erinnerungen an die Glanzzeit der Normannen steigen mächtig beim Anblick der Paläste und Dome Siziliens auf. Die Hohenstaufen und ihr größter Kaiser, Friedrich II., treten ins Gedächtnis. Die Zeit der Kreuzzüge wird lebendig, der Glaubenseifer, die ritterliche Tapferkeit der Christenheit, aber auch der Sarazenen, und schließlich die Einwirkung der beiden Kulturwelten aufeinander. Es muß eine sehr freie Weltauffassung damals doch zum Durchbruch gekommen sein, die durch das berühmte Wort Kaisers Friedrichs von den drei großen Betrügern zum pointierten Ausdruck kam.

Malta

Dann ging die Fahrt zur Seefeste Malta. Wer von der Höhe ihrer Hauptstadt La Valetta den Blick auf den breiten, geschützten und behaglichen Hafen und die Schiffe der englischen Mittelmeerflotte geworfen hat, dem entrollt sich nicht nur ein großartiges Bild landschaftlicher Schönheit und menschlicher Tätigkeit, sondern er erlebt auch das, was englische Weltmacht bedeutet. Es ist mir immer unverständlich gewesen, daß in Deutschland eine fast geringschätzige Meinung von der Macht des englischen Reiches sich breit machen konnte. Nur mit England, nicht gegen dasselbe konnte Deutschland Machtpolitik treiben. Es war unser Unglück, daß dies verkannt wurde. Hätte Fürst Bülow in den Jahren 1904 bis 1906 in die dargebotene Hand der englischen Regierung eingeschlagen, hätten er und Tirpitz das Zugeständnis eines langsameren Ausbaus unserer Flotte gemacht, so wäre die Alliance der drei Großmächte gegen uns nie zustande gekommen. Deutschland hätte, statt sich auf schwache und unzuverlässige Freunde zu stützen und schließlich für das undankbare, morsche Österreich in "Nibelungentreue" das Schwert ziehen zu müssen, einen kräftigen Rückhalt gehabt, der ihm eine ruhige Weiterentwicklung trotz Frankreichs Revanchelust und trotz Rußlandexpansionsbedürfnis zum Meere gesichert hätte. Sein Wohlstand, seine geistige und wirtschaftliche Macht stand in höchster Blüte und ließ weitere Entfaltung erwarten. Eine verblendete Politik, eine Überschätzung seiner Macht stürzten es ins Verderben.

Kairo

Wir legten in Alexandrien an, ohne uns dort aufzuhalten, unser Aufenthalt in Ägypten konzentrierte sich auf Kairo. Ich kenne keine interessantere Stadt als diese Hauptstadt Afrikas. Alle Völker der Erde treffen sich hier in bunter Menge. Ein fortwährend wechselndes Straßenbild, Verfall und Pracht nebeneinander, Volkstypen jeder Art, verhüllte Frauen auf Eselkarren, geschminkte Damen in prunkenden Karossen mit glänzenden Vorläufern, Handel- und Gewerbetreibende in den engen und offenen Bazaren arbeitend und feilschend, alles drängend lebhaft und in grellem Licht südlicher Sonne, in dem bunten Kleide halbtropischer Vegetation, ein Reiz des Morgenlandes. Welch ein zauberhaftes Bild entrollt sich dem Auge, wenn bei Abendbeleuchtung der Blick von der Nilbrücke aus auf den von vielen kleinen Segelbooten belebten gelblichen, trägen Fluten des Stromes ruht, wenn am fernen Horizont die Massen der Pyramiden von Gizeh sich herausheben und die Dämmmerung rote und violette Farben auf die kahlen Hänge des nahen Wüstengebirges ausbreitet, während Reihen von Kamelen und eine Menge von Eselskarren die bunte Masse der Fellachen und Arbeiter zu ihren Lehmdörfern heimwärtsführen und ihnen entgegen die prächtigen Gespanne der Europäer und der türkischen Großen vom Korso aus den Gärten von Gezireh zurückfluten. Und welch einen wunderbaren Ausblick gewährt die Terrasse der auf der alten Zitadelle errichteten Gami Mohamed Ali, der Alabastermoschee, auf die sich weit ausstreckende Stadt mit ihren Moscheen, ihren Minarets, ihrem Straßengewirr, auf die breite, im Sande der Libyschen Wüste halbversunkenen Kalifengräber, auf Ebene, Fluß und Gebirge. Das sind unschätzbare Erinnerungen an seltene Natur- und Kulturbilder, und sie verbinden sich mit Gedanken an die Ewigkeit und Schönheit des Weltalls und an den Wechsel im Auf- und Abstieg der Völker wie des einzelnen Menschendaseins. Das orientalische Volksleben entwickelt sich am lebendigsten in der Bazarstadt in fast betäubender Unruhe. Im engen Gewirr der Gäßchen, die durch Zelttücher vor der Sonne geschützt sind, häufen sich Waren aller Art, drehen sich Menschen jeder Rasse und Farbe, Eseltreiber und Wasserträger. Hier herrscht rege Gewerktätigkeit in den offenen Werkstätten, lebhafter Handel in den

Ägyptenreisender, Anonyme Amateurphotographie 1912

Läden, ein faszinierendes Tun und Treiben eigener Art, rastlos lärmend, lebendig. Die weiten Säle des Museums gewähren dem gegenüber die Stille der Vergangenheit. Es wird wohl kaum eine Sammelstätte geben, die so viele und wertvolle Kunstschätze aus einer vier Jahrtausende alten Kultur- und Volksentwicklung aufzuweisen hat. Statuen von Göttern und Königen, Sarkophage mit wohlerhaltenen Mumien, reizende Schmucksachen Holzschnitzereien, Bildnisse u. s. w. in unabsehbarer Menge. Ich kann das alles nur andeuten, eine eingehende Darstellung erfordert weit größere welt- und kunstgeschichtliche Kenntnisse als ich sie besitze, liegt auch außerhalb der mir selbst gestellten Aufgabe.

Pyramiden

Aber einen Ausflug nach der Stufenpyramide und den Totenfeldern von Sakkara will ich noch schildern. Er führte zu den Denkmälern ältester Menschengeschichte. Ein kleines Dampfboot führte uns in mehrstündiger Nilfahrt aufwärts, bis eine Anzahl Esel und das Geschrei der Treiber uns die Landungsstelle anzeigten. Ein zweistündiger Ritt auf einem dieser Grautiere führte an einigen von Palmen beschatteten Lehmhütten der Fellachen vorbei durch einen kleinen Palmenhain, in dem die geborstene Kolossalstatue von Ramses am Wege liegt, an die Stelle, wo sich einst Memphis erhoben hat. Dann sehen wir die Wüste vor uns und an ihrem Rand die Grabstätte der Apisstiere, dem Serapeum der Ägypter. Wunderbar erhalten durch den trockenen Wüstensand, erscheinen uns die vor einigen Jahren ausgegrabenen Totenpaläste fast frisch ausgeführt in ihrem bilderreichen Wandschmuck, besonders die Totengemächer (Mastabe) des Ti. Der alte Volksglaube ging dahin, daß die Seele (Ka) den Körper des Menschen bei dessen Tode zwar verlasse, aber auch fernerhin umschwebe und in Berührung mit ihm bliebe. Daher die Bemühungen, die Leichen durch Mumifizierung zu erhalten und die Begräbnisstätten festlich und wohnlich auszustatten, in ihnen Lebenserinnerungen und Nahrungsmittel durch Opfergaben und Weihgeschenke niederzulegen. Aus diesem Gedanken und aus dem Wahn, daß die Herrscher göttlichen Ursprungs seien, entwickelte sich der Totenkult, wie er monumentalen Ausdruck in den Königsgräbern der Pyramiden gefunden hat, den majestätischen Zeugen vergangener Größe und Macht, aber auch eines unerhörten Mißbrauchs der Herrschergewalt. Wieviele Tausende von Sklaven und Kriegsgefangenen haben Jahr um Jahr unter der Geisel ihrer Aufseher im glühenden Sonnenbrand der Wüste schmachten und arbeiten müssen, um der Totenruhe dieser Könige willen. Menschlichem Größenwahn, religiösem Fanatismus und wilder Grausamkeit sind hier Monumente gesetzt, die in ihrem kunstvollen Gefüge mehr als vier Jahrtausende allen Stürmen der Zeit und Raubzügen der Menschen getrotzt haben und noch weitere Jahrtausende bestehen werden. Einen fast noch wunderbareren Eindruck erweckt das Felsengewölbe, in dessen ausgehöhlten Nischen die ungeheuren granitenen Sarkophage der Apisstiere aufbewahrt werden, der heiligen Stiere, denen als Symbol der Zeugungskraft göttliche Verehrung zuteil wurde. Eigentlich war die ägyptische Religion ein Naturdienst, der sich der Eigenart des Landes, dem regelmäßig anschwellenden und abflutenden Nil und seiner befruchtenden Wirkung angepaßt hat. Dazu fügte sich die Anbetung der Naturkräfte, der segenspendenden Sonne und der ernährenden Mutter Erde. So entstand schließlich ein Sonnenkultus. Die Obelisken waren mit ihren abgeschrägten Spitzen der Sonne, dem alles belebenden Elemente, geweiht, so stellt auch der Osterkuchen der Juden aus ägyptischer Zeit noch die Form der Sonne und die Merkmale ihrer Strahlen dar. Der ägyptische Götterdienst hatte sich um die Dreigestaltung Osiris, Isis und Horas mythisch gebildet. In dem christlichen Glauben an die Dreifaltigkeit der göttlichen Allmacht findet er eine Analogie. Nur daß an Stelle von Isis, der Mutter, dem Vater Osiris und dem Sohn Horas der Gottvater, der Sohn und der heilige Geist, das ist der Logos griechischer Philosophie, die höchste Vernunft getreten ist. Der Marienkult, die Verehrung der mütterlichen Kraft und Liebe aber besteht nur nebenher.

Wer an diesen Stätten mit rückschauenden Erwägungen gestanden hat, dem werden manche Zusammenhänge zwischen den Vorstellungen der Völker vom Werden und Vergehen, von dem Rätselhaften der Erscheinungswelt um und in uns klar werden, wie sie aus grauer, nebelhafter Vergangenheit herüberreichen bis zur

Gegenwart, wie sie von den uralten Kulturvölkern verschwundener Zeiten, aus dem Gedankenkreis indischer, persischer und chaldäischer Denker stammend, sich fortgebildet und bekämpft haben und schließlich ineinander verwachsen sind zu dem, was noch heute mit heiliger Scheu von Generation auf Generation gläubig übertragen wird. Er wird aber auch die ungeheure geistige Kraft verstehen und bewundern, die Träger des monotheistischen Gedankens beseelte, um gegen die alten, festgewurzelten polytheistischen Lehren der Naturreligionen, gegen die Götterwelt und den Götzendienst des Ammon und des Baal sich zu erheben und sich nach und nach siegreich, wenn auch nicht in reiner Lehre, durchzusetzen. Ehrfurcht gebührt den Denkern und Gesetzgebern, die sich damit zu Bahnbrechern menschlicher Gesittung erhoben haben. Aus der Macht geistiger und wirtschaftlicher Sklaverei haben sie die Volksmassen dem Lichte entgegengeführt, sie haben die Grundlagen gelegt, auf die freie Wissenschaft und ein gesittetes, die menschliche Gleichberechtigung sicherndes Staatswesen sich später aufbauen konnte. Mit dem Namen Moses verbindet sich wohl an erster Stelle der Begriff des größten Weltweisen und Gesetzgebers aller Zeiten. Und hier stand der Sage nach seine Wiege.

Meine Reiseschilderungen führen jetzt zu zwei Stätten von weihevollstem Klang, nach Jerusalem und Athen. Die drei größten monotheistischen Religionen, Judentum, Christenheit und Muhamedanismus, nehmen ihren Hauptausgangspunkt in Jerusalem. Dort sind noch heute ihre heiligsten Stätten, nach dort richten sich noch heute die frommen Empfindungen von Millionen von Menschen der europäisch-amerikanischen Kulturwelt sowohl als auch der indisch-arabischen Volksstämme in Glaube und Hoffnung.

Jerusalem

Von Jaffa erreicht man rasch mit der Bahn die Hügelstadt Davids. Sie liegt auf steiniger Hochebene, malerisch in ihrem Aufbau, umgürtet von mittelalterlich-sarazenischen Mauern und Türmen, aber ohne den Zauber einer reichen Vegetation oder einer landschaftlich reizvollen Umgebung. Zwei Denkmäler der Vergangenheit wecken vor allem das Interesse der Reisenden: die Grabeskirche und der heilige Bezirk, Harem esch scharif genannt, die Tempelstätte der jüdischen Könige und Omars Felsendom. Mein erster Besuch galt dem Heiligtum der Christenheit. Das Äußere ist unschön; im Portal lagert rauchend und verlumpt eine türkische Schutzwache. Das Innere ist zwar unübersichtlich und in verschiedene Kapellen und Einzelbauten geteilt, aber von überwältigendem Eindruck, weniger durch den überladenen Ausputz oder den architektonischen Aufbau als durch die Erinnerung an die Leidensgeschichte eines großen und guten Menschen, die hier festgehalten wird. Auf engem Raum drängen sich alle die Denkmale zusammen, die vom Leben und Tod Jesu Zeugnis ablegen, die heilige Stätte, um die so viel begeisterte Gläubigkeit gestritten und gelitten hat. Aber nichts ist sicherer, als daß alles anders gewesen ist als die Tradition es uns überliefert. So sagte zu mir mit vollem Recht ein Mitreisender, ein aufgeklärter Theologe, Erzieher der Kinder des Prinzen Friedrich Karl von Hessen. Denn siebzig Jahre lag Jerusalem nach seiner Zerstörung durch die Römer als wüster, unbewohnter Schutthaufen, und erst nach dreihundert Jahren wurde durch die Mutter Konstantins, Kaiserin Helena, das heilige Kreuz angeblich gefunden, zu dessen Ehren dann die erste Kapelle der Kirche erbaut worden ist. Daß aber Golgatha, die Kreuzigungsstätte, an dieser Stelle, wo jetzt eine prunkvolle, düstere Kapelle steht, gewesen sei, wird für durchaus unglaubwürdig von allen gewissenhaften Forschern erklärt. Doch wie dem auch sei, Ehrfurcht ziemt dieser Stätte, die im Mittelpunkt des kirchlich-frommen Glaubens so vieler Millionen Menschen seit Jahrhunderten bis zur Gegenwart stand und steht. Aber auch die Frage wirft sich ernst und eindringlich auf: Ist von hier wirklich Erlösung ausgegangen, Erlösung vom Leid der Welt, vom Bösen im Menschen selbst? Hat das Evangelium der Liebe wirklich die Liebe zum Nächsten im Menschen erweckt, vertieft, verbreitet? Oder ist all das Meer von Blut um dieses Evangeliums willen umsonst vergossen worden?

Und ähnliche Empfindungen erfüllen uns in dem geheiligten Bezirk des Salomonischen Tempels. Auf dem weitläufigen Platz, dem

Berge Moria, ist kaum noch ein Rest des jüdischen Gotteshauses, der Paläste und Burgen vorhanden, die Herodes nach der zuerst durch die Chaldäer, dann durch die Römer erfolgten Zerstörung der Tempelbauten neu errichtet hat. Nur die Fundamentmauern geben mit ihren gewaltigen Quadern noch Zeugnis von der großen Mächtigkeit des Baues. Und hier an der Klagemauer, beten noch heute die Juden, trauernd um den Verfall ihres Reiches, daß eine bessere Zukunft die alte Herrlichkeit neu erstehen lasse. Aber erhalten ist der Felsendom, die schöne Omarmoschee. Sie bedeckt einen nackten Felsen, der über einer höhlenartigen Vertiefung ruht und ist die älteste Kultstätte der Welt, der Felsen, auf dem der Legende nach Abraham seinen Sohn Isaak opfern wollte. Diese Einsenkung wird von den gläubigen Muhamedanern als die Pforte der Hölle bezeichnet und sie sind der Meinung, daß von dem vorliegenden Felsen aus der Prophet Mohammed auf seinem Roß zum Himmel aufgestiegen sei. Pferdehufen seien im Gestein noch sichtbar. In heiliger Andacht verrichtet noch heute vor und in der Moschee der Moslim sein Gebet. Er ruft knieend Allah an, den Gott, neben dem es keinen anderen gibt. Wechselvolle Bilder ziehen vorüber. Hier folgte der Brandopferstätte jüdischer Patriarchen der glänzende Jehovatempel ihrer Propheten und Könige, dann der von Nebukadnezer errichtete Altar des Baal und schließlich Hadrians Venustempel. Kampf und Blut um diese Stätte durch viele Jahrhunderte, aber auch Anbetung des Göttlichen in jeder Glaubensform, Lehren der Liebe und der Achtung vor den Gesetzen menschlicher Gesittung! Von hier verbreiteten sich immer wieder die Ideen vom persönlichen Gott, dem alleinigen Schöpfer des Himmels und der Erde, und der Gleichheit aller Menschen vor ihm, dem Erhalter der Weltordnung. Hier lehrte Jesus. Aber über seine Lehren hinausschreitend, führte ein anderer jüdischer Denker uns wieder zur Einheit des Schaffenden und Geschaffenen, die vordem von griechischen und indischen Weisen erkannt und gelehrt worden war. An Stelle des persönlichen Gottes und einer geoffenbarten Sittenlehre setzte Spinoza die pantheistische Lehre von der alles durchdringenden göttlichen Kraft, von der Einheit alles Bestehenden und der Gesetzmäßigkeit im Geschehen der Dinge um und in uns.

Vom nahen Ölberg schweifte mein Blick nach der westlich im Tal gelegenen Stadt Jerusalem und ostwärts zu dem Wüstengelände, an dessen Horizont das Tote Meer tief eingeschnitten hervorschimmert. Begrenzt wird dort der Blick durch den Gebirgszug Noab, von dem Moses das Heilige Land, das er nicht erreichen konnte, vor sich sah. Dann betrat ich noch die Geburtsstätte Christi, die Marienkirche zu Bethlehem, deren eine Krypta einen Silberstern aufweist mit den umgebenden Worten: Hic de virgina Maria Jesus Christus natus est. Es ist eine höchst merkwürdige Auswirkung des Weltkrieges, daß jetzt unter englischem Protektorat ein neues Zion, ein jüdischer Staat Palästina errichtet werden soll. Die Besiedlung dieses, nur an den Küstenstrichen fruchtbaren Landes durch Ostjuden kann von großer humanitärer Bedeutung sein. Wenn der Zuzug dieser durch langen, furchtbaren Druck verkommenen Menschen nach New York, dem Osten Londons und nach Deutschland dadurch aufgehalten werden sollte, so würde dies ohne Zweifel auch für diejenigen Juden von Bedeutung sein, die, unter dem Einfluß westeuropäisch-amerikanischer Bildung stehend, sich in gesetzlich gesicherter Lebenslage befinden und gar nicht an eine Einwanderung ins Heilige Land denken. Dem Antisemitismus wäre eine Veranlassung zu manchem Angriff auf die Rasse als solche entzogen, wenn die minderwertigen, verkommenen Elemente desselben ferne gehalten und der Strom dieser Unglücklichen nach einem Land gewiesen würde, das ihnen, heilig durch Tradition, eine Gelegenheit bieten könnte, sich seßhaft zu machen, den Boden zu bebauen, Handwerk zu treiben und nach und nach unter eigener Verwaltung sich aufzurichten zu einem der menschlichen Würde entsprechenden Dasein. Es wird wohl hauptsächlich diese Regelung der Abwanderung der unterdrückten und in elenden Verhältnissen lebenden Juden Polens, Rußlands und Galiziens sein, weit weniger die ärmliche jüdische Bevölkerung Palästinas, die den Gedanken der Schaffung eines jüdischen Nationalstaates Zion entstehen ließ. Viel Mühe und viel Zeit würde es erfordern, einen durchgreifenden kulturellen Erfolg zu erzielen, aber an sich sind die

Bestrebungen gut und ihre Inschutznahme durch England anzuerkennen, obschon diese durch die Absicht hervorgerufen sein wird, sich die Finanzkraft der westländischen Juden während des Weltkriegs zu gewinnen.

Von Beirut aus führt eine Bergbahn bis zu 1500 Meter Höhe steigend über die Bergketten des Libanon und des Antilibanon zu der am Fluß Farada gelegenen alten Karawanenstadt Damaskus. Sie war der Kreuzpunkt der Handelsstraße, die vom Persischen Meer nach Galizien und, bei Damaskus abzweigend, nach Ägypten führte. Früher hochberühmt wegen ihrer in blühende Gärten gebetteten Pracht und ihres Reichtums, heute in vollem Verfall und Schmutz. Johannes der Täufer und Saladin liegen hier bestattet. Schön ist nur die große Quajademoschee, alles andere wüst und ohne Ordnung.

Beirut Damskus

Wir berühren Smyrna, in dessen Nähe die Schuttstätte der einst so herrlichen griechischen Kolonie Ephesus liegt. Der Hafen wetteifert an Schönheit mit dem Golf von Neapel. Dann liefen wir Konstantinopel an, die Völkerbrücke zwischen Asien und Europa. Unbeschreiblich schön gelegen! Eine herrliche Aussicht genießt man von dem nahe bei Skuteri gelegenen Hügel Bulguria über die weitausgedehnte Stadt mit ihren Moscheen und Minarets, mit ihren Palästen und Villen, mit den im Goldenen Horn verankerten Schiffen, mit den Mauern und Türmen der zum Teil aus der Genueser Zeit stammenden Befestigung, die sich dem Bosporus entlang dahinzieht. Wir besuchten den Sultanspalast Dolma Bagdsche und das alte Serail mit seiner Schatzkammer. Aber den tiefsten Eindruck machte die Perle architektonischer Kunst, die Hagia Sophia. Nur die Peterskirche in Rom, die Markuskirche in Venedig, die Säulenmoschee in Cordowa können sich mit ihr messen. Übertroffen wird sie von ihnen nicht. Wie im freien Raum schwebt über ihrem Innern die majestätische Kuppel.

Smyrna

Wir fuhren in den Hafen nach Piraeus ein zum Besuche von Athen. Wie oft hatte ich gewünscht, hier zu weilen, den Glanzpunkt griechischer Kunst, die Akropolis, zu sehen. Ihre Trümmer geben noch

Athen

heute eine gute Vorstellung von dem, was antike Kunst in ihrer Blütezeit gewesen ist. Unübertroffen bleiben in Kunst und Literatur, in der Pflege des Schönen die Meister des goldenen Zeitalters des Perikles, unübertroffen in der Erfassung der geheimnisvollen Probleme der Weltgestaltung, in der Erkenntnis die Philosophen, die hier lehrten, nur in der exakten Forschung und in der technischen Beherrschung der Naturkräfte sind wir weiter vorgeschritten, namentlich aber in der Gestaltung von Recht und Staat. Aber welch ein breiter Strom edelster Gedanken und schönster Formen hat sich von hier aus befruchtend ausgegossen über alles Menschliche, nicht nur in der antiken Welt, sondern auch später in der Zeit der Renaissance, die neueren Perioden menschlicher Entwicklung befruchtend. Auch hier, an der Gräberstraße, am Theseustempel, am Theater des Dionysos, am Tempel der Schutzheiligen Athens, ihrer wunderbaren Burg, habe ich ehrfurchtsvoll gestanden und dankbar empfunden, daß es mir vergönnt war, diesen geheiligten Boden zu betreten.

Werbeplakat des Reisebüros Stangen, mit dem auch das Ehepaar Canthal fuhr.

Vereinigte Staaten von Amerika

Im folgenden Jahre, 1905, unternahm ich meine letzte große Reise, und zwar zum Besuch meiner Tochter Emy und meines Schwiegersohnes Carl Engelhard nach New York. Hatte ich vorher versunkene Welten aufgesucht, so sah ich jetzt die neueste Kulturentwicklung. Ein größerer Kontrast wie der Ausblick von der Brooklynbridge auf Stadt und Hafen New Yorks, auf Leben und Verkehr der großen Metropole mit ihrer Unruhe, ihrer Geschäftigkeit, ihren dahingleitenden Bahnen und Schiffen, und desjenigen auf die Pyramiden von Gizeh und die im Wüstensand halb versunkene geheimnisvolle Sphynx, auf die Eintönigkeit und Einsamkeit, wenn auch Größe der ägyptischen Landschaft, auf die ruhig, gemessene Haltung ihrer Bewohner läßt sich nicht denken. Ich hatte gute Hin- und Rückfahrt auf den Hamburger Dampfern Deutschland und Patrizia. Und herzlichste Aufnahme drüben! Gern gedenke ich des Aufenthalts.

Carl Engelhard
-> S. 189

Die erste Begegnung mit den Vertretern des freien Amerikas macht einen seltsamen, nicht gerade angenehmen Eindruck. Noch vor Einfahrt in den Hafen erschien ein Boot mit Ärzten, die den Gesundheitszustand festzustellen hatten und die Zwischendeckpassagiere einzeln einer Inspektion unterzogen. Dann kam der Zollkutter mit einer Anzahl Beamter, die am großen Mitteltisch des Speisesaals Platz nahmen und jeden einzelnen der Passagiere zu schriftlichem Protokoll nahmen, indem er eidesstattlich zollpflichtige Gegenstände, Zweck seiner Reise und seine Adresse angeben mußte, eine umständlich, inquisitorische Verhandlung. Dann kam die Einfahrt in den mächtigen, verkehrsreichen Hafen und die Landung an dem Peer, wo ein herzlichstes Willkommen den Ankommenden schon von ferne durch ihre Angehörigen zugewinkt und zugerufen wurde.

New York

Ein eigenartig schönes Bild gewährt New York, sein Häusermeer, überragt von den Wolkenkratzern, von der Seeseite her. Mit frohen Erwartungen betrat ich, liebevoll begrüßt von den Kindern, das Ufer der Neuen Welt. Meine Aufmerksamkeit fesselten während des dreiwöchentlichen Aufenthaltes die Einrichtungen, die ein großes freies Volk ohne die Rückwirkungen eines langen geschichtlichen Werdeprozesses sich geschaffen hat. Da imponiert vor allem das Großzügige in Verkehr und Handel und das Selbstsichere im Auftreten und Verhalten des einzelnen. Den großen und andauernden Zustrom der Einwanderer aller Nationen hat das amerikanische Volk in sich aufgenommen, ohne seine Eigenart zu verlieren, die im wesentlichen durch englische Art und Rasse bestimmt wird. Der Amerikaner ist ein glühender Patriot und glaubt mit aller Zuversicht an die fortschreitende glänzende Entwicklung seines Landes. Die unbegrenzten Möglichkeiten, die sich der Tatkraft und dem Verstand des einzelnen bieten, geben hierzu eine berechtigte Veranlassung. Sie haben auch bisher verhindert, daß der auf die freie Entwicklung der Individualität gegründete Staat durch starke Strömungen sozialer Tendenzen in seinem politischen und wirtschaftlichen Gefüge unterwühlt wurde. Der Sozialismus tritt in der

Haus der 1000 Fenster, New York 1912

alten Welt im Gefolge des Industrialismus auf und hat, indem er die Masse der Lohnarbeiter umfaßte, seit einem Vierteljahrhundert die Gesetzgebung wesentlich und in steigendem Umfange beeinflußt. In den Vereinigten Staaten hält man seine Aussichten für gering und befürchtet keine Ausdehnung seines Einflusses. Die Zeit wird lehren, ob diese Auffassung nicht zu optimistisch ist. Denn der Aufstieg einzelner trifft nicht den Kern der Sache. Die Masse, die Klasse der Arbeiter, will gehoben sein aus ihrer wirtschaftlichen und gesellschaftlichen Abhängigkeit durch anderweitige Regelung des Anteils an der Produktion und durch eine Neuordnung dieser selbst. Einen Vorzug hat allerdings der amerikanische Arbeiter vor dem der alten Welt. Ihm stehen keine Klassenvorurteile gegenüber, wie sie sich bei uns im Laufe der staatlichen Entwicklung durch Königtum, Militär- und Beamtenvorherrschaft, durch Großgrundbesitz, Adel und Schlothbarone ausgebildet und erhalten haben, und die sich auch in den bürgerlichen Schichten der Bevölkerung ausprägen. Dagegen hat sich in der nordamerikanischen großen Republik eine Aristokratie des Geldes ausgebildet, der Dollar beherrscht die Gesellschaft und die Politik sehr erheblich. Reichtum ist eine große Macht, aber kein Selbstzweck; wenn er nicht dazu dient, den Besitzer unabhängig zu machen, ihm die Möglichkeit zu geben, seiner Eigenart zu leben, das Gute zu fördern, dem Edlen zu dienen, so ist das Wettrennen nach Gold ein Wahn. Nun findet man vielfach bei reichen Amerikanern, wie zum Beispiel bei Vanderbilt, Carneghie und anderen Philantrophen, eine starke Neigung zu großmütigen Stiftungen und zur Mildtätigkeit. Aber fast scheint es, als ob es sich dabei vielfach um eine Gedankenrichtung im Sinne der Alten handele, Weihgeschenke moderner Art in dem abergläubischen Sinn, damit den Segen Gottes herbeizuführen und dafür mit neuen und weiteren Erfolgen belohnt zu werden. Ich will natürlich nicht sagen, daß die Werke der Menschenliebe, die von ihnen großzügig geschaffen wurden und noch gepflegt werden, nur einer solchen Empfindung zu danken seien, sie werden sicher zugleich in reiner Menschenliebe ihre Wurzel und ihren Wert haben. Allein es fällt doch auf, daß die kirchliche Gesinnung so geflissentlich zur Schau getragen wird. Man verwechselt daher die

Formen mit dem Inhalt, Dogma und Gebräuche mit wahrer innerer Religiosität. Das führt oft eher zu Heuchelei als zu wirklicher Frömmigkeit, zu Formenkram und zur Unduldsamkeit als zu andächtiger Ehrfurcht vor dem Unerforschlichen und zu sittlichem Handeln um des Guten selbst willen. Der Amerikaner hat gewiß sehr liebenswürdige Eigenschaften, große Energie und Selbstvertrauen, Begeisterungsfähigkeit und Vaterlandsliebe, aber auch einen rücksichtslosen Egoismus im Kampf ums Dasein, der nicht immer angenehm wirkt. Ich kann nach nur dreiwöchentlichem Aufenthalt mir kein abschließendes Urteil erlauben, aber ich hatte, wie immer im Ausland, doch das Gefühl, daß die Verhältnisse in der Heimat vorzuziehen sind.

Emy Engelhard, geb Canthal

Mit großem Interesse sah ich die angestrengte geschäftliche Tätigkeit meines Schwiegersohnes in seinen verzweigten Betrieben. Der Chef eines der größten Warenhäuser, dem ich empfohlen war, führte mich durch seine ausgedehnten Lager- und Verkaufsräume, ein bedeutender New Yorker Bankier, den ich auf der Hinfahrt kennengelernt hatte, zeigte mir die Börseneinrichtungen in der Wallstreet, ich sah den Riesenverkehr zu Wasser und zu Land, in Schiffen, Fähren und Bahnen, und überall ein rastloses, bedeutendes Vorwärtsdrängen und Treiben, alles ins Große gehend. Auch angenehme Menschen lernte ich im gesellschaftlichen Verkehr kennen.

Noch habe ich des schönen Ausflugs nach den imposanten Niagarafällen zu gedenken, den ich mit Emy und Carl unternahm, und meines zweitägigen Aufenthalts in Washington. Die Hauptstadt der nordamerikanischen Republik präsentiert sich landschaftlich weit schöner als die Zentrale ihres gewerblichen Lebens, New York. Sie ist nicht so eingeengt, sondern weitläufig angelegt, grüne Rasenflächen und schattige Alleen bieten ein freundliches Bild. Das Kapitol und des Weiße Haus sind interessante Gebäude. Die Museen bieten viel Wissenswertes, so namentlich das Smithsonica Institut mit seinen kulturhistorischen Sammlungen aus dem Leben indianischer Volksstämme. Die Sammlung weist dagegen weit weniger Erinnerungen aus der Kulturepoche der Peruaner und Mexikaner auf als diejenige des archäologischen Museums in Madrid, in dem die schönen Webereien und die alte Majahandschrift mein volles Interesse erweckt hatten. Ein Ausflug nach dem Landsitz George Washingtons, Mount Vernon, bleibt mir eine liebe Erinnerung. Dort lebte und starb der große Bürger, dem sein Volk so viel verdankt. Haus und Farm sind einfach und vornehm, sie geben ein anschauliches Bild von der Lebensgewohnheit desselben.

Meine Rückreise geschah auf einem Dampfer zweiter Größe, der etwa 14 Tage bis England brauchte. Es war eine sehr schöne Erholungszeit, fast wie in einem Seebad. Bestes Wetter, Ruhe, gute

Verpflegung, angenehme Geselligkeit, die herrliche, kräftigende Luft, tägliches Seebad wirkten zusammen zur Erfrischung von Körper und Geist. Es ist Sitte, kurz vor Beendigung der Fahrt ein Festessen zu Ehren des Kapitäns zu veranstalten, dem dann ein Ball folgt. Ein Komitee hatte sich gebildet, und man hatte mich aufgefordert, eine der Festreden zu halten, während die Hauptrede auf den Kapitän von einem Amerikaner ausgebracht werden sollte. Ich erklärte mich bereit zu sprechen, machte aber geltend, daß wir uns auf einem deutschen Schiff befänden, das von einem deutschen Seemann geführt würde, und daß es daher einem Deutschen zukäme, diesen zu feiern. Nach einigem Hin und Her erhielt ich auch hierzu den Auftrag. Meine Ansprache fand sehr gute Aufnahme und meine Landsleute, die von den vorhergegangenen Verhandlungen gehört hatten, sagten mir in liebenswürdiger Weise besonderen Dank. Ich hielt mich dann einige Tage bei meiner Schwester Julie und ihrer Familie in Wimbledon bei London auf; dort fand ich viele und gute Nachrichten von Hause vor, ein freundlicher Abschluß dieser schönen Reise.

Außer diesen von mir etwas eingehend geschilderten drei großen Reisen habe ich viele herrliche Landschaften aufgesucht an Gebirg und See, viele Kunstschätze in den Museen und viele öffentliche Denkmäler und Bauwerke zu bewundern Gelegenheit gehabt. Gern weilt meine Erinnerung bei diesen Stunden einer reinen Lebensfreude. Namentlich die stille Betrachtung großer Naturbilder hat in mir stets tiefe Empfindungen wachgerufen. Ich habe darin die reinste religiöse Erbauung gefunden. Der Anblick erhabener Naturschönheit erweckt das Gefühl der Einheit des Weltganzen, des innigen Zusammenhangs des menschlichen Daseins mit dem Ewigen, er bringt einen Abglanz des Unendlichen zum Bewußtsein und erfüllt die Seele mit ahnungsvollem Schauer vor der Größe des Gewordenen, vor der nach ewigen Gesetzen sich vollziehenden Weltordnung. Wie der gestirnte Himmel in stiller Nacht, wie der in wunderbarer Pracht erglühende Abendhimmel, so erfüllt, verstärkt durch das Ungewohnte des Anblicks, die einheitliche Majestät der unendlich wogenden See, das leuchtende Gelb der weit sich erstreckenden Wüste, die gewaltigen Formen einer Gletscher- oder Alpenlandschaft, das glänzende Weiß der Schneefelder, die grünende Waldlandschaft mit ihrem Spiel von Licht und Schatten uns mit dem Empfinden, ein Teil zu sein dieser ruhigen, in sich geschlossenen Natur, ihre Ruhe kehrt in uns ein, das Kleinliche im Leben tritt zurück, der innere Drang nach Pflichterfüllung dem Ganzen gegenüber wird vornehmlich und selbstverständlich. So läutert Naturbetrachtung ähnlich wie ein Gebet, andächtig fühlen wir uns in Gemeinschaft mit dem Göttlichen. Die Angst des Irdischen weicht, das Reich der Ideale öffnet seine Pforten.

Engere Familie

Die ersten Jahre unserer Ehe verbrachten wir in dem von mir beim Ableben meiner Mutter erworbenen Elternhaus, Schloßstraße 4. Es war ein altes Gebäude, durch seine Lage am Markt aber frei und freundlich. Der untere Stock enthielt Geschäfts- und Lagerräume, die anderen Stockwerke dienten zur Wohnung derart, daß im ersten Stock die Wohnzimmer und ein Treppe höher die Schlafräume waren. Aber bald stellten sich alle Räume als unzulänglich dar, sowohl für das sich ausdehnende Geschäft als auch für die wachsende Familie. Ich kaufte daher einen Eckplatz in dem früher fiskalischen Terrain "Die türkischen Gärten", an der Hainstraße gelegen. Der Name kommt von einem nach maurischer Bauweise errichteten Pavillon auf diesen Obst- und Gemüsegärten, die dem Gräflich Hanauischen Schloßpark gegenüber lagen. Im Jahre 1879/80 baute ich dann Wohnhaus und Geschäftsräume, die ich

Haus in der Hainstraße

nach und nach vergrößerte und durch Ankauf des Nachbarhauses und Gartens abrundete. Die meisten der alten Obstbäume sind in dem ungewöhnlich frühen und harten Winter des Baujahres erfroren. Ich legte den Garten parkähnlich, als Ziergarten an. Viele Stunden der Erholung habe ich in ihm verbracht. Das Haus war einfach, aber die Räume hell und gesund, das Ganze solide und behaglich. Nun waren die Kinder herangewachsen, alle kräftig und gesund. Ihre Schulbildung hatten sie in Hanau genossen, zum Teil auch einige Zeit in auswärtigen Pensionen verbracht. Sie hatten zwar an der christlichen Religionsstunde in ihren Schulen teilgenommen, waren aber als Dissidenten auferzogen. Denn meine Frau und ich waren aus unseren Religionsgemeinden ausgetreten, um unabhängig von uns innerlich fremden Dogmen in religiöser und geistiger Beziehung nach eigener Überzeugung leben und unsere Kinder im Einklang mit unserem Denken und Fühlen erziehen zu können, ohne das trennende Moment der Zugehörigkeit zu verschiedenen Kirchengemeinschaften und Bekenntnissen. Ich war damals der Meinung, daß die auf einer sich immer mehr ausdehnenden Erkenntnis der Natur, auf dem sich vertiefenden Einfluß der Lehren unserer großen Denker und Dichter sich aufbauende Aufklärung die Gebildeten der Nation frei machen werde, da' der Bann der Tradition geschwächt und zur Seite geschoben werde. Das ist nicht eingetroffen. Im Gegenteil, die jüngere Generation ist im allgemeinen kirchlicher geworden als unsere Väter und wir es waren. Von meinen Mitbürgern ist mir zwar direkt unser "Heidentum" nie zum Vorwurf gemacht worden. Aber es scheint doch in einzelnen Kreisen mit Mißtrauen und Ärgernis angesehen worden zu sein. Ich galt als Atheist und Gottesleugner. Mit dem Heranwachsen der Kinder warf sich die Frage auf, wie diese Sonderstellung auf ihre Zukunft wirken werde. Einsichtige Freunde, so insbesondere Oberbürgermeister Gebeschus, mit dem ich neben städtischen Angelegenheiten auch manche uns nahe berührende persönliche Dinge zu besprechen pflegte, wiesen darauf hin, daß die Lebensbahn unserer Kinder sicherer und glatter sich gestalten werde, wenn diese der niederländischen Gemeinde, der die Großeltern Nickel angehörten und die in weit freierer Weise wie

Gebeschus
-> S. 191

die reformierten und lutherischen Gemeinden auf calvinistischer Grundlage sich entwickelt hatte, beitreten würden. Wir entschlossen uns in diesem Sinne. Wenn auch die Söhne sich ihren Weg hätten bahnen mögen, für die Töchter erschien diese Wendung besser. Nachdem meine Frau wieder in ihre frühere Gemeinde aufgenommen worden war, vollzog am 7. Oktober 1896 Pfarrer Wessel die Taufe der sieben Kinder in meinem Hause in Gegenwart der Großeltern einfach und taktvoll. Ich selbst bin zwar geblieben, was ich war, fest an meinen Überzeugungen haltend, ohne sie in eine ihnen widersprechende Form einzustellen. Aber ich hatte weltlicher Vorteile willen, das Wohl meiner Kinder wegen, diese, die frei erzogen waren, in eine Glaubensgemeinschaft aufnehmen lassen, deren Dogmen und deren Lehrmeinungen mit meiner eigenen nicht im Einklang standen. Meine Kinder mögen prüfen, ob ich recht gehandelt habe. Im Kern der Frage, in der Auffassung über Sitte, Recht und Pflicht, also in der praktischen menschlichen Betätigung der Sittlichkeit, widerspricht das heutige Christentum nun keineswegs meinen Gedanken und Bestrebungen, aber das Bekenntnis ist mir unverständlich, der heutigen Erkenntnis widersprechend und mir daher stets als unwahr erschienen. Dazu kommt die Intoleranz gegen Andersdenkende, die sich, wenn auch gemildert, noch bis heute erhalten hat und die auch mir feindselig oft genug gegenübergetreten ist. Und schließlich der Anspruch, nicht nur die allein richtige, sondern auch idealste Religionsgemeinschaft zu bilden, göttlichen Ursprungs und allein bestimmt, die menschliche Gesittung zu sichern, zu verbreiten und zu vervollkommnen. Das ist doch eine befangene und unrichtige Meinung, und es wird verkannt, daß die neuere Kulturentwicklung nicht durch das Christentum, sondern im Kampf gegen dasselbe vor sich gegangen ist. Blut war genug geflossen und elendes Gezänk hatte die orthodoxe Lehre genug hervorgerufen, den Geist der Völker lange genug in enge Bahnen gefesselt, als es endlich edlen und tapferen Denkern gelang, mehr und mehr Licht in die Nacht dieser Frömmigkeit, dieser seltsamen Atmosphäre von "Nächsten- und Menschenliebe" zu bringen. Was wäre heute die Welt ohne die englischen Freidenker, ohne Rousseau, der, wie Schiller zeigt,

Wallonisch-Niederländische-Kirche
-> S. 83

Christen zu Menschen machte, ohne Voltaire und die Encyclopädisten, ohne Herder, Lessing, Schiller, Goethe, Kant und wie alle sie heißen, die im Laufe zweier Jahrhunderte die Fahne geistiger Befreiung hochgehalten haben gegenüber den Anmaßungen der christlichen Kirche auf ihre alleinseligmachende Wahrheit? Und wie stünde es um unser staatliches Leben, wenn der von den Verkündern des Evangeliums gepriesene und unterstützte Obrigkeitsstaat früherer Jahrhunderte nicht durchsetzt worden wäre durch die politischen Kämpfe um bürgerliche Gleichberechtigung und Freiheit? Humane Gesinnung beruht heute auf anderen Faktoren als sie eine Glaubenslehre, welche sie auch sei, zu bringen vermag.

Meine Kinder überschritten allmählich die Schwelle zur Selbständigkeit, sie gründeten den eigenen Hausstand. Sie haben uns damit viele Freuden, aber zum Teil auch große Sorgen gebracht.

Das ist menschliches Los. Ich vermeide eingehende Schilderungen meiner Familienverhältnisse. Würde ich nur Angenehme niederschreiben, so entstünde ein falsches Bild. Das Lästige und Trübe niederzuschreiben, erscheint mir unangebracht und würde als unversöhnlich gelten müssen. Bei der großen Zahl der Kinder kann nicht erwartet werden, daß alle sich in aufsteigender Linie bewegen oder daß alle ihr Leben in der Weise bestimmen, wie es den Wünschen und Hoffnungen der Eltern entspricht. Durch die Wahl ihrer Lebensgefährten haben unsere Kinder den Kreis der uns Nahestehenden in wohltuender Weise erweitert, liebe Schwiegersöhne und Schwiegertöchter uns gebracht, eine Schar prächtig heranwachsender Enkel uns geschenkt. Unsere Beziehungen erweiterten sich zugleich durch den herzlichen Verkehr mit den verschwägerten Familien in freundlicher Weise. Nur durchaus unliebsam gestaltete sich Julies Ehe mit von Reitzenstein. Die Scheidung derselben zu betreiben, wurde mir eine viele Unannehmlichkeiten verursachende Notwendigkeit. Soweit die Unsicherheit aller Lebensverhältnisse ein Urteil gestattet, können wir einer glücklichen Zukunft vieler Lieben vertrauensvoll entgegensehen. Auch für Hans und seine Angehörigen wollen wir eine gedeihliche Gestaltung der Lebensverhältnisse gerne erhoffen, so unklar sie auch zur Zeit liegen. Mein erster Enkel wurde am 28. 1. 1903 geboren, und es war mir eine große Freude, daß Marc und Maria, die mir stets herzliche Zuneigung gezeigt hat, ihm meinen Namen gaben.

Weltkrieg

1. Weltkrieg -> S. 170

Gewaltsam hat der Weltkrieg in unser Leben eingegriffen. Er kam unerwartet als hartes Geschick für unser ganzes Volk und sicherlich von ihm nicht gewollt. Wir sahen ihn als einen lang vorbereiteten Überfall einer mächtigen Koalition an, die unter Englands Führung dem aufblühenden Deutschland einen Todesstoß versetzen wollte, wobei sich dieses der Revanchelust der Franzosen und dem Panslavismus der Russen dienstbar machte. Wir sahen uns im Stande der Notwehr, im Kampf für unsere Existenz. Ich habe nicht die Absicht, des näheren auf die politische Vorgeschichte des Weltkriegs einzugehen. Die nach Friedensschluß bekannt gewordenen Dokumente verschieben das Bild nicht unerheblich zu Gunsten Englands und belasten die Staatsmänner Rußlands und Österreichs in sehr scharfer Weise. Volle Klarheit über die Ursache des Kriegs ist zur Zeit noch nicht gegeben. Aber sicherlich trägt an manchen jetzt erkennbaren Fehlern der deutschen Politik nicht ein böser Wille die Schuld, sondern die Unfähigkeit der leitenden Männer. Ein Kriegswille bestand nur bei wenigen Militärs und Alldeutschen, die aber weder auf die Regierung noch auf die Volksstimmung maßgebenden Einfluß hatten. Dies vorausgeschickt, will ich im Nachstehenden lediglich die Wirkungen schildern, die das mit elementarer Gewalt über uns hereinbrechende Kriegsunglück auf uns ausgeübt hat.

Unsere Reisedispositionen für die alljährliche Erholungszeit waren für Ende Juli 1914 getroffen. Meine Frau beabsichtigte, zunächst nach Heidelberg zu reisen, ich selbst hatte bereits in Spier am Zugersee Zimmer bestellt, um von dort zu Sichels zu reisen, die sich am Genfer See aufhielten, und mit ihnen im Hochgebirge einige Zeit zu verbringen. Aber immer drohender lauteten die Tagesberichte über die politischen Verhältnisse, immer dunklere Wetterwolken zogen sich zusammen, und dann kam die Erklärung der Kriegsgefahr, die Mobilisierung und die deutsche Kriegserklärung. Eine tiefe Entrüstung bemächtigte sich des Volkes, eine

1. Weltkrieg

Um die Jahrhundertwende hatte sich das Deutsche Reich zur führenden Industriemacht des Kontinents entwickelt und versuchte nun, sich in den Rang einer imperialen Macht zu heben. Der Ausbau des Kolonialbesitzes und der einer Kriegsflotte führten zu einer Interessenskollision mit Großbritannien. Die Machtkonstellationen veränderten sich gegen das Deutsche Reich. Dem Dreibund: Deutschland, Österreich-Ungarn, Italien (1879-1882) stand die Triple Entente: England, Frankreich, Rußland (1904-1907) gegenüber. Eine Reihe von diplomatischen Krisen führte zum Ausbruch des ersten Weltkrieges am 1. August 1914 und löste die verschiedenen militärischen Beistandsverpflichtungen aus. Die deutschen Kriegsziele ergaben sich aus der imperialistischen Vorkriegspolitik

Verbreiterung der kontinentalen Basis durch Annektion und Bildung von Pufferstaaten an den deutschen Reichsgrenzen und Ausweitung und Zusammenfassung der Überseebesitzungen.

Gemäß dem Kriegsplan des Generalfeldmarschalls Schlieffen (1905) suchte das Reich den schnellen Sieg gegen Frankreich, um anschließend mit der gesamten militärischen Macht Rußland zu besiegen. Die Blitzoffensive im Westen blieb an der Marne stecken und erstarrte im Stellungskrieg. Auch zur See blieb die deutsche Flotte erfolglos. Die britische Seeblockade war nicht zu durchbrechen. Der endgültige Entschluß zum uneingeschränkten U-Boot-Krieg (1917) provozierte den Kriegseintritt der USA (Versenkung der Luisitania). Die Erfolge im Osten erbrachten nicht die erhoffte strategische Wende. Erst die Oktoberrevolution in Rußland ermöglichte den Frieden von Brest-Litowsk (1918) mit Sowjetrußland. Die militärische Entlastung im Osten führte zwar zu einer Reihe von Offensiven an der Westfront, doch hier wirkte sich schon das Eingreifen der USA aus. Die offensichtliche militärische Niederlage, das ausgepowerte Reich und die Zusammenbrüche der Verbündeten führten zur logischen Forderung nach Waffenstillstand.

Abb.: In den Krieg ziehende Soldaten, Hanau 1914, Museum Hanau

ernste Ergriffenheit vor der Größe der Gefahr, eine patriotische Erregung zur Abwehr der uns mitten im Frieden an allen Landesgrenzen mit blutigem Überfall bedrohenden Feinde. Aber nicht nur dem Vaterland galt die Sorge und Hoffnung. Wer wird damals nicht auch an das eigene Schicksal, an das seiner Lieben in banger Stunde gedacht und sie einem gütigen Geschick, ergeben ins Unvermeidliche empfohlen haben? Doch nur ein gewisses Maß von Glück und Unglück vermag die Menschenseele fühlend zu ertragen, wird dies wie hier ins Ungeheuerliche gesteigert, so stumpft sich das Empfinden ab und wir ertragen Freud und Leid als ein Faktum, als ein Verhängnis, dem wir nur das Gefühl der Abhängigkeit von höheren Gewalten entgegensetzen können.

So haben wir denn unsere Söhne hinausgehen sehen, mitzukämpfen für den Schutz der deutschen Grenzen und für den eigenen Herd. Es waren schwere Stunden des Abschieds. Würden wir sie wiedersehen? Würden sie heil und gesund den Todesgefahren entgehen? Das Herz krampfte sich zusammen, und doch durfte man ihnen den Abschied nicht zu schwer machen dadurch, daß man den eigenen Schmerz zu dem häufte, den sie selbst zu empfinden hatten. Marc nahm zuerst von uns Abschied; er trat als Vicewachtmeister in eine Trainabteilung in Darmstadt ein. Er empfahl mir die Sorge um Frau und Kinder, um die Erhaltung des Geschäftes. Wie unsicher lag die wirtschaftliche Zukunft vor uns! Überschritt der Feind die nahen Grenzen, drang er in unsere Landesteile ein, so war das in langer mühsamer Arbeit aufgebaute Geschäft und die darin angelegten Werte verloren. Immerhin kam Marc wenigstens nicht sofort in die vorderste Kampflinie. Das war jedoch bei Werner der Fall, der gerade um diese Zeit eine achtwöchentliche Dienstleistung bei der Karlsruher Artillerie absolvierte. Er würde in wenig Tagen im Schlachtgewühl stehen. Wie hart fiel uns der Abschied von dem großen stattlichen Sohne, wie trüben Auges sahen wir ihn ziehen. Hans nahm brieflich von uns Abschied, er rückte von Berlin aus ins Feld. Dann kam Gertrud mit ihren Kindern zu uns geflüchtet. Walter Henning war gleichfalls als Artillerist zur Waffe gerufen. Ihm schien auch nach Ansicht seines

Bruders Wilhelm, eines Generalstabsoffiziers, der Aufenthalt in Bruchsal für die alleinstehende Frau und die Schar der Kinder zu gefährlich, die Möglichkeit einer französischen Invasion zu naheliegend, als daß sie ohne Schutz dort bleiben könne. Es war ein schlimmes Wiedersehen! Julie blieb in Berlin; ihr Mann trat in sein Ulmer Regiment ein. So blieb zunächst nur noch Friedrich Deines im bürgerlichen Beruf, aber auch an ihn gelangte später die Einberufung zur Ausbildung mit der Waffe. Er blieb dann in Karlsruhe im Dienst der militärischen Postüberwachung. Drei Söhne und drei Schwiegersöhne standen im Dienst des Vaterlandes. Nur Carl Engelhard, der vor langen Jahren Amerikaner geworden war, stand außerhalb der Gefahr. Aber wir waren von ihm und Emy abgeschnitten und empfingen nur über die Schweiz, Holland oder Spanien in immer länger werdenden Pausen ihre brieflichen Nachrichten. Mit der ganzen Tiefe ihres reichen Gemütes hat meine liebe gute Emy mit uns empfunden, in täglicher Sorge um uns gelebt. Auch von meinen Geschwistern trennte uns ein hoher Wall, die feindliche, immer straffer werdende Blockade. Erst nach beinahe zwei Jahren kam ich in Besitz eines Briefes, den Sichels mir in den ersten Augusttagen 1914 aus Wimbledon geschrieben hatten, und in dem sie mich mit der Bitte um Hilfe von ihren unglücklichen Erlebnissen unterrichteten. Sie hatten übrigens verhältnismäßig wenig durch Deutschenhaß zu leiden, bei weitem weniger als Engelhards in New York, die scharf überwacht worden sind. Auch in Spanien war mein Bruder nicht belästigt. Anfänglich waren ja dort die Sympathien für uns. Doch wurde seine Firma von England aus auf die schwarze Liste gesetzt und seine geschäftliche Tätigkeit dadurch fast völlig unterbunden. So war die Lage der Familie bei Ausbruch des Krieges! Unsicherheit und Sorge ringsum, fieberhafte Erregung und doch Fassung gegenüber dem Druck eines unabwendbaren Schicksals. Dann kamen die ersten Nachrichten über das siegreiche Vordringen des deutschen Heeres, die unsere Grenzen vor dem Feinde schützten. Wir sahen unser Vertrauen auf die Tapferkeit der Truppen und auf die gute Führung der Feldherren gerechtfertigt durch glänzende Erfolge und zuversichtlicher erwarteten wir die Übermacht gegenüber einem glücklichen Ausgang.

Carl Engelhard
-> S. 189

Wer dachte damals, daß Deutschland mit seinen Verbündeten, dem in seinen Grundlagen unterwühlten Österreich, dem Ansturm dreier Großmächte ersten Ranges nicht auf die Dauer gewachsen sei. Viele ernst denkende Männer beurteilten die Sachlage in gleicher Weise, und ich entsinne mich genau einer Unterhaltung mit dem Reichstagsabgeordneten Richard Müller, Fulda, gelegentlich einer Fahrt nach Berlin zu Anfang des Krieges, wobei er zu mir sagte: "Wir wollen froh sein, wenn wir mit einem blauen Auge davonkommen." Allein die große Mehrzahl sah die Verhältnisse anders an, die anfänglichen Erfolge und die tapfere Abwehr der feindlichen Angriffe täuschten sie in eine Sicherheit hinein, die mehr und mehr sich zu starken Ansprüchen auf Kompensationen durch Erwerb wertvoller Gebietsabrundungen steigerte. Andersdenkende verfielen bald einer Verfehmung als Pessimisten, Flaumacher, Unpatrioten. Auch der Rückzug nach der Schlacht an der Marne änderte dies keineswegs, denn wir erkannten damals nicht, daß mit ihm der deutsche Feldzugsplan gescheitert war, und wir sahen in den blenden Waffentaten Hindenburgs im Osten eine volle Entschädigung für den Stillstand der deutschen Operation an der Westgrenze. Handel und Verkehr hatten sich inzwischen neu belebt, das Reich trat als großer und guter Käufer auf. Das Verdienen wurde dick unterstrichen. Aber auch die Blockade fing mehr und mehr an, sich als wirksam zu erweisen. Es entstand Mangel an Rohstoffen und Nahrungsmitteln. Die Nachfrage wurde immer stärker dem sich vermindernden Angebot gegenüber. Die Preise gingen rasch nach oben. Der freie Markt hörte auf, und die Zwangswirtschaft trat an seine Stelle. Sollte dem kleinen Mann eine erträgliche Existenzmöglichkeit gesichert werden, so war eine Rationierung der lebensnotwendigen Gegenstände nach einem genau festgelegten Verteilungsplan durch das Reich erforderlich. Sonst hätten die Bemittelten zu stets höher getriebenen Preisen zu Lasten der großen Masse die alten Lebensgewohnheiten fortsetzen können, diese aber um so mehr Entbehrungen ertragen müssen; um "durchzuhalten", gab es kein anderes Mittel als die staatliche Regelung des Verbrauchs mit allen Zwangsmaßnahmen. Eine Flut von gesetzlichen Bestimmungen brach herein, niemand konnte sie

Zwangswirtschaft
-> S. 174

Zwangswirtschaft

Der Kriegsbegeisterung der Augusttage von 1914 waren weite Kreise der Bevölkerung verfallen. Der schnelle Sieg blieb aus! Die Fronten erstarrten im Stellungskrieg und wurden zu Materialschlachten. Weder die Rüstungsindustrie noch die Versorgung der Bevölkerung war auf einen langen vierjährigen Krieg eingestellt. Zunächst begnügte sich die Unterstützung der Bevölkerung auf freiwillige Sendungen an die Soldaten. Bereitwillig wurde dem Aufruf zur Verbundenheit der Heimat mit den "im Felde Stehenden" durch "Liebesgaben" wie Tabak, Zigaretten etc. gefolgt. Materialsammlungen von Metallen (von der Türklinke bis zur Kirchenglocke), Tierfellen, Laub und Textilien folgten. Dazu mobilisiert wurden Kinder und Frauen. Rationiert wurden Lebensmittel, Kleidung, Rohstoffe, die nur auf Marken und Bezugsscheinen erhältlich waren. Der Krieg fraß immer mehr Soldaten. Frauen wurden zum ausschlaggebenden Wirtschaftsfaktor, indem sie die Arbeiten der Männer in nahezu allen Bereichen übernehmen mußten.

Die Kosten des Krieges sollten durch Kreditaufnahmen gedeckt werden. Die Rückzahlung sollte nach dem gewonnenen Krieg durch die Kriegsschuldzahlungen der Verlierer erfolgen. Das Hindenburgprogramm zur Mobilisierung der Bevölkerung war die Vorwegnahme des "totalen Krieges" im späteren nationalsozialistischen Deutschland.

Zu der Not in der Heimat kam der "Heldentod" der Soldaten im "Felde der Ehre" und die Grausamkeit des Krieges: Vernichtung ganzer Orte, Erhängung und Erschießung, Gasvergiftungen, Verwundungen, Kriegskrüppel durch Land-, Luft- und Seegefechte.

Abb.: Lebensmittelkarte 1. Weltkrieg, Museum Hanau

Städtischer Lebensmittel-Verkauf.

Gegen Vorzeigen dieses Ausweises und Abgabe der Fleischmarken oder Vorzeigung des Fettausweises ist

Herr ~~Frau~~ Prof. Stübing

Gust. Adolfstr. 13

berechtigt, städtische Fleisch- oder Fettwaren zu kaufen.

☛ Diese Karte ist nicht übertragbar. ☚

Mißbräuchliche Benutzung wird strafrechtlich verfolgt.

Hanau. **Der Magistrat.**

mehr übersehen. Mit der steigenden Not hielten auch die wenigsten sich an sie gebunden. Umgehungen waren an der Tagesordnung. "Ins Zuchthaus oder ins Narrenhaus" hörte man damals als Alternative gegenüber so vielen zum Teil unausführbaren Anordnungen ausrufen. Die öffentliche Moral litt Not. Dazu die Verrohung der Jugend, der die väterliche Zucht fehlte, und der Übermut der jugendlichen Arbeiter beiderlei Geschlechts, die in den Munitionsfabriken und Werkstätten überall hohen Lohn leicht verdienten. Sah man aber vor den Verkaufsläden der Nahrungsmittel- und Bedarfsgegenstände in langen Reihen stundenlang schlecht gekleidete und kümmerlich ernährte Frauen, Kinder und Greise geduldig Tag für Tag harren, bis sie auf ihre Karten die knapp zugemessenen Rationen erhalten konnten, so mußte sich die Erkenntnis aufdrängen, daß von keinem anderen Volk die Lasten und Opfer dieses Krieges so langmütig ertragen werden würden wie von uns. Um so widerlicher war das Gebaren der Kriegsgewinnler in den feinen Hotels der Hauptstädte, namentlich in Berlin. Da war Überfluß an allen reichgedeckten Tischen, glänzende Toiletten in hellerleuchteten Sälen, rauschende Musik. Nie sah ich Übermut so nahe dem Elend. Auf einem Vulkan tanzte man auch bei uns. Ist es zu verwundern, daß der überspannte Bogen schließlich zerbrach? Daß als die durch die Regierung und Presse künstlich genährte Siegeszuversicht sich plötzlich als nichtig erwies, die Heeresleitung den Waffenstillstand forderte, der Kaiser zur Abdankung sich genötigt sah und zur Flucht entschloß, mit Naturgewalt eine Revolution ausbrach, der kein Damm sich entgegensetze und die Friede um jeden Preis und Befreiung vom Druck und Elend wollte? Wilde, niedergehaltene Elemente erhoben sich gleichzeitig, aber sie verbesserten gewiß nicht Deutschlands Geschick, sie stießen es nur tiefer in den Abgrund der Machtlosigkeit und der inneren Zuversicht.

Die Macht der Gewohnheit machte sich mehr und mehr geltend. Man fand sich auch mit dem Kriegszustand ab und lebte den Pflichten des Tages. Von unseren Nächsten erhielten wir aus dem Feld oft und gute Nachrichten. Die Söhne waren nach einiger Zeit zu Offizieren befördert worden und erhielten Führerstellen in ihren Abteilungen, was ihnen den Dienst angenehmer machte. Sie kamen auch zeitweise auf Urlaub zur Familie zurück. Marc hatte sich mutig zur Luftschiffertruppe gemeldet und lag lange vor Pont à Mousson als Beobachtungsoffizier eines Fesselballons. Der tägliche mehrstündige Aufenthalt in dem ca. 700 Meter aufsteigenden schwankenden Ballon brachte seine Nerven stark herunter, so daß er im Sommer 1916 eine Erholungskur in Königstein i. T. nötig hatte. Dann kam er nach dem Osten, wo er den Winter vor Dünaburg verbrachte als Führer einer leichten Munitionskolonne. Schließlich führte ihn der Dienst wieder nach Nordfrankreich in gleicher Eigenschaft und mitten ins schärfste Kampfgewühl. Hans wurde gleichfalls im Verlauf des Krieges zum Offizier und Führer einer Munitionskolonne befördert. In Galizien erkrankte er schwer und lag an der Ruhr. Genesen, warf ihn der Krieg nach der Nordwestfront. Werner wurde rasch Offizier, Adjutant und Führer einer Batterie. Seine gefährlichste Zeit waren die Kämpfe um Chemin des Dames. Während eines längeren Urlaubs zur Heilung einer heftigen Ischiaserkrankung fand in Neuenahr seine Trauung mit Gertrud Heraeus, meiner jüngsten, lieben Schwiegertochter, statt; eine kleine, aber herzliche Feier vereinigte die beiden Familien. Der Bruder Gertruds, Julius Heraeus, ein frischer, lieber Junge, der sich vom Gymnasium weg freiwillig zum Heeresdienst gemeldet hatte, nahm daran teil. Bald nachher hat ihn aus der Feuerlinie heraus eine todbringende Erkrankung weggerissen. Er starb sehr rasch an einer Blinddarmentzündung in einem Feldlazarett. Walter Henning lag als Batterieführer lange in den flandrischen Gräben unter schwersten Kämpfen; ein heftiger Rheumatismus zwang ihn dann zum Heimatdienst, den er zuletzt im Kriegsamt zu Berlin verbrachte. Alle haben tapfer ihr Leben zum Schutz des Vaterlandes eingesetzt; mit dem eisernen Kreuz kehrten sie heim. Friedrich Deines wurde erst später eingezogen, und, da er vorher nicht gedient hatte, in Ettlingen bei Karlsruhe ausgebildet. Es war hocherwünscht, daß seine zarte Konstitution berücksichtigt wurde und er im Innendienst auf der Postüberwachungsstelle zu Karlsruhe bleiben konnte. Daß alle bei Beendigung des Krieges unversehrt und kräftig wieder ihren Familien zurückgegeben wurden, ist ein seltenes, großes Glück, für das wir von ganzem Herzen unserem Geschick dankbar sein müssen.

Die Verhältnisse wurden im Lande von Jahr zu Jahr schlimmer, namentlich wurde die Verpflegung sehr kärglich. Fett fehlte fast vollständig. Wir hatten uns vorgenommen, nicht zu hamstern, sondern mit unseren Mitbürgern gleichen Schritt zu gehen. Aber es ging doch auf die Dauer nicht ohne einige Zukäufe. Mein Körpergewicht war von 96 Kilo auf 68 Kilo gesunken. Ich fühlte mich zwar ganz wohl dabei, aber es wurde doch Zeit, für nahrhafte Kost zu sorgen. Auch meine Frau wurde recht schmal. Erst nach Friedensschluß, als reiche Lebensmittelsendungen aus Amerika von Emy und Carl für uns eintrafen, konnten wir unsere Lebenshaltung wesentlich verbessern. Auf Neuanschaffungen von Kleidern, Schuhwerk etc. leisteten wir fast ganz Verzicht, es ging auch so. Obschon die Verkehrsschwierigkeiten immer größer wurden, reiste ich doch häufig nach Berlin, teils in geschäftlichen und Berufsangelegenheiten, teils in Vertretung der Handelskammer. Berlin wurde immer mehr Mittelpunkt für Handel und Verkehr. Hier nur konnte man sich in geeigneter Weise und rasch Informationen holen. Meine guten persönlichen Beziehungen kamen mir sehr zustatten. Geschäftlich waren größere Aufgaben zu lösen wie je, der Bedarf hatte scharf eingesetzt und war schwer zu decken. Die Produktion ließ nach, es traten Kontingentierungen, später Beschlagnahmen für den Heeresbedarf ein. Dann kamen die Fragen der Monopolisierung. Unsicherheit, Mangel an Waren, starke Preissteigerungen verursachten Mühe und Aufregung. Zu Hause waren die meisten der geschulten Beamten und Arbeiter zur Fahne eingezogen, ich mußte mich mit wenigen, zum Teil minderwertigen Kräften behelfen. Ein paar französische Kriegsgefangene erhielt ich mühsam als Hilfsarbeiter. Im öffentlichen Dienst auszuharren, hielt ich für meine Pflicht. Die Arbeiten der Handelskammer häufen sich, namentlich durch die mir obliegende Begutachtung aller Reklamationen seitens der Kaufmannschaft des Bezirks, behufs Beurlaubung oder Freigabe von Heeresdienst. Mancher Drückeberger wurde dabei bemerkt und war abzuweisen, selbst unter den lautesten Patrioten fanden sich einzelne, die ihre Söhne und sonstigen Angehörigen gerne zu Hause behalten wollten. Ursprungszeugnisse, Bescheinigungen jeder Art waren täglich zu erledigen, an Dr. Grambow, dem Syndikus der Kammer, hatte ich gute Hilfe, ebenso an meinem Stellvertreter, Albert Deines.

Über die Stimmung der verantwortlichen Kreise der Regierung und der Heerführer erfuhr man in Berlin wenig. Erst die späteren Veröffentlichungen zeigten, wie gefährlich sie von Anfang an die Lage Deutschlands angesehen hatten. Auch der Reichstag war nicht informiert. Aber die Presse wiegte unter dem Drucke der Zensur das Volk in Siegeszuversicht. Im Ausschuß des deutschen Handelstages traf ich mit den Kapitänen von Deutschlands Handel und Industrie oft zusammen. Die Auffassungen waren geteilt, meist recht optimistisch. Bei den Parlamentariern war es gerade so, je nach der Parteirichtung bedenklich oder fest und zuversichtlich. Erst zum Schluß wurde die Stimmung allgemein sehr ernst. Lebhaft aber steht mir die Begegnung mit meinem Freunde Schweickhard in Erinnerung, als er mir in Berlin, gerade vom Reichstag kommend und unter dem frischen Eindruck von Erlebtem, von dem dringlichen Ersuchen der Heeresleitung um Waffenstillstand erzählte. Wir sahen mit Bangen und Trauer, daß unsere Kraft zu Ende gegangen war. Aber so furchtbar das nahende Verhängnis uns erschien, so wurde es doch durch die Wirklichkeit bald genug weit übertroffen. Ein siegreicher, haßerfüllter Feind an der Grenze und Revolution im Lande!

Revolution in Hanau **-> S. 179**

Auch für Hanau kamen unruhige Tage und Wochen der Umwälzung. Blut ist geflossen, Haß gesät worden. Uns selbst hat kein Leid dabei betroffen, außer dem Schmerz über diesen Zusammenbruch und der Sorge um die Zukunft. Zur Zeit herrscht ja wieder mehr Ruhe im Land. Aber wie lange wird sie der drohenden Arbeitslosigkeit, der immer noch steigenden Teuerung gegenüber aufrechtzuerhalten sein, während die Entente sich zugleich anschickt, die ungeheuer harten Bedingungen des Versailler Friedens gewaltsam zu erpressen. Die Steuerlasten steigen ins Unge-

Revolution 1918

Der Matrosenaufstand in Kiel gegen ein letztes selbstzerstörerisches Auslaufen der Kriegsflotte löste die Revolution aus. Überall im Reich bildeten sich Arbeiter- und Soldatenräte, die die Macht übernahmen. Die revolutionären Ereignisse in Hanau fanden ihren Anfang in einer tumultartigen Stadtverordnetensitzung am 7. November. Ein Demonstrationszug durch die Stadt führte zu ersten Zusammenstößen mit der Polizei. Es bildete sich ein Arbeiterrat aus 20 Mitgliedern der Unabhängigen Sozialdemokratischen Partei (USPD) und 5 Mitgliedern der Mehrheits-Sozialdemokratischen Partei (MSPD). Er übernahm die Macht am folgenden Tag. Die führenden Vertreter waren: Wilhelm Wagner (Arzt), Friedrich Schnellbacher (Lithograph), Gustav Hammer (Redakteur), Wilhelm Schwind (Kellner). Sie zählten zum politisch linksstehenden Flügel der USPD, der Spartakusgruppe. Die Maßnahmen des Arbeiter-und Soldatenrates bestanden aus dem Versuch die Nachkriegswirtschaft zu regeln:

- *Linderung der allgemeinen Not durch Verteilen von Lebensmitteln und Kleidung,*
- *Sicherung der öffentlichen Ordnung durch eine Arbeiterwehr,*
- *Regelung der Arbeitsverhältnisse.*

Die Maßnahmen des Arbeiterrates waren pragmatisch und an den örtlichen Verhältnissen orientiert. Die politischen Ziele dagegen, die Forderung einer sozialistischen Republik auf der Grundlage des Rätesystems, wurde vehement agitatorisch verfochten. Im Gegensatz dazu stand die Position des konservativen kommisarischen Landrats und Polizeidirektors Carl. C. Schmidt. Er hatte sich öffentlich den Verhältnissen der Revolution angepaßt, versuchte aber im Konkurrenzkampf um sein Amt an der Macht zu bleiben und den Arbeiter- und Soldatenrat auszuspielen. Vor dem Hintergrund der Entscheidung des Rätekongresses gegen die Räterepublik, der erfolglosen Berliner Januarkämpfe der Spartakisten, der Ermordung der Spartakusführer Karl Liebknecht und Rosa Luxemburg, des Erstarkens konservativer Kräfte und einem drohenden militärischen Eingriff in Hanau legte der Rat am 25. Januar 1919 seine Ämter nieder. Die Besatzung Hanaus durch Truppen der Reichswehr führte zur Verhaftung der Leitungspersonen des Arbeiterrats. Im Hanauer Kommunistenprozeß wurden Wagner und Schnellbacher freigesprochen, Hammer und Schwind zu geringen Geldstrafen verurteilt.

Achtung! Achtung!

Lesen und weitergeben!

Grosse

öfftl. Versammlung

im groß. Saale d. Gewerkschaftshauses, Mühlstr. 2a

Sonntag, den 12. Januar, vorm. 9½ Uhr

Tagesordnung:

Wie sichern wir die sozialistische Republik?

Soldaten, Arbeiter, Arbeitslose erscheint in Massen!

Hoch die Arbeiter- und Soldatenräte!

Parole: Entwaffnung aller Offiziere!

Auf zum Kampf und Sieg!

Der Einberufer.

messene und das durch jahrelange Arbeit und Sparsamkeit Erworbene zerrinnt infolge der Entwertung unserer Währung. So sind wir einzelne untrennbar verflochten wie mit dem Aufstieg so auch mit dem Niedergang unseres Volkes.

Am 1. Mai 1919 sind meine Frau und ich in das von mir kurz vorher erworbene Haus Gustav-Adolf-Straße 1 übergesiedelt, nachdem Marc mein früheres Anwesen mit dem Geschäft übernommen hatte. Hier wohnen wir in behaglichen Räumen und in ruhiger freier Lage. Nur der von mir gepflegte Garten fehlt mir. Dann erlebte ich noch die Freude, vor wenigen Wochen meinen Bruder Ludwig hier nach sechsjähriger Trennung in alter Herzlichkeit wiederzusehen und bald darauf auch meine gute Schwester Julie, mit der und ihrem Mann und ihrer Tochter ich einige frohe Tage in Montreux verlebte. Wir hatten uns vieles zu berichten. Ebenso erwähne ich gerne den zweimaligen Besuch meines Schwiegersohnes Carl Engelhard.

Nun habe ich noch den herzlichen Wunsch und die liebe Hoffnung, auch meine Emy bald bei uns begrüßen zu können. Es wird mir das schönste Erlebnis bedeuten.

Schlußwort

Blicke ich auf mein langes Leben zurück, so empfinde ich dankbar, daß mir viel Glückliches widerfahren ist: ein Kreis lieber Kinder, eine Schar prächtiger Enkel ist um uns aufgewachsen, meine Arbeit war von Erfolg begleitet, meine Bestrebungen haben sich zu einem guten Teil verwirklicht und mir freundliche Gesinnung und ehrenvolle Anerkennung meiner Mitbürger gebracht. Ich habe viel Schönes gesehen und mich an ihm erfreut. Aber auch sehr schweres Leid und Kummer, Mühen und Sorgen habe ich zu tragen gehabt und somit das Los der Menschen geteilt, denen allen Tag und Nacht beschieden ist. Wenn man nun in der Kraft seines Lebens, in der Jugend und im Mannesalter glaubt, daß das Alter die Klarheit und Ruhe bringen werden, etwa wie sie dem Wanderer wird, der erst leichten Schritts, dann mühsam zu hohem Bergesgipfel emporklimmt, über grünenden Hang und steinige Halde, den glitzernden Bach entlang, aufwärts an Schrunden vorbei zur Höhe und dort aufatmend, entzückt und befriedigt niederschaut in die weite Landschaft unter sich, in das Spiel des Lichtes, umfangen von der Erhabenheit der Natur, mit der er sich Eins fühlt, so ist dem nicht so. Vielmehr wird der lange Wandernde mit Empfindungen sich den herrlichen Worten zuneigen müssen, die Goethe uns mit aller Tiefe des Gemütes und aller Reinheit des Naturempfindens gewidmet hat:

Über allen Gipfeln ist Ruh',
In allen Wipfeln spürest du
Kaum einen Hauch.
Die Vöglein schweigen im Walde,
Warte nur, balde
Ruhest du auch.

Denn die Mühen des Lebens liegen zwar hinter ihm, aber nicht die Sorgen, die das Leben begleiten. Ruhe wird nur dem Wunschlosen, der sich einstellt auf das geheimnisvolle Dunkel der Nacht.

Hanau, den 15. 7. 1920

Canthal-Familie im Faschismus

Erinnerungen von Lindi Fischer-Defoy, geborene Canthal, Enkelin von Fritz Canthal, aufgeschrieben im Oktober 1991

Kurz nach Hitlers Machtergreifung kam ich Ostern 1933 in die Schule. Ich erinnere mich noch genau an den Tag, als eine BDM-Führerin in unsere Klasse kam, um uns - nun zehnjährig- als Jungmädel, die Vorstufe für den Bund Deutscher Mädchen (BDM) aufzunehmen. Alle in unserer Klasse wurden mit Namen aufgerufen, nur ich nicht, und ich meldete mich eifrig, daß man mich vergessen habe. Meine sehr rührende Lehrerin nahm mich dann in den Arm und sagte:"Laß Dir das zuhause erklären!" Erst da erfuhr ich von dem jüdischen Vorfahren. Meine Freundinnen fuhren nun ins Zeltlager und hatten Gruppenabende und Sportveranstaltungen, aber sie haben mich eher beneidet, daß ich das nicht mitmachen mußte. Einmal nahm mich eine Freundin mit ins Theater zu einer Vorstellung für den BDM- ich glaube es war "Cosi fan tutte". Ich zog mir extra eine weiße Bluse und einen dunklen Rock an, um nicht aufzufallen, aber in der Pause kam eine BDM-Führerin zu mir und sagte, ich solle verschwinden, ich hätte da nichts zu suchen. Ich erzählte das voller Aufregung in der Pause, da packte mich die Tochter des Intendanten unseres Stadttheaters, die heute weltberühmte Christa Ludwig, am Arm und nahm mich mit in die Intendantenloge. Da saß ich nun sehr vergnügt ganz vorne an der Ballustrade, bis in der nächsten Pause die besagte BDM-Führerin wieder erschien, ich solle wenigstens weiter hinten sitzen, damit man mich nicht sähe!

In der Schule hatte ich keinerlei Schwierigkeiten, ich war im Orchester und spielte Theater mit, und als eine Mitschülerin einen Vortrag über die nordische Rasse halten sollte, stellte sie sich vor mich hin und beschrieb ausgerechnet mich!- und bekam eine gute Note.

Nun kam die Tanzstundenzeit heran- wir gingen noch vor der Konfirmation zur Tanzstunde, denn die Jungen wurden schon mit 15 und 16 Jahren zur FLAK eingezogen. Da hieß es, wer nicht im BDM ist, darf auch nicht in die Tanzstunde. Aber der nette Tanzlehrer Theo Ersch, bei dem auch alle meine älteren Schwestern das Tanzbein geschwungen hatten, lud mich zu Privatstunden ein, besorgte mir einen Tanzpartner- mit dem ich heute noch in Verbindung stehe- und mogelte uns als Gäste in die allgemeine Tanzstunde; für den Lehrer sicher eine gewagte Sache.

Meine Eltern wollten mich nun doch

wegen der schwieriger werdenden Verhältnisse und der beginnenden Bombenangriffe aus Hanau weghaben. Ich sollte nach Weimar in ein privates Internat, wo meine Schwester Thinka zehn Jahre zuvor sehr gern für drei Jahre gewesen war, meine Schwester Gisela dagegen sehr ungern und nur ein Jahr. Bedingung war aber nun auch hier die BDM-Mitgliedschaft. Ich weiß noch, daß ich mit einer Freundin mehrmals auf einem Amt gewesen bin und zum Schluß tatsächlich pro forma aufgenommen wurde. Von den Freundinnen bekam ich Bezugsscheine für die Uniform und so zog ich dann im Herbst 1942 nach Weimar. Dort war nun mein Status als Mischling zweiten Grades unbekannt und ich wurde nach dem Notabitur im November 1944 zum Reichsarbeitsdienst eingezogen und kam in den hintersten Zipfel von Thüringen zwischen Plauen und Hof in ein Barackenlager. Und weil ich so schön "nordisch" aussah kam die Lagerführerin auf die Idee, mich als Kameradschaftsälteste, die niedrigste Stufe der Hierarchie, vorzuschlagen. Das schien mir aber doch zu gefährlich und ich sagte ihr, daß ich das nicht könne, denn ich sei Mischling zweiten Grades. Ja, da müsse sie nun die nächsthöhere Dienststelle fragen. Die Stabsführerin kam und ich wurde gefragt, ob "es" von Vater oder Mutter käme. Auf meine Antwort "von Vater", meinte sie, dann wäre es nicht so schlimm, dann könnte ich wohl doch das Amt übernehmen. Ich habe mich zeitlebens darüber köstlich amüsiert, weil es mir schien, es sei doch völlig gleichgültig, ob Vater oder Mutter Jude ist- bis ich kurz vor unserer Reise nach Israel das Alte Testament gelesen habe und siehe da, dort steht: Jude ist, dessen Mutter Jude ist". Kurz nach diesem Gespräch im Arbeitsdienstlager wurden wir-"bis zur Wiedereinstellung!!"- entlassen. Es war März 1945, die Russen kamen von der einen Seite und die Amerikaner von der anderen. Eine Freundin nahm mich mit nach Ilmenau im Thüringer Wald, denn Hanau war schon völlig zerstört und von den Amerikanern besetzt.

In den Schulferien- oder war es im "Wanzenurlaub" vom RAD-Lager?- sah ich Onkel Marc in Hanau mit einem großen Reisigbesen die Straßen fegen und habe ihm ein paar dicke Handschuhe gestrickt. Tante Hedwig sehe ich noch in der Brauerei Kaiser Weißkohlköpfe sortieren oder säubern - es war schrecklich. Mein Vater Werner Canthal wurde im Januar 1945 noch abgeholt und in ein Lager der Organisation TODT gebracht nach Clausthal im Harz. Er mußte dort Gräben ausheben und hat sich sehr schnell eine Ischiasentzündung geholt. Es wurde immer gedroht, alle Insassen des Lagers umzubringen, ehe die Amerikaner kämen, aber zum Glück war der Vor-

marsch so schnell, daß Papi lebend befreit werden konnte.
Nach dem Krieg, zur Zeit der Spruchkammerverhandlungen zur Entnazifizierung haben einige Eltern meiner Schulfreundinnen von uns eine Bescheinigung haben wollen, daß sie in der Nazi-Zeit ihre Töchter mit mir spielen ließen- zur ihrer eigenen Entlastung! ich war damals sehr schockiert, aber man griff natürlich zu jedem Strohhalm.

Geschichten um die so gestreng aussehende "Frau Kommerzienrat" Marie Sidonie Canthal, erzählt und aufgeschrieben von ihrer Enkelin Hilde Jübner, geborene Canthal

"Meine Großmutter wurde von 1872 bis 75 in die französische Schweiz an den Genfer See in ein vornehmes Pensionat geschickt. .Sie sprach perfekt französisch, las französische Literatur und besaß viele französische Bücher in kostbares Schweinsleder gebunden, auch mit Goldschnitt verziert. Bei einem schrecklichen Hochwassser der Kinzig gingen 1920/21 viele ihrer geliebten Bücher verloren. Vergebens versuchten Großmutter, das Personal und ich zu retten, was möglich war. Umsonst. Das Wasser kam so ungeheuer schnell, daß wir aus dem Keller fliehen mußten. Großmutter war traurig, daß sich auch nasse Bücher nicht erhalten ließen.
Kurz danach sagt sie: "Ei- .. die Bücher sind verloren, jetzt fahren wir mit dem Kahn in die Stadt, dies ist ein seltenes Erlebnis!" Und schon bestellte sie bei der Stadtverwaltung für die Frau Geheimrat einen Kahn, um wichtige Dinge besorgen zu können. Wir wurden in die Stadt gerudert, was ein richtiges Vergnügen gewesen war."

Eine weitere Anekdote erzählt vom resoluten Wesen, das die Großmutter in öffentlichen Verkehrsmitteln an den Tag legte:

"In der Trambahn, mit der sie ab und zu gerne fuhr, denn die Taxe ist so langweilig, wünschte sie Gelbwurst zu haben. Die Fahrt kostete 10 Pfennige. "Halten Sie beim Metzger, ich will Gelbwurst kaufen für mich und mein Enkelchen!" Der Fahrer hielt. Frau Geheimrat stieg mit dem Enkelchen aus. "Warten sie, gleich bin ich wieder da!" Im Laden sagte sie energisch:"Die Tram wartet, geben Sie schnell 1/2 Pfund Gelbwurst!" Sie wurde trotz des Protestes anderer sofort bedient. "Bitte schön, Frau Geheimrat, sofort!" Wir stiegen wieder in die wartende Trambahn ein und Großmutter gab dem Fahrer eine Mark , also zehnmal soviel, wie die ganze, kurze Fahrt gekostet hatte."

Aus dem Familienleben der Großfamilie schildert Hilde Jübner folgendes Ritual:

"Jeden 2. Dienstag wurde eine Kindergesellschaft bei den Großeltern veranstaltet und alle kleinen Kusinen und Vettern erschienen hübsch frisiert und süß gekleidet, begleitet von ihren Kindermädchen in der großelterlichen Villa. Draußen warteten die Coupees, die Mädchen in der Küche. Das kleine Fest für die Enkel war herrlich. Feiner

Kakao und leckere Hörnchen, wohlschmeckende süße Törtchen und Schlagsahne und noch allerlei Süßigkeiten standen auf dem sorgfältig gedeckten Tisch. Wir schlemmten mit Wonne. Und das schönste war, wenn man uns allein im großen Speisezimmer ließ. Wir durften mit der Klingel die Bedienung herbeirufen, was wir aber nicht wollten. Allein speisen fanden wir köstlich, ohne Diener, ohne Kindermädchen, ohne Eltern! Wir wollten unter uns bleiben. Dies allein war schon ein Fest, und wir kratzten uns mit der Gabel auf dem Kopf, steckten die Messer in den Mund, fuhren mit dem abgeleckten Löffel in die Schlagsahne, schmatzten laut und rülpsten voller Vergnügen. Dazu stemmten wir die Ellenbogen fest und breit auf den Tisch, sprachen mit vollem Munde, prusteten Kuchenkrümel über den Tisch, zeigten mit der Gabel oder mit dem Messer auf den Gegenübersitzenden und fanden dieses Benehmen einfach wunderbar. Diese von uns absichtlich in die Länge gezogene Kakaotafel dehnten wir aus, so lange, wie wir dazu Lust hatten. Denn hinterher mußten wir nach der Klaviermusik der Großmutter durch die weitgeöffneten Räume marschieren. Immer schön im Takt und gleichmäßig gehen und durften nicht ausscheren. Dies liebte die Großmutter nicht, und wir fanden es langweilig. Viel lieber wären wir im Garten herumgetollt. Aber das stand nicht auf dem Programm."

Dieses Zeremoniell wurde von den Cousins Hans Heinrich und Friedel in späteren Jahren mit viel Gelächter durch folgende Episode ergänzt. Danach führte der Reigen der Enkelkinder auch um den Flügel herum. Die größeren Buben nutzten die kurzen Momente hinter dem Rücken der Großmutter dazu, um der Spielerin eine Nase zu drehen und die Zunge herauszustrekken, der arglose kleine Friedel tat es den Großen nach und erntete von der blitzschnell sich umwendenden Großmutter eine schallende Ohrfeige, weil er die "Rückspiegelungen" im feinpolierten Instrument nicht beachtet hatte.

Ergebnisse der Reichstagswahlen in der Stadt Hanau
Hanau gehörte zum Wahlkreis 8 (mit der Stadt Hanau, Landkreis Hanau, Gelnhausen, Teile von Frankfurt: Bockenheim, Eschersheim, Eckenheim)
EW: Engere Wahl (Stichwahl)

	Konservative	Nationalliberale	Freisinnige	Zentrum	SPD
1874	46	1608			1299
1877	22	986	688	76	1648
EW		1505			2004
1878	131	1845			1617
EW		1775			1901
1881	204	281	1285		1387
EW	370				2370
1884	101	644	1226		1435
EW	957				2248
1887	1152		1199		1472
EW	1092		3059		
1890	712		1360		2190
EW	1260				2497
1893	996		1070	155	2400
EW	1662				3066
1898	1056		1308		2446
1903		1356	957	466	2970
EW		2617			3351
1907		1947	1033		3285
EW		2967			3514
1912	126	3311		427	4084

Hans Hermann v. Berlepsch
(* 30.3.1843 + 2.6.1926)
preußischer Handelsminister seit 1890, als der junge Kaiser Wilhelm II noch eine Politik des "sozialen Kaisertums" verfolgen wollte. Er leitet eine internationale Arbeiterschutzkonferenz in Berlin, in einer Novelle zur Gewerbeordnung werden Mitbestimmungsrechte von betriebsratsähnlichen Greminen sichtbar, ein gerichtliches Schlichtungsrecht bei Arbeitskonflikten wird eingeführt. Schon vier Jahre später gerät der Kaiser in den Einfluß konservativer Industriekreise; in der "Ära Stumm" (benannt nach dem saarländischen Eisenindustriellen Karl Freiherr von Stumm, Reichtstagsabgeordneter der Freikonservativen, der in seinen Betrieben Wohlfahrtseinrichtungen für die Arbeiter schuf, um damit gewerkschaftlichen und politischen Forderungen entgegentreten zu können) muß Berlepsch 1896 zurücktreten.

Böhm, Willy, Geh. Justizrat, Oberlandesgerichtsrat
(*1849 Hanau +25.10.1909 Frankfurt)
Kunststiftung königliche Zeichenakademie 100.000 Mark für Künstler-Reisestipendien nach Italien.

Böhm, Cäsar, Bijouteriefabrikant, Stadtrat
(*1852 +14.4.1912 Hanau)
Stiftung zur Verschönerung der Stadt, zur Verbesserung sozialer und hygienischer Einrichtungen (z.B. Schwimmbad), zur Unterstützung bedürftiger Einwohner außerhalb der gesetzlichen Armenpflege, Bruder von Willy Böhm, Sohn von Karl Böhm.

Bernhard von Dernburg
(* 17.7.1865 + 14.10.1937)
Dernburg übernimmt 1906 die Leitung der deutschen Kolonialpolitik; zunächst 1906 als Direktor der Kolonialabteilung im Auswärtigen Amt, 1907 als erster Staatssekretär des neuen Reichskolonialamts. Die "Ära Dernburg" steht für einen Kurswechsel in der Kolonialpolitik: War sie zuvor durch Raubbau, Unterdrückung, Zwangsarbeit und totale Rechtlosigkeit der Eingeborenen geprägt (Herrenpolitik mit der Nilpferdpeitsche), geht Dernburg zu einer "aufgeklärten" Kolonialpolitik über. Ursache für den Kurswechsel sind Aufstände in Ostafrika (Maji-Maji 1905) und in Südwestafrika (Herero 1904-1907), die die deutsche Kolonialverwaltung durch Vernichtungsstrategien bekämpfen will. Der harte Militäreinsatz schreckt nicht vom Verdurstenlassen in der Wüste oder Aushungern zurück. Über Dreiviertel der Herero werden ausgerottet, bei dem Maji-Maji gibt es 75000 Tote. Die hohen Kosten für den Militäreinsatz erfordern zusätzliche Mittel in einem Nachtragshaus-

halt, der von der Mehrheit des Reichstags nicht gebilligt wird. Bei den Neuwahlen, die der Reichstagsauflösung folgen, müssen die Sozialdemokraten schwere Verluste hinnehmen; Bebel bezeichnet die Wahlen dann auch als "Hottentottenwahlen".
Um die Verluste aus der Kolonialpolitik zu mindern, setzt Dernburgs auf "aufgeklärtere" Formen der Ausbeutung: Staatliche Entwicklungsprogramme sollen die Qualifikation der eingeborenen Arbeitskräfte erhalten und steigern, Arbeitsschutzmaßnahmen ihre Arbeitsmoral verbessern. Trotzdem bleiben die Kolonien weiterhin ein Verlustgeschäft. Selbst in Südwestafrika mit seinen Bergwerken und Diamantenfeldern übersteigen die Kosten die Einnahmen.

Charles Engelhard

"Von der Mittwoch, den 18. April d.J. Nachmittags 3 1/2 Uhr in der Niederländischen Kirche stattfindenden Trauung unserer Tochter Emy mit Herrn Carl Engelhard beehren wir uns Sie zu benachrichtigen.
Hanau, März 1900
Fritz Canthal u. Frau"

Mit dieser Anzeige begann eine für die Familie und die Stadt Hanau in vieler und positiver Hinsicht folgenreiche Verbindung. Carl Engelhard war 1891 als Vertreter der Firma Heraeus in die USA übergesiedelt. Dort machte er sich selbständig und übernahm binnen kürzester Zeit Firmen der Edelmetallbranche. Er baute ein Imperium auf, das seinen Sohn Charles Engelhard in den 60er Jahren dieses Jahrhunderts zum sechstreichsten Mann der Vereinigten Staaten werden ließ und ihm die Beinamen "Platinkönig" und "Goldfinger" einbrachte. Wie die Familienchronistin Hilde Jübner sich erinnert, gibt es dazu eine geldschwere Vorgeschichte. "Nach mehreren Besprechungen mit der Familie Holzmann (Hoch und Tief, Frankfurt am Main), wurde Emy an Carl

Engelhard, in USA lebend, verheiratet. Die Mutter von Carl war eine geborene Holzmann. Der neue Schwiegersohn wünschte keine Aussteuer, sondern bares Geld, 20000 oder 30000 Goldmark, zur besseren Entwicklung seiner Geschäfte in den USA mit Heraeus in Hanau. Carl konnte sich später selbständig machen. 1901 ging Emy Canthal als Mrs. Engelhard nach Amerika". Carl, oder Charles, wie er sich später in New York nannte, und seine Frau fühlten sich in den Nachkriegsjahren nach 1945 nicht nur der eigenen Familie, sondern auch der Hanauer Bevölkerung verbunden, was nicht nur zahlreiche Care-Paket-Aktionen belegen. Mit enormen Spenden unterstützte Emy Engelhard den Wiederaufbau der Wallonisch-Niederländischen Kirche. 1947 ernannten die Stadtväter Charles Engelhard zum Ehrenbürger von Hanau. Er stiftete auch Ende der zwanziger Jahre das Schullandheim Rückersbach.

Engelhard starb 1950 in den USA.

Eine aktuelle Notiz aus dem Jahrr 1991 zeigt, daß die Beziehungen bis heute nicht abgerissen sind. Im Hanauer Anzeiger vom 4.7.91 heißt es: "Jürgen Heraeus, Vorstandschef der Heraeus-Holding teilte gestern auf der Bilanz-Pressekonferenz in Frankfurt mit, daß Heraeus Holding mit der Engelhard Corporation in den USA weiterhin freundschaftlich verbunden bleibe. Eine Meldung im vergangenen Jahr, daß Engelhard in engere Geschäftsverbindungen mit Degussa trete, sei voreilig gewesen. Jetzt werde der Konzern, dessen Gründer Charles W. Engelhard aus der Firma Heraeus hervorging, seine europäischen Produktions- und Vertriebsaktivitäten auf dem Gebiet der Keramischen Edelmetallfarben auf Heraeus übertragen."

Fues, Papierfabrik Hanau

Am 1. Februar 1825 gelangte die Papiermühle (Walkmühle) in die Hände von Carl Peter Fues aus Bergisch-Gladbach. Die Papiermühle war aus einer 1697 errichteteten Pulver- und Ölmühle am Hestermannschen Kinzigwehr hervorgegangen. Die Papiermühle betrieb im 19. Jahrhundert vorwiegend die Herstellung von mit Anilinfarben gefärbtem Papier. 1869 zerstörte ein Brand die Mühle. Carl Otto Fues und Wilhelm Fues ließen neue Fabrikgebäude erstellen. Die Eröffnung der neuen Fabrik fiel mit dem Aufschwung in der Gründerzeit zusammen. 1873 wurde in Hanau investiert, 1884 kamen Erweiterungen im Zweigwerk Alzenau hinzu. 1897 wurde eine Vergrößerung mit neuen Maschinen in der Hanauer Fabrik vorgenommen. 1904 kam eine moderne Dampfanlage und 1908 eine entsprechende Kesselanlage mit neuem Fabrikschlot hinzu.

Die Wirtschaftskrisen der 20er Jahre

führten zur Einstellung des Betriebs. In die Fabrikgebäude zogen andere Betriebe. Zu Ende des 2. Weltkriegs wurde die ehemalige Papierfabrik weitgehend zerstört.
Literaturhinweis: Historisch-biographische Blätter. Industrie, Handel und Gewerbe. "Der Regierungsbezirk Cassel", Ecksteins Biographischer Verlag Berlin 1912, VI. Lieferung.

Oberbürgermeister **Dr. Eugen Gebeschus**
Am 12. Dezember 1855 wird Eugen Gebeschus in Demmin, Pommern, geboren. Er verlebt dort Kindheit und Schulzeit und macht 1874 das Abitur. Danach studiert er Rechtswissenschaften in Tübingen und in Greifswald. Nach dem Assessorexamen 1883 läßt er sich in St. Goarshausen bis 1888 als Rechtsanwalt nieder. Bevor er im Jahr 1893 in Hanau zum Oberbürgermeister gewählt wird, sammelt er kommunalpolitische Erfahrungen als Bürgermeister in Höchst bei Frankfurt am Main. 1901 wird er nach seiner ersten Amtsperiode einstimmig auf zwölf Jahre wiedergewählt, 1913 wird seine Amtszeit abermals um ein Dutzend verlängert. Krankheitshalber tritt Dr. Gebeschus 1916 in den Ruhestand. Wegen seiner Verdienste um die Stadt wird er im gleichen Jahr zum Ehrenbürger ernannt. Er stirbt 1936 in Hanau. Während seiner Dienstzeit sind folgende gemeinnützige Anlagen und Bauten entstanden:

- Erweiterung des Kanalisationsnetzes und Bau der Kanalpumpstationen am Kanaltor und auf der Bleiche in Kesselstadt.
- Kläranlage oberhalb Dörnigheims,
- Badeanstalt am Steinheimer Tor,
- Wasserwerk I und II
- Elektrizitätswerk,
- Gasverwaltungsgebäude, Neubau der Gasanstalt,
- Einweihung der Eberhardschule und der
- Bezirksschule V in der Äpfelallee, die aus Anlaß seines 70.Geburtstages nach ihm benannt wurde.
- Kleinkinderschule und Krippe in der Nußallee,
- Eisenbahnerkaserne und damit die Erschließung und Entwicklung des Viertels an der Lamboystraße,
- Landgerichtsgebäude,
- Landratsamt,
- Friedhofverwaltungsgebäude,
- Schlachthof mit Kühlhaus,
- Sanierung der Altstadt durch Abriß alter Gebäude.

Die Ausführung weiterer Projekte wurde durch den Ausbruch des 1. Weltkrieges verhindert:

- Industrie-und Handelshafen,
- Neubau der Gewerblichen Fortbildungsschule,
- Neubau der Zeichenakademie.

Von besonderer Bedeutung für die Stadt waren aus damaliger Sicht während der Amtszeiten von Gebeschus:

- die Eingemeindung Kesselstadts, weil der Stadt dadurch Entwicklungsmöglichkeiten nach Westen erschlossen wurden,
- die Ansiedlung der Dunlop-Gummi-Companie, im Bestreben, in Hanau neue Industrien zu etablieren,
- die Inbetriebnahme der Hanauer Straßenbahn,
- und schließlich die Stationierung von zwei Eisenbahnregimentern, wodurch sich die Stadt zur Garnisonsstadt entwickelte.

W.C. Heraeus

(* 6.3.1827 + 14.9.1904)

Der Hanauer Fabrikant Wilhelm Carl Heraeus stammt aus der Apotheker-Dynastie der Einhorn-Apotheke. In der Zimmermann-Chronik heißt es dazu: "Eine der ältesten und angesehensten Familien unserer Stadt ist die Apotheker-Familie Heraeus, von dem 1659 aus Güstrow in Mecklenburg hier eingewanderten Isaak Heraeus abstammend. Letzterer heiratete 1660 (4. Oktober) die Witwe Noe Fauque (...). Die jetzigen Inhaber Dr. Wilhelm und Heinrich Heraeus sind die neunten dieses Namens, die (3) Witwen früherer Besitzer als Inhaberinnen ausgenommen."

Dem Apotheker Wilhelm Carl gelang es erstmals, ein in Paris entwickeltes Verfahren für das als unschmelzbar geltende Platin professionell anzuwenden. Die Platinverarbeitung kristallisierte sich zum eigenen Produktionszweig außerhalb der Apotheke heraus. Im Verlauf weiterer drei Generationen wurde aus dem Familienunternehmen der weltweit agierende High-Tech-Konzern "Heraeus Holding" mit ca. 8000 Beschäftigten.

Der Firmengründer fungierte, "wie das seinerzeit bei Honoratioren üblich war" (Hanauer Anzeiger vom 14. Juli 1990), als ehrenamtlicher Vizebürgermeister und gehörte dem Stadtrat an.

Auch im caritativen Bereich war (und ist) der rührige Clan aktiv.:

Im Juni 1897 initiierte W.C. Heraeus mit seinen Söhnen Heinrich und Wilhelm eine Stiftung zum Zweck der Gründung einer Lungenheilanstalt. Das Stiftungsvermögen, an dem sich noch drei Geldgeber beteiligten, betrug 57 000 Mark. Eine weitere Stiftung brachten die Söhne aus Anlaß des 250järigen Bestehens der Einhorn-Apotheke auf den Weg. Von insgesamt 60 000 gespendeten Mark bestimmten sie 10 000 zur Förderung von Jugendspielen. Zimmermann berichtet: "Ein solches Jugend- und Turnfest fand zum erstenmal am 17. September 1910 in Wilhelmsbad statt".

1898 wurde Wilhelm Carl Heraeus zum Ehrenbürger der Stadt ernannt. Er war der erste, dem dieser Titel zuteil wurde. Noch im selben Jahr beschlossen die Hanauer Gremien, Fritz Canthals Schwiegervater Johann Heinrich Nickel mit der Auszeichnung zu würdigen. Fritz Canthal selbst wurde die Ehrung 1916 zuerkannt, sein Schwiegersohn Charles Engelhard (wie an anderer Stelle erwähnt) erhielt die Würdigung im Jahr 1947. Bedenkt man, daß die Familien Heraeus und Canthal mehrfach verwandt und verschwägert sind, stellt diese "Großfamilie" vier der insgesamt sechs Hanauer Ehrenbürger. (Die zwei "übrigen" sind Bürgermeister Dr. Eugen Gebeschus und Oberbürgermeister Heinrich Fischer).

Die "Hanauer" **Landgrafen**

Seit dem Tod des Grafen Johann Reinhard von Hanau-Lichtenberg 1736 gehört die Grafschaft Hanau-Münzenberg zum landgräflichen Haus Hessen-Kassel, bis 1866 Kurhessen in die preußische Provinz Hessen-Nassau annektiert wird. Der letzte Kurfürst, Friedrich Wilhelm I., kam nach Stettin in eine knapp dreimonatige Gefangenschaft und anschließend in die Verbannung, da er nach dem Sieg Preußens über Österreich auf der Verliererseite stand. Auf dem Weg in sein Exil in Prag und der nahegelegenen fürstlich-hanauischen Herrschaft Horowitz weilte er bis zum 14. Juli 1867 im Schloß in Hanau.

Die von Preußen beschlagnahmten Vermögen des hannoveranischen Königs und des hessischen Kurfürsten bildeten den sogenannten Reptilienfond Bismarcks: Gelder, die zur Unterstützung preußischer Interessen eingesetzt wurden und über deren Verwendung der Öffentlichkeit keine Rechenschaft abgegeben werden mußte.

Da die Nachkommen des letzten Kurfürsten aus seiner morganatischen (nicht standesgemäßen) Ehe mit Gertrude Lehmann, geborene Falckenstein, geadelte Fürstin von Hanau, nicht erberechtigt waren, fielen die Hausbesitzungen an die Linie Rumpenheim (am Main) der Landgrafen von Hessen. Landgraf Friedrich (1747-1837), Begründer dieser Linie, war der jüngste Bruder des ersten hessischen Kurfürsten Wilhelm I.

Prinz Friedrich Wilhelm, seit 1867 Landgraf, erbte 1873 Schloß Philippsruhe, das Stadtschloß in Fulda und das benachbarte Schloß Fasanerie (Adolphseck), als die von Preußen beschlagnahmten Besitzungen an die verschiedenen hessischen Seitenlinien restituiert (zurückgegeben) wurden.

Friedrich Wilhelm Landgraf von Hessen (*1820 +1884) war in erster Ehe (1844) mit **Alexandra, Prinzessin von Rußland** (*1825 +1844), und in zweiter Ehe (1853) mit **Anna, Prinzessin von Preußen** (*1836 +1918), verheiratet.

In der Zeit von 1875 bis 1880 ließ er Schloß Philippsruhe grundlegend zu einem Wohnschloß im modischen Stil des Historismus umbauen.

Die Hochzeit seiner ältesten Tochter aus zweiter Ehe, der Prinzessin Elisa-

Abb.: Innenansicht Salon Schloß Philippsruhe um 1880, Museum Hanau

beth Charlotte Alexandra Marie Luise (*1861 Kopenhagen), mit Leopold Friedrich Franz Ernst, Erbprinz von Anhalt (*1855 +1886) am 22. Mai 1884 war ein gesellschaftliches Ereignis der Aristokartie des im neuen Glanz erstrahlenden Schlosses Philippsruhe.
Anläßlich der Hochzeit seines Bruders Landgraf Friedrich Karl von Hessen (*1868 +1940) mit Margarethe Prinzessin von Preußen (*1872 +1954), der Schwester Kaiser Wilhelms II., wurde 1893 eine Festtafel im Schloß Philippsruhe gegeben.

Ferdinand Lasalle (*1.4.1825 +31,8.1864) betätigte sich früh im Sinne der Radikalen Demokratie und wurde durch den Einfluß von Karl Marx und Friedrich Engels zum Sozialisten. Lasalle gilt als der Begründer der sozialdemokratischen deutschen Arbeiterbewegung. 1863 wurde er zum Präsident des neugegründeten Allgemeinen deutschen Arbeitervereins gewählt. Auch in Hanau gründete der Zigarrenarbeiter Wilhelm Schäfer am 12. Dezember 1864 einen Zweigverein nach seinem Vorbild. Lasalles sozialistisches Programm knüpfte an das Eherne Lohngestz von Ricardo an. Er forderte Poduktivassoziationen und trat für die Einführung des allgemeinen und gleichen Wahlrechts ein. Sein Bekenntnis zum Machtstaat schied ihn von Marx und seine Ablehnung der Genossenschaften von Schultze-Delitzsch.
Literaturhinweis: Bosl, Franz, Hofmann: Biographisches Wörterbuch zur deutschen Geschichte, München 1975.

Kaiser, Brauerei
Am 21. Juli 1835 wird der Tod von Heinrich Ludwig Kaiser, Bürger von Hanau und von Beruf Küfer- und Bierbrauermeister, vermeldet.
Das Stammhaus dieser Brauerei stand vermutlich in der Dechaneigasse der Hanauer Altstadt. 1893 wurde ein Bauantrag für den Brauereineubau am Salisberg (-weg) an der Gaststätte *Zur schönen Aussicht* gestellt. Ein mächtiges Backsteingebäude entstand, das 1965 von der Stadt Hanau erworben und 1981 abgerissen wurde.
Die Bezeichnung Kaiserteiche für die Wiesen zwischen Salisweg, Bahnlinie und Kinzig weisen noch heute auf die einstige Brauerei hin. Dort wurde im Winter das Stangeneis für die Brauerei geschnitten, das in den Gewölben eingelagert wurde. 1923 wurde die Brauerei des Wilhelm Kaiser von der Nicolaybrauerei übernommen. Kleinere Gewerbebetriebe, Schulklassen der Geibelschule und Wohnungen waren zeitweise bis zum Abriß in dem alten Brauereigebäude untergebracht. Im 2. Weltkrieg war dort zeitweise das Lager ausländischer Zwangsarbeiter.
Der Werbespruch der Brauerei bezog

sich auf das historische Gelände am Salisberg und zwar auf das römische Kastell.

Wo Römer einstmals hausten,
wo sie tranken kühlen Wein,
wo die Pfeile krachend sausten,
schenkt man Kaiser Bier jetzt ein.

Hanauer Anzeiger, 26. Juni 1981, S.5.

Johannes v. Miquel

(* 19.2.1828 + 8.9.1901 in Frankfurt)

Er kommt aus der demokratischen Studentenbewegung 1848, ist Mitbegründer des Nationalvereins und gehört ab 1867 dem rechten Flügel der Nationalliberalen an. Er wird Oberbürgermeister in Frankfurt und anschließend, 1890, preußischer Finanzminister.

Sein politischer Weg begann mit Kontakten zu Marx und Engels und näherte sich im Alter immer mehr den verfassungspolitischen Grundsätzen der Konservativen. Mit der von ihm entworfenen "Heidelberger Erklärung" von 1884 erstellt er die Richtschnur des rechten Liberalismus: Bekenntnis zu Bismarck, zu seiner Militär-, Kolonial-, Antisozialisten- und Schutzzollpolitik, für den starken Staat. Damit ist der Weg frei für eine Allianz der Rest-Nationalliberalen mit den Konservativen und der Kartellpolitik von 1887.

Den starken Staat fordert er auch in der Sozialpolitik, besonders in einer staatlich organiserten Sozialversicherung - im Gegensatz zu den Linksliberalen, die jedes staatliche Eingreifen in wirtschaftliche Abläufe, auch zu Gunsten der sozial Schwachen, ablehnen.

Zu seinen besonderern Leistungen gehört die Umgestaltung der Einkommensteuer. Als preußischer Finanzminster führt er eine gemäßigt progressive Einkommensteuer ein: die Reichen werden prozentual stärker belastet als die Bezieher niedriger Einkommen. Wer unter 900 Mark im Jahr verdient, zahlt keine Einkommensteuer; sie beginnt dann erst mit einem Steuersatz von 0,6% und endet bei einem Satz von 4% bei Jahreseinkommen über 100000 Mark. Neben dem "Grundfreibetrag" von 900 Mark gibt es auch Kinderfreibeträge und weitere Differenzierungen unter sozialen Gesichtspunkten.

Johann Heinrich Nickel

Am 5. 11. 1829 wird Johann Heinrich Nickel in Hanau geboren. Als Kaufmann ist er in seiner Heimatstadt im Bijouteriehandel tätig, bekannt und berühmt wird er jedoch durch sein Engagement im politischen und öffentlichen Leben. Beflügelt von seinem Lebensmotto:"Nicht rasten und nicht rosten" ist er 1864 Mitbegründer des Hanauer Kreditvereins, wird Vorsitzender und ist als Handelsrichter tätig. 1875 wird er Vizebürgermeister und leitet nach der Erkrankung von Oberbürgermeister

Hanauer Zeitung.

Dienstag den 7. Februar 1882.

Ein Nachspiel zu den Wahlen.

Hanau, den 6. Februar 1882.

In der Bürgerschaft laufen so vielerlei Gerüchte um über die Vorgänge, welche unsern Vicebürgermeister Nickel zu seiner Demission als Vicebürgermeister und Stadtrath, sowie zu seiner Rücknahme derselben bestimmt haben, daß wir durch eine authentische Darstellung der Angelegenheit einem allgemeinen Interesse Genüge leisten werden.

Es ist bekannt, daß die vereinigten Vorstände der Volks- und Fortschrittspartei bei der im Herbst stattgehabten engeren Wahl zum Reichstag ein Flugblatt veröffentlichten, in welchem den Gesinnungsgenossen empfohlen wurde, zwischen zwei Uebeln das geringere zu wählen und als solches mit eingehender Motivirung der bestehenden Verhältnisse die Stimmabgabe für den oppositionellen Candidaten, den Sozialisten Frohme bezeichnet wurde. Das Wahlresultat zeigte in glänzendster Weise die Uebereinstimmung unserer städtischen Bevölkerung mit dieser Auffassung der Sachlage.

Obschon dieses Flugblatt ohne Namenszeichnung erschienen war, gab es doch, wie gleichfalls bekannt, einem Mitgliede des Stadtrathes Veranlassung, seinen abweichenden Standpunkt zu manifestiren, was wiederum der Regierung den Anstoß gegeben haben mag, die Theilnahme des Herrn Nickel als Vorsitzender des Vereins der Fortschrittspartei an dem Erlaß des Flugblattes in Betracht zu ziehen.

Es ist hier nicht der Platz des Näheren zu erörtern, ob ein Mann mit der Annahme eines ihm in erster Linie von seinen Mitbürgern übertragenen Ehren-Amtes außer der strengen Erfüllung seiner Berufspflichten durch Vertretung der ihm überwiesenen Interessen sich zugleich diejenige Gefügigkeit aneignen muß, welche in der Unterdrückung der eigenen Meinungsäußerung den wechselnden Maximen der Staatsregierung gegenüber besteht und dies namentlich bei den Wahlen, durch die das Volk aufgerufen werden soll, in gesetzlicher Weise sein Urtheil zu geben, über Fragen von höchster Bedeutung für sein Wohl und Wehe. So lockend dies Thema wäre, es würde uns zu weit von der Aufgabe führen, als welche wir lediglich eine Darstellung der erwähnten Vorgänge bezeichneten.

Ende Dezember v. J. richtete die Königliche Regierung zu Kassel an Herrn Oberbürgermeister Rauch die Mittheilung, daß sie mit Rücksicht auf die Betheiligung des Herrn Nickel an dem Erlaß des mehrerwähnten Flugblattes die Zurückziehung der Functionen eines Vicebürgermeisters für geboten halte. Sie motivirt dies damit, es sei nicht angemessen, daß der Vertreter des ersten Beamten der Stadt, der zugleich Hülfsbeamter des Staates sei, geworben und gewirkt habe für den Candidaten einer Partei, deren staatsfeindliche auf den Umsturz der bestehenden Ordnung gerichtete Tendenzen genugsam bekannt seien.

Durch den Herrn Oberbürgermeister hierüber zur verantwortlichen Erklärung aufgefordert, berichtete Herr Nickel zunächst, daß er in klarer Ueberlegung aller Consequenzen sich an Abfassung und Verbreitung des in Rede stehenden Flugblattes betheiligt habe. Er hebt dann hervor, daß zum größten Theil in der höchst ungeschickten Auswahl der Person des Candidaten der conservativen Partei, des Redacteurs und früheren Pastors Dietz, der Sieg der Socialdemokratie zu suchen sei. Hanau, meist durch vertriebene Glaubensgenossen gegründet, habe sich den Ruhm größter Toleranz in Glaubenssachen von je bewahrt. Die Wahlreden des conservativen Candidaten und Freundes Stöcker's hatten gezeigt, daß der Frieden der Confessionen durch seinen Sieg im Wahlkreise schwer bedroht werde. Er habe ferner dafür zu wirken versprochen, daß das Beste, was die neuere Gesetzgebung an wirthschaftlicher und politischer Freiheit geschaffen, rückgängig gemacht werde. Es seien ferner seine Angriffe gegen die „Ausbeutung" durch das Kapital und seine Hetzereien gegen den beweglichen Besitz mindestens gerade so unvernünftig und gehässig gewesen, wie die des Socialdemokraten, dabei aber weit gefährlicher mit Rücksicht auf die Person von der sie kamen und die Protection, deren diese sich rühmen konnte. Schließlich und hauptsächlich sei die Stellungnahme zum Tabaksmonopol das Entscheidende gewesen. Tausende von Existenzen seien in unserem Wahlkreise mit dieser Frage verwebt und durch eine bejahende Entscheidung mit dem Ruin bedroht. Dieser an den Herrn Oberbürgermeister gerichtete Bericht schließt mit der folgenden „persönlichen Bemerkung":

„Ich habe längere Zeit das Ehrenamt eines stellvertretenden Bürgermeisters verwaltet, während langer Vacanzen mit Opfer an Zeit und Kraft. Ich habe während dieser Zeit zu trennen gewußt die Pflichten des Amtes von der politischen Ueberzeugung . . . Meine Mitbürger haben mir für meine Thätigkeit Dank und Anerkennung in überreichem Maaße werden lassen — Auch die Regierung hat öffentlich ihren Dank und ihre Verpflichtung gegen mich anerkannt; schon damals aber glaubte sie bei einem Manne, der die politischen Ansichten der Fortschrittspartei vertritt, von der aus freien Stücken angebotenen Abtragung ihrer Verpflichtung nachträglich sich entbinden zu können und gab damit damals schon zu erkennen, daß sie außer der Erfüllung der Pflichten eines Ehrenamtes, das Opfer der politischen Meinung oder doch die Unterdrückung entsprechender Meinungsäußerungen erheische. — Ich kann und will aber dies Opfer nicht bringen und lasse mich lieber aus einem Ehrenamte, in das mich in erster Linie das Vertrauen meiner Mitbürger gestellt hat, verdrängen, als daß ich meine Unabhängigkeit aufgebe."

Dieses Schriftstück ist von dem Herrn Oberbürgermeister der Regierung vorgelegt worden mit einem Begleitschreiben, in welchem er in sehr dankenswerther und entschiedener Weise Stellung gegen das Ansinnen der Amtsentsetzung nimmt.

Jetzt tritt die Angelegenheit in eine andere Phase. Von der Amtsenthebung ist keine Rede mehr; die Regierung begnügt sich mit einem Verweis.

Herr Nickel steckt diesen Verweis jedoch nicht ruhig in die Tasche. Er zieht es vor bei der Aussichtslosigkeit einer Beschwerde gegen das wider ihn beliebte Verfahren dadurch zu protestiren, daß er, wie er in dem an den Stadtrath nunmehr gerichteten Schreiben sagt, zur Wahrung seiner Unabhängigkeit und der Unabhängigkeit des seither von ihm bekleideten communalen Amtes um Entlassung von der Stelle eines Vicebürgermeisters und Stadtraths bittet.

„Denn," so heißt es in dieser Eingabe, „ich muß zwar heute eine in verletzende Form gekleidete Rüge über mich ergehen lassen, aber ich will mich davor schützen, daß aus näher oder ferner liegenden Gründen ähnliche Maßnahmen gegen mich je wieder geübt werden können.

Und ich will ferner durch diese Demission in der mir einzig möglichen Weise Protest einlegen gegen den Versuch, demjenigen, welcher durch das Ehrenamt eines Vicebürgermeisters vor Allem zur Vertretung städtischer Interessen verpflichtet ist, Fesseln in seiner politischen Freiheit und in der Ausübung seiner staatsbürgerlichen Rechte anzulegen.

Cassian die Verwaltung, bis Oberbürgermeister Rauch sein Amt antritt. 1882 bis 1885 ist er als Angehöriger der Deutschfreisinnigen Partei/ freisinnige Volkspartei Mitglied des Landtages, 1887 bis 1890 Reichstagsabgeordneter des Wahlkreises 8, ab 1895 sitzt er im Kommunallandtag. Für seine Verdienste während seiner 40jährigen Amtszeit in städtischen Körperschaften verleiht ihm die Stadt Hanau am 31. März 1889 die Ehrenbürgerschaft.
Seine honorablen Tätigkeiten hindern ihn nicht, dem in Kurhessen geltenden Verbot der Freimaurerei zum Trotz in Hanau als Gründungsmitglied der Loge Braunfels zur Beharrlichkeit zu fungieren und jahrzehntelang das Amt der Meisters vom Stuhl inne zu haben. Johann Heinrich Nickel starb 79jährig am 15. 11. 1908 in Hanau.

Rudolf Osius
(* 9. Mai 1847 Hanau + 7. Sept. 1924 Cassel)
1860 Mitbegründer des Hanauer Stenographenvereins, später 1876 Amtsrichter in Werden a.d. Ruhr.
1882 Mitglied der Direktion der Landeskreditkasse Cassel, 1902 Landesrat, Dezernent für Landesbibliotheken, 1905 Geheimer Regierungsrat, 1910 Ruhestand.
Mitglied und Förderer des Roten Kreuzes.
Hanauer Anzeiger 11.9.1924, S. 3

Pedro Jung
Johann Pedro Jung, der in Hanau am 10. Juni 1808 als Sohn des Stadtsekretärs geboren worden ist, muß als "selfmade-man" bezeichnet werden, wenn man die Quellen richtig interpretiert. Über seine Erziehung und Schulbildung ist nichts bekannt. In Mainz erlernte er das Küferhandwerk und war später in einer "größeren Herrschaftsverwaltung" tätig. Als sein Schwager, der Inhaber eines "altberühmten Tabakgeschäftes", gestorben war, trat er in das auf seine Schwester überkommene Unternehmen ein. Es soll sich daraufhin großartig entwickelt haben. Der Autor des Nachrufes auf Jung, der in Wien lebende "Hanauer Demokrat" A. Trabert, kennzeichnet den Verstorbenen als einen *"Mann von umfassendster und dabei durch und durch harmonischer Bildung. Ein Tabaksfabrikant, der nie Jura studiert hatte und doch - wie man es überhaupt nur in Kurhessen findet, ein Mann von ausgeprägtestem Rechtsbewußtsein. Ein Rechtsgelehrter von Haus aus, möchte ich sagen, ein von Gott begnadeter, dem das Recht mit goldenen Lettern im Herzen stand*". 1848 stand Jung an der Spitze der sogenannten Hanauer Sturm-Deputation. Er soll aber nicht zu den damaligen Radikalen gehört haben, seine "Leitsterne" seien, so der Zeitzeuge Trabert, "Besonnenheit und kluge Mäßigung, gepaart mit uner-

schütterlichem Rechtssinn und edler Begeisterung für die bürgerliche Freiheit" gewesen sein. Seine alten Kampf- und Weggefährten, die nach 1866 ins politische Exil gingen, hat er zeitlebens unterstützt. Trabert schreibt über diese "Fremdlinge", die ihrer alten großdeutschen Gesinnung treu geblieben waren:
"*Wenn ich einen von diesen Alten hungern sah, schrieb ich nach Hanau: "Date obulum, Belisario" und der Obulus blieb nicht aus.*"
Er vermachte der Stadt Hanau eine Stiftung von 245000 Mark und seine Villa mit Garten, die als Waisenhaus genutzt wurde. Während des Faschismus war darin eine Nazi-Behörde untergebracht.
Eine der letzten Taten des sterbenden Jung war die Formulierung des Bürgeraufrufes für das Brüder-Grimm-Denkmal.
Er verschied am 11. Januar 1886 in Hanau.
Quellen: Hanauer Zeitung, 22. Januar 1886 und Hanauer Anzeiger, 15. August 1899.

Oberbürgermeister Rauch
Hanaus vierter Oberbürgermeister wird am 20. August 1844 in Cappeln geboren. Von 1856 bis 1863 besucht Eduard Rauch die Domschule in Schleswig, wo er auch das Abitur ablegt. Anschließend studiert er Jura und Nationalökonomie in Kopenhagen, Kiel und Leipzig. Seine juristischen Stationen abolviert er beim Appellations-Kreisgericht, sowie bei der Staatsanwaltschaft in Altona und Kiel. 1872 wird er zum Bürgermeister in Mölln gewählt, 1876 zum 1. Beigeordneten der Stadt Düsseldorf. In Hanau wird er 1879 auf acht Jahre zum Oberbürgermeister gekürt. 1887 legt er sein Amt nieder, weil ihm eine Wiederwahl nur auf acht und nicht auf zwölf Jahre zugesprochen wurde. Stattdessen tritt er in Wandsbek an und wird dort Bürgermeister mit dem Recht, sich weiterhin Oberbürgermeister zu titulieren. Rauch stirbt 1931 in Siems bei Lübeck.
Während der Aera Rauch werden die Eisenbahnlinien Hanau-Windecken, Hanau-Friedberg und Hanau-Babenhausen eröffnet, der Nordbahnhof wird gebaut und die Auheimer Mainbrücke fertiggestellt. Außerdem wird mit der Kettenschiffahrt auf dem Main begonnen und das Hanauer Telefonnetz mit 45 Teilnehmern in Betrieb genommen.

Eugen Richter
(* 30.7.1838 + 10.3.1906)
Über 30 Jahre verkörpert er die Kontinuität des deutschen Linksliberalismus unter seinen wechselnden Bezeichnungen. Seit 1867 bis zu seinem Tod ist er Reichstagsabgeordneter und nacheinander Vorsitzender der Fortschrittspartei, ab 1884 der Deutschfrei-

sinnigen und 1893 der Freisinnigen Volkspartei. Er ist für die persönliche Freiheit und bekämpft jeden staatlichen Eingriff in die Privatspähre, zu der auch der wirtschaftliche Bereich gehört. Er ist gegen den Schutzzoll auf der einen Seite und staatliche Sozialversicherung auf der anderen.

Seine Kritiker, insbesondere Nipperdey, stellen seinen rigorosen naturrechtlichen Individualismus als orthodox hin und sehen in seiner Beharrlichkeit, den sie als Starrsinn bezeichnen, einen Grund für den Niedergang des Liberalismus, der durch fehlende Kompromißfähigkeit, nur die reine Lehre hochhaltend, politikunfähig sei.

Nach seinem Tod wird der Weg frei für ein Zusammengehen der Linksliberalen mit der Regierungsmehrheit. 1906 stimmen die Linksliberalen erstmals für den Flottenaufbau, 1907 gehen sie vaterländisch, anti-sozialistisch und anti-klerikal gemeinsam als "Block" mit den Nationalliberalen und Konservativen in die Reichstagswahlen.

Hermann Schultze-Delitzsch

(29.8.1808 Delitzsch b. Halle +29.4.1883 Potsdam) Unter englischem Einfluß zur Lösung der sozialen Frage gründete Schultze-Delitzsch Selbsthilfeorganisationen für die kleinen Handwerker und Gewerbetreibenden und Arbeiter: Kranken-und Sterbekassen, Konsum- und Kreditgenossenschaften (Volksbanken). Er war maßgeblich am preußischen Genossenschaftsgesetz 1867 beteiligt. Seit 1871 war er Mitglied des Reichstages und Mitbegründer der Fortschrittspartei und des Nationalvereins. In Hanau bestand ein Assoziations-Consum-Verein (1859). Am 19.9.1864 fand die Gründung eines weiteren Consumvereins statt.

Literaturhinweis: "Schulze-Delitzsch 1808 - 1958". Festschrift 150. Wiederkehr seines Geburtstages, Hg. Deutscher Genossenschaftsverband, Bonn 1958

Leopold Sonnemann

(*29.10.1831 +30.10.1909), Sohn eines jüdischen Baumwollwebers und Kaufmanns, zog 1849 nach Frankfurt.

Dort wandelte er seines Vaters Geschäft in ein Bankhaus um, das er von 1853 bis 1869 betrieb.
1856 gründete er mit dem Frankfurter Bankier Rosenthal die Frankfurter Handelszeitung, die sich ab 1859 in ein politisches Organ, die Neue Frankfurter Zeitung wandelte, die Sonnemann ab 1866 allein besaß.
Sonnemann war geprägt von den demokratischen Gedanken der 1848er Bewegung zu deren ultrarepublikanisch bis kommunistischem Flügel er gehörte.
1859 schloß er sich dem Deutschen Nationalverein an und gründete 1861 den Frankfurter Arbeiterbildungsverein.
Auf dem Eisenacher Parteitag 1869 trennte sich Sonnemann von der Sozialdemokratie, da er den Klassenkampf ablehnte.
Von 1871-76 und 1878-84 gehörte er dem Reichstag als Abgeordneter der Deutschen Volkspartei an.
Als Frankfurter Stadtverordneter zählte Sonnemann zu den Initiatoren der großen Internationalen Elektrotechnik-Ausstellung in Frankfurt 1891, zu der er als Präsident und Vorsitzender der Elektrotechnischen Gesellschaft gewählt worden war.

Literaturhinweis: Bosl, Franz, Hofmann, Biographisches Wörterbuch zur deutschen Geschichte, München 1975

Jakob Stück

"Stück für Stück kommt man sich näher", so lautete in den 1950er Jahren der Werbeslogan der Hanauer Destille.
1826 gründete der aus Kassel kommende Heinrich Jacob Stück eine Küferei, verbunden mit einem Wein- und Branntweinhandel. Edelbranntwein, nach einem Destillierverfahren aus Cognac hergestellt, wurde als Deutscher Cognac produziert. Später mußte sich auch der Hanauer Cognac Weinbrand nennen. Süd- und Dessertweine ergänzten das Angebot der Brennerei.
1920 wurde die Brennerei in eine Aktiengesellschaft umgewandelt.
1939 erwarb die Firma Klöwer und Wiegmann, Dortmund, sämtliche Aktien der Stück AG von der Deutschen Bank. Dujardin und Noris Weinbrand waren weitere bekannte Produkte dieses Unternehmens.
1956 wurde das Unternehmen rationalisiert und modernisiert, dies galt nicht nur für den Hanauer Betrieb, sondern auch für die Häuser in Berlin und Nürnberg. Das Gebäude der alten Brennerei, entlang der Wilhelmstraße, ein viergeschossiges, gründerzeitliches Backsteingebäude wurden abgerissen. Im Stil der späten 50er wurde ein neues Fabrikgebäude errichtet, das heute noch einen Getränkehandel beherbergt. Die alte Villa in der Wilhelmstraße, in der die Büros untergebracht wa-

ren, steht noch heute.
In den 1960er Jahren wurde der Firmensitz nach Nürnberg verlegt und 1980 ging das Unternehmen in den Besitz des Oetker-Konzerns. Bereits da gab es die Stück AG nicht mehr in Hanau.
Hanauer Anzeiger, 2.7.1983, S. 5

Oberbürgermeister Westerburg
Albert Westerburg gilt im Freundeskreis scherzhaft als "Mann mit den vielen Vornamen", denn in seinem Taufschein stehen noch die Vornamen Daniel, Lothar, Heinrich und Ludwig. Wahrscheinlich hat es sein Vater, der als Pfarrer in Westerburgs Geburtsort Kettenbach tätig war, besonders gut mit ihm gemeint. Als Geburtsdatum ist der 27. März 1846 vermerkt. Von 1859 an besucht der Pfarrerssohn das Gymnasium in Hadamar, wo er 1864 "mit besten Noten in allen Fächern" seine Abschlußprüfung besteht. Wie seine Amtsvorgänger und Nachfolger schlägt er die juristische Laufbahn ein, er studiert in Heidelberg, Leipzig und Berlin und beendet die Universität mit Bravour. In den Jahren 1872 und 1873 ist er als Regierungsassessor im Justizministerium in der Hauptstadt tätig. Anschließend folgt er einem Ruf als Kreisrichter nach Brilon in Westfalen. Später wird er zum Landrichter in Duisburg ernannt, wo er bis zu seiner Berufung als besoldetes Magistratsmitglied in Frankfurt 1885 bleibt. 1887 wählen ihn die Hanauer zu ihrem fünften Stadtoberhaupt. Während seiner einzigen Amtsperiode wird das Stadtschloß und der Schloßgarten von der Stadt angekauft und der Ladeplatz am Mainkai wird eingerichtet. Unter anderen gilt auch Westerburg als Befürworter des großen Mainhafens in Hanau, dessen Realisierung er gerne energischer vorangetrieben hätte. Die Westerburgstraße vor dem Hafentor ist aus diesem Grund nach ihm benannt. Ab 1893 ist er Oberbürgermeister in Kassel, wo er sich allerdings wegen einer psychischen Krankheit nach fünf Jahren beurlauben lassen muß. Westerburg stirbt 57jährig am 3. Juli 1903 in Godesberg.

Max Wiese (*1.8.1846 Danzig +23.6.1925 Neuruppin)
war Professor und späterer Direktor der Hanauer Königlichen Zeichenakademie. Wiese war 1889 Preisträger des Bildhauerwettbewerbs für ein Nationaldenkmal der Brüder Grimm in Hanau. Sein Entwurf gelangte aufgrund von Streitigkeiten mit dem Denkmalskomitee nicht zur Ausführung. Anläßlich des 300-jährigen Jubiäums der Neustadtgründung Hanaus 1897 wurde auf der Südseite der Wallonisch-Niederländischen Doppelkirche das Denkmal mit der Büste des Hanauer Grafen Philipp-Ludwig II aufgestellt.

Nachwort -
oder wie das Buch zustande kam...

Als einige Urenkel/innen 1989 die Idee hatten, ein Familientreffen derer vom Stamm Fritz Canthal vorzubereiten, stießen sie bei der Recherche auf die Lebenserinnerungen des Ahnvaters. Wir waren sehr erstaunt über die Weit- und Weltsicht des alten Herren und berührt von seinem liebenswürdigen Stil. Um ein erfahrenes Urteil über die Qualität der Memoiren zu hören, brachte ich sie meinem Freund Joachim Schulmerich zur Lektüre vorbei. Nach einiger Bedenkzeit entspann sich die Idee, den Text als Zeitbild herauszugeben, ergänzt durch lokal-und weltgeschichtliche Beiträge. Wir bildeten ein Redaktionsteam, dem Dr. Eckhard Meise als Historiker, Richard Schaffer-Hartmann, wissenschaftlicher Mitarbeiter an den Museen der Stadt Hanau, Joachim Schulmerich und ich angehörten.
Allen dreien möchte ich an dieser Stelle nicht nur für ihre Aufsätze, sondern auch für ihre Inspiration danken.
Ein spezieller Dank gilt besonders auch meinen Eltern, Lindi und Eck Fischer-Defoy und meiner Tante Thinka Ott, die mit Archivmaterial und Erinnerungen zur Illustration des vorliegenden Bandes beigetragen und mehrere Passagen auf in deutscher Schrift verfaßte Urkunden in die lateinische Schreibweise übertragen haben.
Für die stets freundliche Unterstützung bedankt sich das Redaktionsteam außerdem bei den Damen des Stadtarchivs und der Landeskundlichen Abteilung, Rademacher und Noe, sowie bei der Hanauer Museenverwaltung und bei dem Hanauer Geschichtsverein, die zahlreiche Abbildungen für dieses Buch zur Verfügung gestellt haben.
Persönlich kann ich sagen, daß ich als Urenkelin ausgesprochenen ideellen Gewinn aus den Nachforschungen für das Canthal-Buch gezogen habe und viel über meine Heimatstadt und das 19. Jahrhundert gelernt habe. Möge es den Leserinnen und Lesern genauso gehen.

Ruth Dröse, Hanau im November 1992

Literaturverzeichnis:

Stadt- und Lokalgeschichte:

O. Ankel: Jahresbericht der städtischen Handelsschule in Hanau a.M. über das Schuljahr 1897/98, Hanau 1898

H. Brandt: Wirtschaft und Wirtschaftspolitik im Raum Hanau 1597 - 1962. Die Geschichte der IHK Hanau-Gelnhausen-Schlüchtern. Hanau 1963

Ruth Dröse: Frauen in Hanau und Main-Kinzig, Frauenporträts aus zwei Jahrhunderten, Frankfurt 1989

Hanauer Kulturverein: Revolution in Hanau 1918
Wiederabdruck des Buchs von Friedrich Schnellbacher, Erstausgabe 1920, ergänzt um Kurzbiografien und einen Dokumentationsteil, Hanau 1988

Karl Caesar von Leonhard: Geschichtliche Darstellung der Schlacht von Hanau am 30. Oktober 1813, 4. Auflage, Hanau 1988

Magistrat der Stadt Hanau (Hg.): Mainhafen Hanau 1924, Festschrift

A. Merk, R. Schaffer: Hanau im Vormärz und in der Revolution 1848/49, Hanau 1980

Joh. Casp. Rasch: Chronik von Langendiebach. Handschriftl. Manusript o.J. (Anfang 20. Jh.)

Sand, Werner: Eisenkunstguß des 19. Jh's unter Berücksichtigung der Fa. E.G.Zimmermann, Hanau, in: Hanauer Geschichtsblätter, Bd 28, 1982

Ilse Werder: 100 Jahre Frauenleben rund um das Kinzigtal 1888-1988, Gelnhausen 1988

Weitere Literatur

H. Bausinger, K. Beyer, G. Korff (Hg.): Reisekultur - Von der Pilgerfahrt zum modernen Tourismus, München 1991

Peter Bertus: Johannis-Freimaurerloge "Carl und Charlotte zur Treue", eine Kurzfassung der Logengeschichte, Offenbach 1987

Hans Engelmann: Kirche am Abgrund, Adolf Stoecker und seine antijüdische Bewegung, Berlin 1984

Friedrich Wilhelm Haack: Freimaurer, Münchener Reihe, 1975

Jürgen Holtorf: Verschwörung zum Guten, Information der Vereinigten Großlogen von Deutschland, Hamburg 1974

Thomas Nipperdey: Deutsche Geschichte 1866-1918,
Band1, Arbeitswelt und Bürgergeist, München 1990
Band 2, Machtstaat vor der Demokratie, München 1992

Renate Sälter: Die Vilmarianer von der fürstentreuen Restaurationspartei zur herrschenden Renitenz, Darmstadt, Marburg 1985

Alkohol im Volksleben, Hess. Blätter für Volks- und Kulturforschung, 20, 1986

Weltausstellungen im 19. Jahrhundert, München 1973

Der große Aufbruch. Studien zur Amerikaauswanderung. Hess. Blätter für Volks- und Kulturforschung, Bd. 17, Marburg 1985

Quellen der Abbildungen:

Bilder auf den Seiten:
8, 17, 20, 25, 35, 37, 54, 71, 75, 83, 90, 92, 112, 113, 125, 170, 174, 179, 194: Museum Hanau

S. 189, 192: Firmenarchiv W.C. Heraeus

S. 38, 158: Zeitblende, Fünf Jahrzehnte MAGNUM-Photographie, Wiliam Manchester, München 1989, S. 22 und 23

S. 79: Aller Anfang ist schwer, Bilder der hundertjährigen Geschichte der Degussa 1873 - 1973, Frankfurt 1983, S. 12

S. 81 oben: Mainhafen Hanau 1924, Festschrift, Hrg. Magistrat der Stadt Hanau

S. 133, 137: Ausstellungskatalog 150 Jahre Photographie, Architektur und Photographie, Friederike Ulbricht u. Silke Fiebich, Bad Homburg 1989, S. 51 und 53

S. 139: Torino Fotografia '87, Edizioni Panini, Modena 1987, S. 36

S. 142, 156: Auktionskatalog 19, Jörg Weigelt, Hannover, S. 79

S. 145: Edizioni Brogi, Ausstellungskatalog Fixierte Zeit, Städte und Landschaften Italiens in historischen Photographien, Städtisches Gustav-Lübcke-Museum Hamm, 1989, S. 53

S. 148: Die Kunst der Photographie, Walter Koschatzky, Residenz Verlag, Wien 1984, S. 86

S. 200: Ausstellungskatalog Arbeiterbewegung in Rüsselsheim 1863-1914, Wolfram Heitzenröder, Museum der Stadt Rüsselsheim, 1988, S. 11

Die restlichen Bilder und Dokumente stammen aus den privaten Archiven der Canthal-Nachkommen.

Bäuerliches Leben im Jahresablauf

Von Lichtmeß bis zum Bastianstag
Wie es vor 50 Jahren
in einem hessischen Mittelgebirgsdorf
aussah.

Aussaat und Ernte
Feld und Wald
Haus und Hof, Essen und Trinken
Geburt, Hochzeit, Tod
Dorfschule, Spinnstube, Römmgehalle
Fastnacht, Schafskirmes, Schlachtfest und Kalter Markt

Mit 16 Farbaufnahmen aus den Jahren 1938 - 1941

176 Seiten, ISBN 3-928100-08-4, 24,80 DM
Cocon-Verlag Hanau, 1992, In den Türkischen Gärten 13,
6450 Hanau 1, Tel.: 06181/17700, Fax: 06181/181333

9. November 1918.

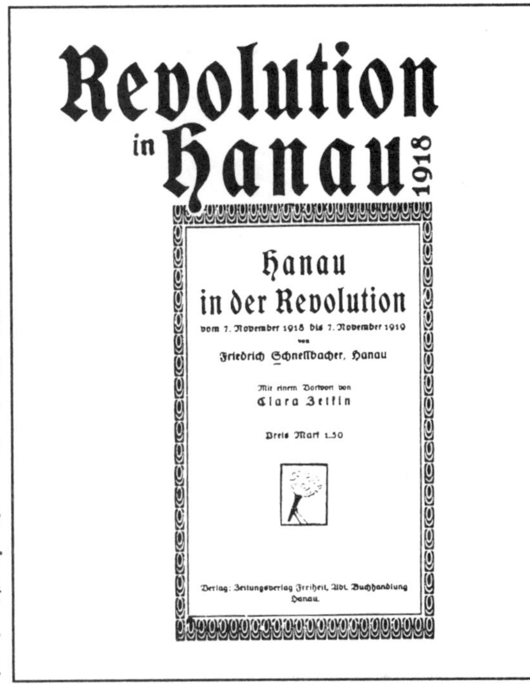

Der Arbeiter- und Soldatenrat übernimmt die Macht in Hanau. Der Vorsitzende des Arbeiterrats, Friedrich Schnellbacher, veröffentlichte 1920 seine Erinnerungen an die drei revolutionären Monate, in denen der Hanauer Anzeiger zum Sprachrohr der Revolution wurde.
Die lang verschollene Schrift wurde vom Hanauer Kulturverein überarbeitet und als Buch herausgegeben. Neben dem Schnellbacher Text finden sich in diesem Buch Biografien von Revolutionären und Konterrevolutionären und bisher teilweise nicht veröffentlichte Fotos und Dokumente aus dieser Zeit, z.B. von der Ausrufung der Revolution auf dem Hanauer Marktplatz und der Erstausgabe des Hanauer Anzeigers als Organ des Arbeiter- und Soldatenrats.

Bücher aus dem Verlagsprogramm des CoCon-Verlags Hanau
In den Türkischen Gärten 13, 6450 Hanau
Tel.: 056181/17700, Fax: 06181/181333

Zur Geschichte im Main-Kinzig-Kreis:

Ilse Werder (Herausgeberin):
Kunst und Handwerk am Bau im alten Hanau.
Reich illustrierter Bildband
mit über 120 Schwarz-Weiß-Aufnahmen
von Hanau vor der Zerstörung 1945
178 Seiten, 22,- DM.

Anna Maria Wagner
Ich bin eine Naive
Ein Hanauer Frauenleben 1914 - 1989
60 Seiten, 14,80
mit zahlreichen Wiedergaben der Bilder der naiven Malerin.

Aus unserer Reiseliteratur:

Vom Lustgewinn beim Speisen im Freien,
Band 1: Ausflugsziele zwischen Main und Kinzig.
58 Ausflüge für Wanderer und Radfahrer. Zu jedem Ausflug gibt es mindestens eine Gaststätte, in der man im Freien speisen und trinken kann.
4. Auflage 1992, völlig neu überarbeitet,
mit vielen neuen Ausflugszielen.
320 Seiten, 19,80

Band 2: Ausflugsziele im Rhein-Main-Gebiet.
1. Auflage 1991, 276 Seiten, 19,80

Sybille von Soden, Sigrid Nolte (Herausgeberinnen):
Wenn EINE eine Reise tut... Frauen reisen allein.
28 Frauen berichten von ihren Erfahrungen, Hoffnungen und Ängsten als Alleinreisende.
1992, 160 Seiten, 24,80 DM.